Dr. med. Harmon Hartzell Bro

Traumdeutungen in Trance

des größten Propheten der Gegenwart

Dr. med. Harmon Hartzell Bro

Traumdeutungen in Trance

des größten Propheten der Gegenwart

RAMÒN F. KELLER VERLAG · GENF

Einzig berechtigte Übertragung aus dem Amerikanischen von Helga Künzel

Titel des Originals: *Edgar Cayce On Dreams*
Erschienen bei HAWTHORN BOOKS, INC., New York

Deutsche Ausgabe beim Ramòn F. Keller Verlag · Genf

Printed in Austria 1971
ISBN 3 7205 1063 8

Inhaltsverzeichnis

Einführung

Wer war Edgar Cayce?

Über Edgar Cayce erschienen neun Bücher, von denen insgesamt mehr als eine Million Exemplare verkauft wurden. Zahlreiche andere Werke behandeln sein Leben und seine Gaben in längeren Passagen. Von 1900 bis zur Gegenwart brachten Dutzende Zeitschriften und Hunderte Zeitungen Artikel über ihn. Was war so einzigartig an ihm?

Die Beantwortung dieser Frage hängt davon ab, mit wessen Augen man ihn sieht. Viele seiner Zeitgenossen schätzten den „wachen" Edgar Cayce als begabten Berufsphotographen. Andere, insbesondere auch Kinder, verehrten ihn als warmherzigen, freundlichen Sonntagsschullehrer. Seine Familie sah in ihm den wunderbaren Gatten und Vater.

Der „schlafende" Edgar Cayce war völlig anders – ein für übersinnliche Einflüsse empfänglicher Mensch. Als solchen kannten ihn Tausende aus allen Schichten und waren ihm mit gutem Grund für seine Hilfe dankbar. Viele darunter hegten die Überzeugung, er allein habe ihr Leben, als alles verloren schien, „gerettet" oder „verändert". Der „schlafende" Edgar Cayce war ein medizinischer Diagnostiker, ein Prophet und ein tiefgläubiger Mensch.

Im Juni 1954 brachte ihm die Universität Chikago immerhin so viel Achtung entgegen, daß sie eine Doktorarbeit annahm, die auf einer Studie seines Lebens und Werks basierte; in der Arbeit bezeichnete ihn der Verfasser als „religiösen Seher". Im selben Jahr verlieh ihm das Comic-Heft für Kinder *House of Mystery* den eindrucksvollen Titel „Der geheimnisvollste Mann Amerikas!"

Schon als Kind auf dem heimatlichen Bauernhof bei Hopkinsville, Kentucky, wo er am 18. März 1877 zur Welt gekommen war, besaß Edgar Cayce Kräfte der Wahrnehmung, die über die normale Reichweite der fünf Sinne hinausgingen. Mit sechs oder sieben Jahren eröffnete er seinen Eltern, er sehe „Visionen" und könne mit ihnen sprechen, manchmal seien es kurz zuvor verstorbene Verwandte. Seine Eltern schrieben diese Visionen der allzu lebhaften Phantasie des einsamen Kindes zu, das unter dem Einfluß der dramatischen Sprache der Erweckungsversammlungen stand, die in jenem Landesteil sehr beliebt waren. Später entwickelte Edgar eine Art photographisches Gedächtnis: er lernte, indem er mit dem Kopf auf den Schulbüchern schlief, was ihm ein rasches Vorankommen in der Landschule ermöglichte. Diese Gabe verlor Edgar jedoch wieder, und er kam nur bis zum Ende der siebten Klasse; dann mußte er sich seinen Platz in der Welt suchen.

Mit einundzwanzig Jahren war er Verkäufer in einem Großhandelsunternehmen seines Heimatorts. Damals trat bei ihm eine fortschreitende Lähmung der Halsmuskeln auf, die zu einem Stimmverlust zu führen drohte. Als die Ärzte keine physische Ursache für diesen Zustand zu finden vermochten, versuchte man die Hypnose, doch sie bewirkte keine anhaltende Besserung. In letzter Verzweiflung bat Edgar einen Freund, ihm zu helfen, in den hypnoseartigen Schlaf zu sinken, der ihm als Kind das Auswendiglernen seiner Schulbücher ermöglicht hatte. Der Freund gab ihm die erforderliche Suggestion, und nachdem Edgar in eine selbstinduzierte Trance gesunken war, konnte er sein Problem lösen. Er empfahl Medikamente und eine manipulative Therapie, die ihm seine Stimme wiedergaben und seinen Organismus wiederherstellten.

Mehrere Ärzte in Hopkinsville und Bowling Green, Kentucky, nutzten Cayces einmalige Gabe dazu, die Leiden ihrer Patienten zu diagnostizieren. Die Ärzte fanden bald heraus, daß man ihm nur den Namen und die Anschrift des Patienten bzw. seinen derzeitigen Aufenthaltsort zu nennen brauchte, damit er sich auf den

Geist und den Körper des Betreffenden einstellen konnte. Er tat dies so leicht, als befände er sich im selben Raum wie der Patient. Irgendwelche weitere Informationen über den Patienten benötigte und erhielt er nicht.

Einer der Ärzte, der junge Dr. Wesely Ketchum, sandte einen Bericht über dieses unorthodoxe Verfahren der Diagnostizierung an eine Vereinigung für klinische Forschung in Boston. Am 9. Oktober 1910 brachte die *New York Times* einen zweiseitigen bebilderten Beitrag über ihn. Von diesem Tag an suchten Leidende aus allen Landesteilen die Hilfe des „Wundermannes".

Als Edgar Cayce am 3. Januar 1945 in Virginia Beach starb, hinterließ er über vierzehntausend dokumentarisch belegte, stenographierte Aufzeichnungen der telepathisch-hellseherischen Aussagen, die er in dreiundvierzig Jahren für mehr als sechstausend verschiedene Menschen gemacht hatte. Diese Dokumente werden als „Readings"* bezeichnet.

Die Readings stellen eines der größten und eindrucksvollsten Verzeichnisse der außersinnlichen Wahrnehmung dar, die je ein einzelner Mensch hatte. Sie wurden mit den zugehörigen Aufzeichnungen, Briefen und Berichten geordnet, unter Tausenden von Stichwörtern registriert und Psychologen, Studenten, Schriftstellern sowie Forschern zugänglich gemacht, die in steigender Zahl kommen, um sie zu studieren.

Zur Aufbewahrung der Readings wurde 1932 in Virginia Beach, Virginia, eine Stiftung errichtet, die als *Association for Research and Enlightenment* bzw. *ARE* (Vereinigung für Forschung und Aufklärung) bekannt ist. Diese Forschungsgesellschaft, in der jedermann Mitglied werden kann, registriert und katalogisiert weiterhin Informationen, initiiert Untersuchungen und Experimente und fördert Konferenzen, Seminare sowie Vorlesungen. Die Forschungsergebnisse machte sie ihren Mitgliedern bislang stets durch eigene Verlagsunternehmungen zugänglich.

---

* „Reading", wörtlich Lesung, bedeutet je nach dem Zusammenhang: Prophezeiung, Weissagung, Deutung, Diagnose oder Prognose.

Der vorliegende Band gehört zu einer Reihe populärwissenschaftlicher Werke über die verschiedenen Themen der Readings von Edgar Cayce. Er behandelt die Unterlagen über mehr als sechshundert Traum-Readings.

Harmon H. Bro, Doktor der Philosophie, arbeitete von 1943 bis 1944 fast ein Jahr lang mit Edgar Cayce. Er überwachte den regelmäßigen Zeitplan der täglichen Readings. Da er als Skeptiker nach Virginia Beach gefahren war, stellte er eingehende Fragen, interviewte Menschen, die zu Readings kamen, und las die Korrespondenz. Seine sorgfältigen, detaillierten Notizen machte er ein paar Jahre später zur Grundlage seiner Doktorarbeit an der Universität Chikago.

Gleich vielen anderen, die sich in die Readings vertieften, stellte Dr. Bro fest, daß Edgar Cayce mit ungewöhnlichem Nachdruck betonte, das Studium der eigenen Träume sei für jeden Menschen äußerst wertvoll. Deshalb untersuchte er die Hunderte Traumreadings und fertigte ein genaues Verzeichnis davon an.

Hier liegt nun seine erste populärwissenschaftliche Studie über die Readings vor. Sie soll nicht nur die herausfordernd neue Traumauffassung veranschaulichen, die aus Cayces ungewöhnlicher Behandlung des Themas Traum spricht, sondern dem Leser auch ermöglichen, Cayces Ideen bei der Arbeit mit dem eigenen Traummaterial praktisch anzuwenden.

Meiner Ansicht nach ist dies eine der besten und wichtigsten Studien, die je über Edgar Cayces Readings geschrieben wurden.

Hugh Lynn Cayce

TEIL I

DIE TRÄUME EINER JUNGEN FRAU

Die Träumerin

Sie war jung, eben erst einundzwanzig geworden. Sie war attraktiv, stolz auf ihre Figur. Sie war ehrgeizig, stammte aus einer der führenden Familien Mississippis. Sie war klug, Absolventin eines berühmten Mädchen-Colleges.

Und nun war sie verheiratet. Sie hatte einen acht Jahre älteren Bankier aus Pennsylvanien gewählt, dem sie an einem Urlaubsort der Familie begegnet war. Sie wußte, daß seine Geschäftspartner ihm eine vielversprechende Zukunft voraussagten, und sie konnte sich gut vorstellen, daß er eines Tages in die Wallstreet gelangen würde.

Sie konnte aber kaum ahnen, daß er im Lauf von vier Jahren nicht nur ein Bankier in der Wallstreet, sondern auch ein Millionär würde, den man sogar in den goldenen zwanziger Jahren als Finanzwunder ansah.

Ihre Heirat stellte die junge Frau vor ein Problem: Wie sollte sie ihren Verwandten das verzehrende Interesse ihres Mannes an einem Seher mittleren Alters aus Ohio, einem Mann namens Edgar Cayce, erklären? Sie hatte ihren Eltern, ihrer Schwester sowie den meisten ihrer Onkeln und Tanten, Vettern und Basen von Cayce erzählt. Doch alle waren skeptisch geblieben. Die Gründe dafür kannte sie genau.

Cayce war ungebildet. Er hatte im Augenblick keinen achtbaren Beruf, obwohl er wenige Jahre zuvor, bis zu seinem Umzug nach Ohio im Jahr 1923, in Alabama ein erfolgreicher Photograph gewesen war. Er besaß kein Geld, obwohl vor nicht allzu langer Zeit Ölfelder im Wert von einer Million Dollar sein Eigentum gewesen waren, die er mit Hilfe seiner Sehergabe für seine „Cayce Petroleum Company“ ausfindig gemacht hatte. Alles war durch gewagte Versuchsbohrungen und geschäftliche Kalamitäten verlorengegangen. Er hatte nicht einmal ein eigenes Heim. Ihr Mann half den Umzug der Familie Cayce nach Virginia Beach finanzieren, wo Cayce, wie seine seherische Quelle schon lange andeutete, am produktivsten sein sollte.

Es gab nur wenige Dinge, die sie bei ihren Verwandten zu Cayces Gunsten ins Treffen führen konnte.

Er war Südstaatler und stammte aus einer guten Familie in Kentucky, die – wie auch einige ihrer eigenen Verwandten im tiefen Süden der USA – ihre Vorfahren bis nach Frankreich zurückverfolgen konnte. Er war ein häuslicher Mann mit einer kleinen, aber stattlichen Frau aus den Südstaaten, einem Sohn in der dritten Grundschulklasse und einem weiteren in der höheren Schule. Er unterrichtete in der Sonntagsschule der Christian Church, einer in den Südstaaten beliebten, der Baptistensekte ähnlichen Kirche. Und er half ihrem Mann Aaron, reich zu werden.

Sie hatte von Aaron Geschichte um Geschichte gehört. Er hatte ihr erzählt, wie Cayce ihn und einige Geschäftsleute aus Ohio trainierte, ihre natürlichen medialen Talente zu nutzen, um wohlhabend zu werden. Cayce bot ihnen keine Wunder an; denn er gab nur solchen Menschen geschäftlichen Rat, die auf ihrem Gebiet bereits aktiv und erfolgreich waren: Fabrikanten, Immobilienmaklern, Firmenmanagern, Erfindern, Vertriebsleuten, Börsenmaklern, Versicherungsverkäufern und Bankiers wie ihrem Mann. Sogar diesen Männern erteilte er nur in beschränktem Umfang Rat. Mit seinem Seherblick nahm er zwar erstaunliche Anordnungen von Fakten wahr; aber er setzte sein Talent nur dazu ein, die Menschen zu lehren, ihre eigenen Talente zu nutzen: ihre Ahnungen, Eindrücke, Eingebungen und Träume. Und er hatte ihren Mann überzeugt, daß er, Aaron, keine andere Hilfe benötige, denn Aaron wurde rasch wohlhabend, wie auch eine Reihe seiner Geschäftskollegen – besonders zwei Brüder, beide Börsenmakler.

Cayce war überzeugt, so hatte Aaron ihr erklärt, daß jeder gesunde, schöpferische Mensch die Empfänglichkeit für übersinnliche Einflüsse als normale Anlage besitze. Er sah sie als Ausweitung der Persönlichkeit an, die sich trainieren läßt wie musikalische, philosophische oder geschäftliche Fähigkeiten.

Frances war besonders von dem fasziniert, was Cayce mit Träumen vermochte. Sie wußte, daß ihr junger Gatte schon seit Monaten seine Träume von Cayce deuten ließ – hauptsächlich Träume über geschäftliche Angelegenheiten, aber auch über Sex, Aggression, Gesundheit, Persönlichkeitszuschnitt, Ängste, Religion, Haltung gegenüber Geschäftspartnern, Hobbies, Tod und sogar darüber, was für Ehefrauen seine Freundinnen werden könnten. Nun ermutigte er sie, auch ihre Träume Cayce vorzulegen.

Frances, seit einer Woche verheiratet, schrieb also einige ihrer jüngsten Träume nieder und schickte sie Edgar Cayce nach Virginia Beach in sein neues Heim, um sie in den Trance-„Readings“ deuten zu lassen, die er zweimal täglich vornahm.

Sie leitete damit eines der farbigsten Kapitel in der Geschichte der Traumdeutung des zwanzigsten Jahrhunderts ein – das mit Freuds monumentalem Werk *Die Traumdeutung* begonnen hatte, aber das Studium der Träume in den Händen von Analytikern beließ, bis um die Jahrhundertmitte an den Universitäten die ersten „Schlaflaboratorien“ entstanden.

Die von Edgar Cayce interpretierten Träume Frances' werden sich eines Tages vielleicht als kaum bedeutsame Neuheit einer Zeit entpuppen, welche die Träume wiederentdeckte. Sie können sich aber auch als neue Anhaltspunkte für die Wirkung der Träume, für die Verfassung des Träumers und für Dinge erweisen, die es wert sind, daß man davon träumt.

In einem Zeitraum von vier Jahren unterbreitete Frances, größtenteils per Post, Cayce 154 Träume, mit denen er sich in 55 Readings unterschiedlicher Dauer befaßte. Die meisten davon gab er in den ersten drei Jahren. Derart umfangreiche Sammlungen von Träumen lieferten ihm außer Frances nur drei Menschen, und einer davon war er selbst. Während der zwanzig Jahre nach 1924, in denen er Träume deutete, suchten auch andere Menschen Belehrung über Träume – bis zu Cayces Tod im Jahre 1945 insgesamt sechsundneunzig. Alles in allem erhielt Cayce rund 1650 Träume, die er in etwa 700 Readings deutete. Die Traumreadings stellen ungefähr ein Zwanzigstel der Readings dar, die in den vierzig Jahren seiner hellseherischen Bemühungen aufgezeichnet und gesammelt wurden.

Was für eine Art Träumerin war Frances? Was für eine Art Wachleben lag ihren Träumen zugrunde?

In der Periode, während derer Cayce ihre Träume analysierte und ihr beibrachte, sie selbst zu deuten, verlebte Frances ruhige und auch stürmische Tage. Ihre Träume widerspiegelten beides.

Frances wohnte in einem luxuriösen Heim in New York City, Dienstboten erfüllten ihre Wünsche. Sie reiste nach Europa, weilte oft in ihrem Vaterhaus in Mississippi und fuhr nach Virginia Beach, Palm Springs in Florida und Chikago. Sie kaufte sich schöne Kleider. Sie las viel, pflegte aber auch ausgiebig die Gastlichkeit. Sie fand Zeit, in trägen Erinnerungen an ihre Kindheit und einstige Liebesaffären zu schwelgen.

Große Begeisterung erfüllte sie, als Cayce ihr versicherte, sie werde ein Kind bekommen, das sich noch zu ihren Lebzeiten zu einem geistigen und geistlichen Führer entwickeln könne. Dann erlitt sie eine Fehlgeburt, vor der sie sowohl Cayce als auch ihre Träume gewarnt hatten, und sie kam gerade rechtzeitig aus dem Krankenhaus, um an der Beerdigung ihrer Mutter teilzunehmen. Mehr als ein Jahr später gebar sie schließlich ihren Sohn, aber noch vor ihrer Entlassung aus der Klinik starb plötzlich ihr Vater in Mississippi. Frances erfuhr also in der Zeit, da sie mit Cayce an ihren Träumen arbeitete, Schmerzliches genauso wie Erfreuliches.

Die Traumaufzeichnungen zeigen, daß sie mit ihrer Schwiegermutter stritt, jedoch nicht zu heftig, und daß sie immer wieder einlenkte. Sie hatte auch Auseinandersetzungen mit Aaron. Allem Anschein nach war sie eifersüchtig auf seine geistigen Gaben und außersinnlichen Fähigkeiten, während er dazu neigte, sie herablassend zu behandeln. Doch sie empfanden echte Zuneigung füreinander, und ihre Ehe funktionierte auf sexueller und gesellschaftlicher Ebene recht gut, bis mehrere erdbebenartige Stöße, die alle in Frances' Träumen angekündigt wurden, sie erschütterten.

Acht Jahre nach der Eheschließung ließ sich Frances von Aaron scheiden.

Frances war kaum eine Neurotikerin, auch wenn ihre Träume zeigten, daß sie launisch, scharfzüngig, eigensinnig und sogar selbstsüchtig sein konnte. In den meisten Träumen erschien sie als ziemlich normale junge Frau in der Phase des Anpassens und des Erwachens der ersten Ehejahre und der Mutterschaft. Doch sie erlitt auch Schocks, die ihre Persönlichkeitsstruktur in ihren Träumen bloßlegten. Als besonders einschneidend erwiesen sich vier Dinge:

Das erste war das Problem der Übertragung, mit dem sie zu kämpfen hatte und das den Psychoanalytikern so vertraut ist. Sie sah Cayce bald nicht nur als Vaterfigur, sondern auch als Propheten an, obwohl er ihr wiederholt nachdrücklich erklärte, sie solle ihre Verehrung Gott zuwenden und nicht ihm. Da sie sich mit Cayce identifizierte, zeigte sie die bekannte Ambivalenz Liebe-Haß: sie hoffte, eines Tages Readings zu geben wie er; sie schmollte, als er sie nicht vor der Fehlgeburt bewahrte. Die Lösung der Übertragung erfolgte bei ihr abrupt, wie manchmal in der Analyse, denn sie war enttäuscht. Sie brach fast völlig mit Cayce, als ihr Mann (dem das Übertragungsproblem ebenfalls zu schaffen machte) während der Depression mit Cayce über die Finanzierung des Cayce-Hospitals stritt, ihm seine Unterstützung entzog und den Kontakt zu ihm einstellte.

Das zweite war der Zusammenbruch ihrer Sicherheit, den Frances gegen das Ende ihrer Traumserien erlebte, als ihre Ehe auseinanderzugehen begann.

Das dritte war eine langsame, aber drastische Veränderung ihrer religiösen Orientierung. Sie war Jüdin, genau wie ihr Mann, und hatte eine ziemlich liberale, wenn auch familienbetonte Einstellung, aus der heraus sie ein Gotteshaus als „Tempel“ und nicht als Synagoge oder „Schul“ bezeichnete. Sie kannte jiddische Ausdrücke und Redewendungen, und diese halfen ihr, als Mitglied einer verletzlichen Minderheit der amerikanischen Gesellschaft ihre Würde zu verteidigen. Sie und ihre Verwandten besuchten jüdische Stätten und freuten sich daran, wie ihre Träume zeigten.

Es quälte sie jedoch, daß Edgar Cayce im Trancezustand, so tolerant er im Wachleben war, nachdrücklich darauf beharrte, Jesus sei das vollkommenste Vorbild für die Menschen; ihm müßten sie nacheifern, gleichgültig, welcher Religionsgemeinschaft sie angehörten. Frances wußte, daß Cayce sie nicht drängte, eine Kirchgängerin zu werden, zumal er sie ja tatsächlich in der Hoffnung bestärkte, ihren Sohn zu einem religiösen Führer in Israel erziehen zu können. Doch die betonte Wertschätzung, die Cayce der Gestalt Christi entgegenbrachte, erzeugte in ihr eine innere Spannung und führte auch zu äußeren Spannungen mit Verwandten.

Das vierte war die Entwicklung eines bestimmten Maßes an außersinnlichen Fähigkeiten. Frances setzte sie jedoch nicht für Geschäftsangelegenheiten ein wie ihr Mann, obwohl sie sich bei ihnen beiden im Traum entfalteten. Sie wandte sich der fraulichen Welt der Familie und Verwandtschaft zu, registrierte Wahrnehmungen über die Gesundheit, Haltungen, das Wohlbefinden und die Möglichkeiten ihres Sohnes, ihres Mannes und ihrer anderen Angehörigen. So sehr sich ihr Mann für die außersinnliche Wahrnehmung interessierte – und er interessierte sich dafür sogar noch stärker als fürs Geldverdienen, an dem er hart arbeitete –, Frances stellte fest, daß sie nicht ausschließlich in seiner Atmosphäre leben konnte. Sie mußte sich mit Freunden und Verwandten befassen, die Betrieb in ihr Leben brachten, sie jedoch wegen ihres Interesses an Phänomenen der außersinnlichen Wahrnehmung oder ihrer Geschichten darüber oft verspotteten. Ihr ansonsten normales Ich wurde dadurch einer ungewöhnlichen Belastung ausgesetzt, und ihre Träume zeigten, daß sie trotz ihres Reichtums und ihrer gesellschaftlichen Stellung, wenn sie unter ihresgleichen war, oft nicht wußte, was sie von sich selbst und ihrem Interesse an außersinnlichen Wahrnehmungen halten sollte.

In den acht Jahren ihrer Ehe erlebte Frances also vier drastische Veränderungen, wozu noch der Tod ihrer Eltern kam. Es überrascht kaum, daß ihre Träume nicht nur die üblichen Belastungen widerspiegelten, sondern auch eine starke Triebkraft, welche sie für die im Wachleben erhaltenen Schläge weitgehend entschädigt haben dürfte. Sie begann lebhaft von ihrer toten Mutter zu träumen, und in ihr erwuchs auf Cayces Versicherung hin das Gefühl, daß die Mutter über das Grab hinaus fortlebe. Sie fand in diesen Traumerlebnissen nicht nur einen Quell des Staunens und der Ehrfurcht, sondern auch praktische Führung, die ihr – wie wir noch sehen werden – sehr viel bedeutete.

Nach ihrer Scheidung heiratete sie nicht mehr. Im späteren Leben erlitt sie einen emotionellen Zusammenbruch, den ihre von Cayce gedeuteten Träume angekündigt hatten. Sie richtete sich wieder auf, indem sie ihrem Sohn hingebungsvoll diente und eine schwererkämpfte Laufbahn als Pflegerin einschlug. Ihre Unnachgiebigkeit, auf die ihre ersten Träume hinwiesen, reifte in späteren Jahren offenbar zu einer Kraft und einem Mitgefühl, dank denen sie eine Frau geworden sein dürfte, die man gern kennenlernte und sehr schätzte.

Die Ebenen des Träumens

Als Edgar Cayce in Hunderten von Trancesitzungen Träume deutete und als er in einigen essayartigen Readings über die Funktion des Schlafs und des Träumens sprach, äußerte er auch seine Ansicht über die Wirkung der Träume.

Sie ziele, sagte er, auf zwei Dinge ab. Die Träume würden Probleme aus dem bewußten Leben, dem Wachleben des Träumers lösen. Und sie würden im Träumer neue Möglichkeiten, über die er verfüge, lebendig machen.

Warum Träume?

Mit der Erklärung, Träume würden vor allem problemlösend wirken, nahm Cayce viele Feststellungen der Schlaflaboratorien vorweg, die erst ein Vierteljahrhundert nach seiner Arbeit mit Frances entstanden.

Er sagte zwar, einige von Frances' Träumen brächten körperliche Spannungen zum Ausdruck; aber er war nicht der Ansicht, daß ihre Träume ihr eine Ersatzbefriedigung heimlicher Wünsche nach Sex und Aggression gewährten. Sex und Aggression gab es in ihren Träumen viel, dazu Handlungsabläufe, die beides befriedigten. Doch solche Träume, sagte Cayce, enthielten noch mehr; sie enthielten Vorschläge, wie man diese grundlegenden Triebe bewerten und steuern könne. Frances' Träume, so erklärte er, befaßten sich nur dann mit primitiven Trieben, wenn diese ein Problem für sie wurden; in einem solchen Fall wurden diese Triebe in Träumen aufgegriffen wie jedes andere Problem und mögliche Lösungen – sowohl realistische als auch unrealistische – dargestellt und bewertet.

Cayce verwendete zwar nicht den Ausdruck, den moderne Traumforscher in ihrer Laborarbeit mit normalen Versuchspersonen gebrauchen, aber er beschrieb den Prozeß, der heute als „Perseverationseffekt“ bezeichnet wird. Es ist der Prozeß, der stattfindet, wenn ein Mensch sich einem Problem oder einer Aufgabe gegenübersieht; er neigt dazu, in dem Problem oder der Aufgabe zu verharren, bis sie durchgearbeitet sind. Die moderne Traumforschung zeigt, daß normale Menschen dazu tendieren, bis in die Nacht hinein an Fragen hängenzubleiben, die sie tagsüber beschäftigt haben – nicht nur an Fragen über ihre Rolle und ihren Status gegenüber anderen, sondern auch an sehr praktischen Fragen über Geld, Studien, Reisen, Nährmittel, Kenntnisse und sogar darüber, wie man genügend Schlaf bekommt.

Als Cayce einem Großteil des Träumens problemlösende Funktionen beimaß, wies er auch auf jene Traumart hin, die Künstler und Erfinder seit langem interessierte: den „Inkubationstraum“. Dieser Traum bietet entweder eine überraschende Lösung für ein Problem bzw. eine Konstruktion an, mit denen sich der Träumer befaßte, oder er weckt den Träumer in einem Geisteszustand auf, in welchem ihm die gesuchte Lösung mühelos einfällt. Auch hier stimmte Cayces Ansicht mit dem überein, was die modernen Schlaf- und Traumlaboratorien mittlerweile feststellten; einige dieser Laboratorien erforschen heute nicht nur die Fähigkeit des Geistes zu schöpferischer Inkubation in Träumen, sondern auch seine Nutzung der ASW (der außersinnlichen Wahrnehmung) im Schlaf als Teil seiner problemlösenden Arbeit.

Mit der Erklärung, der Rest des sinnvollen Träumens belebe im Träumer seine eigenen menschlichen Möglichkeiten, näherte sich Cayce jedoch dem Standpunkt der Psychoanalyse in ihren verschiedenen Schulen.

Immer wieder wies er darauf hin, daß Träume dem Träumer signalisierten, es sei für ihn an der Zeit, neue Pflichten zu übernehmen, Werte zu entwickeln, die von größerer Reife zeugten, oder sein Denken auszuweiten. Solche Träume, sagte er, würden nicht einfach praktische Probleme lösen, sie würden dem Träumer zu wachsen helfen.

Er beschrieb ganze Zyklen von Träumen, die darauf abzielten, im Träumer irgendeine neue Qualität zu entwickeln: Geduld, Ausgeglichenheit, Männlichkeit, Selbstlosigkeit, Humor, Nachdenklichkeit, Frömmigkeit. Einige dieser selbsterneuernden Träume entsprangen seiner Meinung nach den Bemühungen der Persönlichkeit des Träumers, sich im Zusammenbruch aufzurichten – wie es die Psychoanalytiker täglich bei den Träumen von Patienten auf ihren Couches erleben. Andere solche Träume sah Cayce als spontane, gesunde Darstellungen an, die erfolgten, wenn es Zeit für einen neuen Wachstumsabschnitt im Leben des Träumers war.

Frances sammelte in den vier Jahren, in welchen Cayce sie beriet, zahlreiche Beweise dafür, daß ihre Träume ihre äußeren Probleme lösen und ihre inneren Möglichkeiten entfalten halfen.

Ihre Träume widerspiegelten eine Menge praktischer Probleme. Viele handelten von Streitigkeiten mit Verwandten oder ihrem Mann, einige von Reiseplänen. Ein Traum betraf eine Erkältung, die sich ihr Mann zugezogen hatte. Zwei befaßten sich mit einem Dienstmädchen, das ihr Kleidungsstücke entwendet hatte. In der Zeit, da sie Mutterfreuden entgegensah, bezogen sich viele auf ihre Ernährung und Turnübungen. Nicht wenige offenbarten ihr geziertes Benehmen und ihren Lebensstil, genau wie andere ihn gesehen hätten. Es gab sogar Träume, die sie drängten, sich nicht zu sehr auf Cayce zu verlassen, wie dieser ihr bei der Deutung enthüllte.

Doch in diese problemlösenden Träume schoben sich, manchmal sogar als Teil eines solchen Traumes, Traummaterialien, die einem anderen Zweck dienten: Frances zu einem reicheren, reiferen Ich zu erwecken. Ihre Träume schienen sie aufzufordern, ihren wachen Geist systematischer zu Studien einzusetzen. Andere drängten sie, sich ihrem kleinen Sohn mehr zu widmen, statt ihn soviel der Kinderschwester zu überlassen. Einige wenige Träume konfrontierten sie mit denkwürdigen religiösen Erlebnissen. Fast die Hälfte ihrer Träume enthielt Cayce zufolge irgendeine Anspielung, oft herausfordernder Art, auf ihre Lebensorientierung, ihre höchsten Werte und Verpflichtungen, wie diese im prosaischen Alltagsleben aufschienen.

Cayce ließ es nicht zu, daß sie ihre Träume als leicht zu handhabendes Wahrsagewerkzeug benutzte.

Er sagte, was wie die Ankündigung einer drohenden Krankheit erscheine, könne tatsächlich eine kranke Einstellung im derzeitigen Verhalten des Träumers widerspiegeln. Was wie ein Hinweis auf einen vorteilhaften Aktienverkauf aussehe, könne eine „Bestandsaufnahme" des Träumers von sich selbst oder einem Freund sein. Ein furchteinflößender bärtiger Mann im Traum könne sehr gut das strenge Gewissen des Träumers sein und nicht der himmlische Bote, den der Träumer darin sehe. Cayce machte klar, daß man Träume nicht einfach als Botschaften aus einem höheren Reich betrachten dürfe. Es sei wichtig, betonte er, zu unterscheiden „zwischen dem geistigen Ursprung und der bewußten Konzeption", die in den Träumen aufschienen.

Cayce erklärte Frances jedoch nachdrücklich, daß Träume häufig Bewußtseinsbereiche umfaßten, die weiter seien als jene des Wachlebens, wenn nicht höher. Sie könnten sehr leicht die außersinnliche Wahrnehmung (ASW), über die der Träumer als natürliches Talent oder entwickelte Fertigkeit verfüge, dazu benutzen, ihm problemlösende Dinge aus der Zukunft, der Ferne, der Vergangenheit oder der Privatsphäre zu zeigen.

Und es gebe jene Träume, fügte er hinzu, denen es leichterfalle als großen Teilen des Wachbewußtseins, bestimmte Strukturen ins Spiel zu bringen, die für den Träumer von großer Bedeutung seien. Frances könne in Träumen mit ihrem höheren oder besten Selbst Kontakt finden; sie könne sogar etwas außerhalb ihrer selbst Liegendes erreichen, das er als „die Schöpfungskräfte oder Gott" bezeichnete. Im Gegensatz zu modernen Laborforschern oder Psychiatern behandelte Cayce die Inhalte dieser Träume mit großem Respekt. Er spürte nur eine sehr geringe Zahl Träume auf, die ausdrücklich direkten Kontakt mit dem höheren Selbst oder mit dem Göttlichen verkörperten, zögerte jedoch nicht, auch einige andere Träume als solche zu identifizieren – deshalb werden seine Traumdeutungen in unserer Zeit, welche die Träume im Labor und in der Klinik wiederentdeckte, nicht aber in der Kirche, mitunter in Frage gestellt.

Oft faßte er die Funktion der Träume in ähnlichen Worten wie jenen zusammen, mit denen er einen Geschäftsmann drängte, seine Träume zur „eigenen Erbauung und zum Aufbau des seelischen und geistigen sowie des finanziellen Selbst" zu konsultieren.

Cayces Traumberatungen, die er Frances und anderen angedeihen ließ, machten klar, daß die Träume seiner Meinung nach aus verschiedenen Ebenen des Inneren eines Menschen kamen. So gesehen, könnte man den Träumer mit einem Schiff vergleichen.

Die Ebene des Körpers

Das Schiff ist eine große Maschine. Es ist mit einem Rumpf ausgestattet, mit Motoren, Schrauben, Decks, Steuervorrichtungen, Ankern. Einige dieser Dinge müssen von der Besatzung bedient werden. Andere Teile der Ausrüstung, wie Schwimmwesten, können von den Passagieren benutzt werden. Ein weiterer Teil hat die Aufgabe, anderen Ausrüstungsgegenständen zu dienen, beispielsweise Regler, Notaggregate, Schmiervorrichtungen und automatische Steuerungen.

In den Träumen, wie Cayce sie sah, präsentierte der Körper des Träumers seine Betriebsprobleme etwa gleich den Maschinen eines Schiffs, die der Besatzung zu tun geben. Das Bedürfnis des Körpers nach Bewegung, Schlaf, ausgewogener Kost, Spiel, harter Arbeit, gesunden Ausscheidungen, medizinischer Fürsorge, sexuellen Orgasmen, stiller Meditation – alles dies und noch mehr füllte für Cayce die Bühne der Träume aus als Ausdruck dessen, was er „das Physische" nannte. Cayce sagte, zweifellos seien einige der Träume, die ihren Ursprung im Körper hatten, lediglich halluzinogen und des Deutens nicht wert, weil sie von derselben Körperchemie hervorgerufen würden wie die Visionen eines Alkoholikers, die Trugbilder in der Wüste oder die Phantasien eines übermüdeten Menschen.

Andere vom Körper ausgelöste Träume sind nach Cayces Ansicht jedoch Produkte des an sich selbst arbeitenden Körpers; sie lassen sich mit einer Schiffsmaschine vergleichen, die weitere Maschinen zum Einsatz bringt.

Als Frances ihn einmal ersuchte, sich für sie wie schon so oft an einen Traum zu erinnern, den sie vergessen hatte, erklärte er, mit diesem Traum trainiere sich der Körper nur und eine Untersuchung oder Deutung sei nicht erforderlich.

Andere Träume jedoch, erläuterte Cayce, zeigten auf, daß der Körper nach einer Hilfe rufe, die seine eigenen Mechanismen allein nicht zu leisten vermöchten. Frances träumte:

Sah das Schiff „Leviathan" und Cousin Ted und seine Frau sehr krank; und es schien, daß mit Ted etwas nicht stimmte, und er war tot, denn seine Frau trug einen Trauerschleier.

Cayce führte aus, daß Frances daran dachte, eine Schiffsreise zu machen, und daß sie überlegte, wie ihr wohl die Seekrankheit zusetzen würde – oder mehr noch ihrem Cousin Ted, der damals krank war. Diese Überlegungen hatten in ihrem Körper (ähnlich wie es bei hypnotischen Suggestionen leicht geschieht) Angst vor Seekrankheit erzeugt, und aus dieser Angst war der Traum entsprungen. (Zum Glück deutete Cayce den Traum nicht nur, sondern verordnete ihr auch eine ausgeklügelte Arzneimixtur, die er schon anderen Menschen gegen Seekrankheit empfohlen hatte, und zwar mit verblüffendem Erfolg; dabei ist noch zu bedenken, daß das Rezept von einem bewußtlosen, ungebildeten Medium stammte.) Frances' Körpermaschinerie erhielt die Hilfe, die sie angefordert hatte.

Die Ebene des Unterbewußten

Ein Schiff wird von der Besatzung gefahren. Diese ist so ausgebildet, daß sie das Schiff Tag für Tag in Fahrt zu halten vermag, was sie oft automatisch tut. Manchmal kollidieren Befehle, dann müssen die Besatzungsmitglieder Differenzen hinsichtlich der dienstlichen Aufgaben und der Routinearbeiten beilegen. Manchmal erhalten sie eine Ladung oder Passagiere, mit deren Behandlung sie nicht vertraut sind, und sie müssen Erkundigungen einziehen. Manchmal verwirrt sie irgendeine Maschine oder ein Sturm, und sie müssen eine höhere Autorität um Hilfe ersuchen. Manchmal erhalten sie neue Schiffskameraden mit Fertigkeiten oder Ausrüstungsgegenständen, von deren Existenz sie bislang nichts wußten.

Cayce sprach vom „Unterbewußten" oder von den „unterbewußten Kräften" in Träumen, wie jemand von der Besatzung eines Schiffes sprechen würde. Diese „Kräfte" sah er als völlig normal in den Träumen an, ob sie nun eigene Funktionsprobleme präsentierten oder besondere Informationen, die sie durch ihr ASW-Radar erlangten. Die Sprache dieser Kräfte betrachtete er als typisch „emblematisch" – ähnlich wie die deftigen Wendungen und Sprachbilder von Seeleuten. Das Unterbewußte des Träumers – seine verborgenen Strukturen, Gewohnheiten, Steuerungen, Mechanismen, Komplexe, Formeln – verwendet die persönlichen Gedächtnis- und Sprachbilder des Träumers, um das erledigt zu bekommen, was es wünscht.

Manchmal kann die Mannschaft des Unterbewußten nach Cayces Ansicht den Körper einem Probelauf unterziehen, um ihn auf eine kommende Strapaze vorzubereiten.

Frances hatte eine Fehlgeburt erlitten und fürchtete sich schon immer vor einer Geburt. Da warteten ihre Träume mit einem starken Erlebnis auf. Es war etwas mehr als neun Monate vor der tatsächlichen Geburt ihres Kindes. Cayces Deutung riet ihr, nun schwanger zu werden, und versprach einen glücklichen Ausgang. Ihr Traum, sagte Cayce, sei von ihrem Unterbewußtsein verursacht worden, das alle lebenswichtigen Funktionen kontrolliere, die ihrem „Körperbewußtsein das Erlebnis jenes Zustandes" gewährten, „durch den das Wesen geht", um zur Niederkunft zu gelangen.

Ihre Mannschaft ließ die Maschinerie des Sexual- und des Mutterinstinkts warmlaufen. Frances berichtete:

Ich hatte irgendeine innere Störung, die verhinderte, daß ich ein Kind bekam. Die Ärzte sagten mir, um das zu korrigieren, sei eine kleine Operation erforderlich. Ich lehnte mit der Begründung ab, daß ich keine ertragen könne. „O doch, Sie können", antworteten sie, und ich befand mich auf dem Operationstisch, wo ich die Narkose erhielt. Ich fühlte, wie ich unter diesem Einfluß langsam das Bewußtsein verlor. Ich fühlte die Berührung ihrer Finger leichter werden, und ihre Stimmen schienen immer weiter weg zu sein. Ich bemerkte das Schwinden meines Bewußtseins und auch die Vollziehung der Operation nicht. Dann kam ich wieder zu mir – erlangte das Bewußtsein wieder, die Operation war gemacht. Ich erwähnte gegenüber der Schwester, daß ich vermute, ich könne nun kein Kind bekommen. Sie antwortete, daß ich eines bekommen könne – sehr bald. Ich wollte aufstehen und hinausgehen.

Bei der Deutung dieses Traums, den er als völlig positiv und ermutigend ansah, kam Cayce nicht nur auf das Thema der Mutterschaft zu sprechen, sondern griff auch, wie es jeder Analytiker tun würde, das Wort „Vollziehung" auf, das Frances zur Beschreibung ihrer „Operation" gebraucht hatte. Er machte sie darauf aufmerksam, daß sich das Wort nicht einfach auf die Geburt im Sinne der Vollziehung ihrer Vorbereitung für die Mutterschaft beziehe, sondern auf sexuelle Freiheit, die sie freudig und sicher genießen könne, wie es der Traum in der Berührung der Finger und im Wegsinken in die Bewußtlosigkeit gezeigt habe.

Ihre Mannschaft hatte die Maschinerie anlaufen lassen.

Frances' Träume veranschaulichten ihre ständige Sorge um die Menschen, die ihr teuer waren. Sie zeigten, daß Frances nicht nur mit ihren persönlichen Beziehungen zu diesen Menschen, sondern auch mit deren Problemen kämpfte. Was ihre Lieben beschäftigte,

beschäftigte auch Frances, weil sie diese Menschen in ihrer Psyche „mitführte" – wie ein Schiff Passagiere.

Sie wußte beispielsweise, daß sich ihr Mann nach einem direkten übersinnlichen Erlebnis mit seinem toten Vater sehnte. Aus ihrer Besorgtheit um seine Sehnsucht hatte sie selbst ein einmaliges übersinnliches Erlebnis, einen dunklen, aber schönen kleinen Traum, der sich als prophetisch und exakt erwies:

Sah fünf Chrysanthemen auf dem Grab des Vaters meines Mannes.

Cayce führte aus, ihr Mann werde in fünf Wochen das Erlebnis haben, daß ihn sein toter Vater in Träumen belehre, was ihm eine der größten Freuden seines Lebens beschere. Fünf Wochen später, ganz pünktlich, hatte Aaron die Träume.

Frances hatte im Schlaf laut von den Blumen gesprochen, und Cayce äußerte sich auch dazu. Dasselbe Unterbewußtsein, sagte er, das vorausgeschaut habe auf den Inhalt der Träume ihres Mannes, habe sie auch gedrängt, laut darüber zu sprechen und den Traum zu deuten. Doch der Klang ihrer eigenen Stimme habe sie geweckt. Sie könne, fuhr er fort, sich trainieren, dem Unterbewußten mehr Initiative zu lassen, so daß derartige Erlebnisse spontane kleine „Readings" für jene würden, die ihr nahestanden. Ihr lautes Sprechen im Schlaf wäre dann seinen eigenen Trancezuständen nicht unähnlich und zuweilen ganz natürlicher Ausdruck dessen, was in ihren Träumen vorgehe. Frances versuchte voll Eifer, die Mannschaft ihres Unterbewußten zu ermutigen, das Steuer zu übernehmen.

Als sie das nächste Mal im Schlaf laut sprach, riet sie ihrem Mann, die Zahnpaste nicht zu wechseln! Kein umwerfender, aber laut Cayce ein vernünftiger Rat. Später gingen diese Erlebnisse weit tiefer, sie waren jedoch selten. In einem der bedeutendsten sprach sie laut über ihr Beschäftigtsein mit dem „Aussehen", ihrem Gesicht und ihrer Figur – ein Thema, das Cayce zufolge in ihrer Persönlichkeit ein Zentralmotiv darstellte, und zwar wegen der damit verbundenen Macht über Männer.

Nicht jeder Passagier in Frances' Schiff war leicht zu behandeln, wie Cayce bei der Deutung eines anderen Traums ausführte, den sie ihm schickte:

Wir alle, meine Schwiegermutter, ihre Freunde, mein Mann und ich, waren wieder zu Hause in Mississippi, weit zurück in jenen alten Tagen, wo wir in der Stadt lebten. Wir bereiteten uns darauf vor, für den Sommer nach Sandy Beach zu fahren. Die Freundin meiner Mutter sagte, sie würde nicht mitkommen, sondern heim nach White Plains, New York, fahren. Frau B., eine andere Freundin, sagte, sie würde mit uns zurück an die Küste fahren. Wir stiegen alle in Autos und starteten. Dann wurde meine Schwiegermutter sehr ärgerlich und gereizt mir gegenüber, wie sie es in diesem vergangenen Sommer war. War sehr unangenehm.

Cayce behauptete, daß Frances' Unterbewußtsein (oder das, was man als ihre Mannschaft bezeichnen könnte) durch seine ASW von der Reaktion erfahren hatte, die Verwandte und Freunde in naher Zukunft auf einige Dinge zeigen würden, welche Frances tue. Er drängte sie, auf diese Unannehmlichkeit vorbereitet zu sein und sich nicht zu sehr außer Fassung bringen zu lassen.

Die Ebene des Bewußtseins

In den meisten Träumen vernahm Cayce Rufe nach bewußter Entscheidung und Aktion. Es war, als bitte die Schiffsmannschaft den Kapitän um Befehle.

Am Beginn seiner Deutung des erwähnten Mutterschaftstraums erklärte Cayce, jedermann, der träume und sich an Träume erinnern könne, sei in der Lage, aus Träumen zu lernen, bewußtes Erkennen und Verhalten mit der unbewußten Wirkung des Traumerlebnisses in Einklang zu bringen: „Denn wie wir feststellen", sagte er, „ist jeder Mensch, der die Fähigkeit des Sehens der verschiedenen Erlebniszustände besitzt, die durch die verschiedenen Bewußtseinsschichten des Menschen gehen", – er meinte die verschiedenen in Träumen aktiven Ebenen – „auch fähig, daraus die Lektion oder Wahrheiten zu lernen, welche . . .

in der Wahrheit bestehen, wie sie dem Menschen mittels der verschiedenen Phasen seines Bewußtseins gezeigt wird."

Niemand träumt, der nicht fähig ist, seine eigenen Träume zu deuten und aus ihnen zu lernen.

Die Mannschaft jedes Menschen hat einen Kapitän, der auch wie ein solcher handeln muß, wenn sich die Mannschaft in Träumen an ihn wendet.

Manchmal kann es vorkommen, daß die Mannschaft den Kapitän gegen den Kapitän zu Hilfe ruft.

In den ersten paar Wochen ihrer Ehe, als Frances von Cayces Deutungen ihrer Träume und von seinem ganzen Ausblick auf das Leben regelrecht berauscht war, stürzte sie sich in Studien des Psychischen und Okkulten. Gleich ihrem ungeduldigen Mann wollte sie die ganze Sache auf einmal verstehen, um selbst kleine Kunststücke mit dem Übersinnlichen praktizieren zu können. Dann träumte sie:

Sah mich selbst eine große Rutsche ins Wasser hinabgleiten. Sie wurde breiter, als ich mich dem unteren Ende näherte, und lief in zwei Richtungen auseinander. Jemand sagte: „Es ist vierzehn Fuß [4,20 m] tief, dort, wo du landest. Was wirst du tun?"

Cayce führte aus, Frances bekomme aus ihrem eigenen Inneren warnend gesagt, sie treibe ihre „Geisteskräfte" – ihren Kapitän oder ihr Bewußtsein – dermaßen an, daß sie den Boden unter den Füßen verlören, zumal sie die „elementaren Bedingungen" der psychologischen Entwicklung erst zu begreifen beginne. Wenn sie sich Zeit nehme und „Schritt für Schritt" vorgehe, sagte er, würde sich ihr Geist in gesunder Weise ausweiten und ihr neue Wege zur Nutzung seiner Energien zeigen, wie der Traum mit der Verbreiterung der Rutsche veranschaulicht habe. Wenn sie jedoch ihre Entwicklung „willentlich" vorantreibe, werde sie bei sich „zerstörerische Kräfte" zur Wirkung bringen.

Der Kapitän mußte einen klugen Kurs planen.

Cayces Ansicht nach besaß der Kapitän oder das Bewußtsein auch definitive Entscheidungsbefugnisse bei der Bestimmung der

Ladung, mit der sich die Mannschaft zu befassen hatte. Das Unterbewußte betrachtete Cayce als sehr aktiv; ständig modelliere und forme es das, was seiner Obhut anvertraut werde. Immer wieder behauptete er nachdrücklich, daß „Gedanken Dinge sind", daß „Gedanken Taten sind", und zwar wegen ihres Einflusses auf das Unterbewußte.

Frances verkehrte in Gesellschaftskreisen, in denen Bridge und Geplauder oft viele Stunden des Tages ausfüllten; ein solches Leben kann eine innere Kleinlichkeit erzeugen, die nicht unbedingt sichtbar ist, bis sich schließlich die Bridgespielerin teilweise in eine grollende Schreckschraube verwandelt hat. Der folgende Traum zeigte Frances dies:

Als ich dem Bridgespiel zuschaute, sah ich mir gegenüber direkt im Zimmer, wie wirklich und lebendig, die Treffkönigin. Ich bekam Angst und stürzte zu meinem Mann.

Cayce erklärte, alles, bei dem das Bewußtsein verweile, werde im Unterbewußtsein gelagert oder „den unterbewußten Kräften aufgeprägt", bis es Gestalt annehme und eigenes Leben bekomme.

Eine neue Gestalt hatte sich in diesem Traum zu Frances' Mannschaft gesellt, ein Frankenstein-Ungeheuer, geschaffen am Bridgetisch, wo der Kapitän spielte und plauderte.

Die Ebene des Überbewußten

Die Mannschaft benötigt, um das Schiff richtig fahren zu können, Informationen von außen. Einen Teil dieser Informationen kann sie mit eigenen Vorrichtungen beschaffen. In alten Zeiten nahmen die Matrosen mit Hilfe der Sterne Peilungen vor, ermittelten die Zeit nach der Sonne und holten von vorbeifahrenden Schiffen Nachrichten ein.

Cayce sprach wiederholt von der Fähigkeit des Unterbewußten, praktische Dinge mit Hilfe seiner natürlichen ASW anzupeilen. Er sagte Frances, ihr natürliches übersinnliches Talent habe ihr in vielen ihrer Träume Unbekanntes enthüllt, von der Zahnpaste bis zum künftigen Verhalten Verwandter.

Doch Cayce zufolge steht dem Menschen noch eine andere Hilfsquelle zur Verfügung. Er nannte es das Überbewußte und beschrieb es als höheren Bereich des Unterbewußten.

Man könnte sagen, daß sich moderne Matrosen an eine ähnliche „Institution" wenden, wenn sie an den Heimathafen funken und um Anweisungen aus einem mit Computer ausgerüsteten Seefahrtsinstitut bitten, das ihnen sofort die neuesten Informationen über Meeresströmungen, Gezeiten, das Wetter, andere Schiffe, ihre Passagiere und sogar die Märkte in den noch anzulaufenden Häfen liefern kann.

Cayce behauptete, es gebe „Universalkräfte", mit denen sich der Mensch je nach seinen Bedürfnissen und seinem Training in Verbindung zu setzen vermöge, um sie zu nutzen. Diese Kräfte könnten ihn unbegrenzt mit Informationen und dazugehörigen Verhaltensmustern versorgen. Es sind die schöpferischen Strömungen des Göttlichen, das sich durch die menschlichen Dinge bewegt wie irgendein unsichtbarer großer Golfstrom.

In den Träumen kann man weit über seine eigenen Fähigkeiten hinausreichen und sich durch sein eigenes Überbewußtsein auf diese Universalkräfte einstellen.

Am Beginn ihrer Traumforschungen mit Cayce, als sich Frances noch nicht sicher war, was sie von Cayces religiöser Einstellung halten sollte, berichtete sie ihm folgenden Traum:

Träumte, ich hätte Ohrenweh und wartete in meiner alten Heimatstadt vor einer Drogerie auf meine Mutter. Meine Mutter kam, und mein Ohr schmerzte so, daß ich wollte, sie solle mich zu einem Arzt bringen. „Du brauchst keinen", sagte sie. „Du kannst das selbst überwinden." Ich tat es, und das überraschte mich so, daß ich mit meiner Freundin C. spazierenfuhr und ihr alles darüber erzählte. „Was du brauchst", sagte sie, „ist die christliche Wissenschaft. Du solltest es versuchen, denn das ist christliche Wissenschaft. Werde Anhängerin der Gemeinschaft." – „Nein", antwortete ich, „ich habe meine eigene Wissenschaft. Die jüdische Wissenschaft. Ich habe mich selbst geheilt. Ganz natürlich."

Als Cayce diesen Traum deutete, zeigte er sich keineswegs überrascht von ihren Ohrenschmerzen, denn Frances hatte ihm bereits einen Warntraum über ein altes Warzenfortsatzleiden berichtet. Er äußerte sich auch nicht des längeren über die Art des Heilens im Traum. Solche Hilfe vom Überbewußten war für ihn genauso wirklich wie die Hilfe der Medikamente, die er bereits für ihr Ohr verordnet hatte. Er griff statt dessen die Frage auf, ob derartige Hilfe vom Überbewußten alleiniger Besitz eines bestimmten Glaubens sei. Ihr Traum, sagte er, zeige ihr, daß solche Kräfte und Energien objektive Wirklichkeiten seien, die von jedermann gefunden und genutzt werden könnten, der ihre Bedingungen erfülle, einschließlich des „in einem Individuum offenbar werdenden Glaubens an die Gotteskraft". Er drängte Frances, die Gesetze solcher Heilhilfe zu studieren, ohne Rücksicht darauf, wer ein Monopol auf diese Gesetze zu haben behaupte oder wie ärgerniserregend sie ihren Freunden und Verwandten erscheinen mochten. Der Mensch könne durchaus seine Theorien in Traditionen aufgliedern, führte Cayce aus, aber der Mensch spreche auch über Gesetze, die sich nicht zerstückeln ließen, denn „sie bleiben eine Einheit, ob sie jüdisch, christlich, griechisch oder heidnisch sind".

Die Mannschaft besitzt an Bord des Schiffes eine Energiequelle und eine Führung, die jede andere übertrifft; allerdings muß die Mannschaft wissen, wie sie mit dem Heimathafen Kontakt bekommt, und sie muß die Hilfe wirklich brauchen.

Die Ebene der Seele

Ein Schiff wird von der Mannschaft gefahren, die unter dem Befehl des Kapitäns steht. Aber der Kapitän selbst hat Befehle, die er nur auf eigene Gefahr verletzt. Er ist dem Reeder verantwortlich.

Nach Cayces Ansicht, die im Gegensatz zu einem Teil der modernen Psychologie steht, ist das Bild der Gesamtpersönlichkeit nicht vollständig ohne den Schiffseigentümer, das beste Selbst, die Seele. Dieser Teil der Persönlichkeit, vom Bewußtsein gut abgesondert, birgt die wirklichen Ideale und Verpflichtungen des Menschen, ob diese nun verbal formuliert werden oder nicht. Die Seele gibt seinem Gewissen (laut Cayce eine Funktion des Unterbewußten) Charakter und Würze, aber sie bleibt nicht auf das Gewissen beschränkt. Sie ist außerdem von dauerhafterer Struktur als das Bewußtsein, dieser Kapitän des täglichen Lebens, denn die Seele überlebt den Tod, das Bewußtsein dagegen nicht.

Die Seele bestimmt, wie lange und wie gut Kapitän und Mannschaft bei ihrer Aufgabe ausharren. Sie bestimmt den groben Kurs, während sie die tägliche Bedienung des Schiffs ihnen überläßt. Sie kann, als Eigentümer des Schiffs, beim Kapitän durch Träume vorstellig werden. Doch der Kapitän vermag ihre Wünsche zu durchkreuzen, denn die Entscheidung und die Aktion – und somit das Wachstum – liegen auf der Lebensreise bei ihm.

Nachdem Frances' Kind geboren war und sie die kritischen Strapazen der Geburt überwunden hatte, wurde sie nachlässig in bezug auf ihre Ernährung, Abführmittel und Physiotherapie, ihre Stimmung und andere Dinge, die, wie sie durch ihre Traumstudien mit Cayce wußte, für ihre eigene und für ihres Kindes Gesundheit und Seelenfrieden wichtig waren. Dann hatte sie folgenden Traum:

Ich sollte offenbar Cousin William heiraten, doch als es soweit war, zögerte ich, weil er mein Cousin war und so viele Schwierigkeiten gehabt hatte. Ich stotterte also herum und zögerte, konnte mich nicht entschließen, was tun.

Cayce warnte sie, ihr „wirkliches inneres Selbst", „das beste Selbst ihres Selbst", protestiere dagegen, daß sie die Versprechen, die sie sich selbst gegeben hatte (einem „Verwandten", den sie gern mochte), nicht einhielt. Er stellte ihre Unterlassung also genauso ernst dar wie den Bruch einer Verlobung. Und er untermauerte seine Behauptung, indem er eine Warnung an Frances aus einem Traum herausgriff, den Aaron Wochen zuvor gehabt und in dem er gesehen hatte, daß seine Frau für ihre Ausscheidungen Plutowasser nehmen solle. Sie hatte es damals getan, aber nun war sie nachlässig, und ihr Kind, das sie stillte, litt unter ihrem Zögern.

Der Reeder hatte den Kapitän in diesem Traum wegen Fahrens eines unsteten Kurses zurechtgewiesen.

Viel früher schon, während der Schwangerschaft vor ihrer Fehlgeburt, hatte Frances in einem lebhaften Angsttraum Kontakt mit ihrem besten Ich oder ihrer Seele gehabt:

Träumte, daß ich nie ein Kind haben könne – daß ich nie eines empfangen würde – daß ich nie gebären würde.

Cayce versicherte ihr rundweg, daß sie eines Tages ein Kind bekommen werde (was auch der Fall war, doch nicht jenes, das sie damals erwartete). Er sagte ihr, sie dürfe den Traum auf keinen Fall wörtlich auslegen. Sie solle vielmehr, drängte er sie, die sorgfältigen Vorbereitungen genau beachten, die sie für die Mutterschaft mache: Ernährung, Physiotherapie, Einstellungen, Gymnastik. Dies sei ihr „höchster Dienst für den Schöpfer und den einen, der ihr teuer ist", ihren Mann. Wenn sie nachdenke, werde sie erkennen, warum der Traum die gegenwärtigen Vorbereitungen auf die Geburt als Symbol für die Reinigungen und die Disziplin genommen habe, die sie nicht als Vorbereitung auf das Baby, sondern auf ihr höchstes Selbst brauche, welches in ihrem Leben größeren Raum einnehmen müsse. Dies sei die Geburt, der Gefahr drohe, nicht jener des Kindes. Dies sei das Kind, das höchste Selbst, welches eines Tages ihr größtes Geschenk an ihre wachsende Nachkommenschaft sein werde.

Ein Reeder kann sein Schiff gegen ein anderes eintauschen.

Es gehörte zu Cayces Lebensauffassung, daß die Seele wiedergeboren werde, daß sie auf Erden mehrere kürzer oder länger dauernde Reisen in Form von Leben mache. Jede Reise diene dazu, die Gesamtschöpferkraft der Seele in einer bestimmten Weise zu bereichern und zu erweitern.

Keine andere Ansicht Cayces befremdete zu seinen Lebzeiten so viele Menschen wie diese.

Jahrelang hatte er seine Gabe nur dazu genutzt, medizinische Ratschläge zu erteilen. Dann kamen nicht nur Ratschläge über Erdölvorkommen hinzu, sondern auch über die Angelegenheiten der Völker. Während der gesamten Zeit seiner anfänglichen seherischen Beratung, bis zu seinem fünfundvierzigsten Lebensjahr, war er eine psychologische Kuriosität geblieben – für einige Menschen ein Wunder, für andere ein Beispiel der Selbsttäuschung. Doch kurz bevor Frances und ihr Mann in sein Leben getreten waren, hatte er in Trance erklärt, die Menschen würden viele Male auf Erden leben. Von da an betrachtete man ihn nicht mehr bloß als Kuriosität, sondern häufig als jemanden, den man besser mied; Menschen, die von seinen augenfälligen Gaben vielleicht angezogen worden wären, gingen ihm nun aus dem Weg. Doch seine übersinnlichen Quellen beharrten, was ihn dies auch an persönlicher Popularität und Selbstschätzung (die Vorstellung der Reinkarnation war ihm als Protestant der Südstaaten fremd) kosten mochte, auf der Behauptung, daß die Wiedergeburt eine Tatsache sei; man habe sie genauso leidenschaftslos zu betrachten wie die gebrochenen Beine, über die er in seinen medizinischen Ratschlägen spreche, oder den Trend des Aktienmarktes, den er in seinen geschäftlichen Ratschlägen beschreibe, oder die verborgenen Ölfelder, deren Lage er in der Vergangenheit so glänzend aufgezeigt hatte.

Im ersten Reading für Frances sagte er ihr auf ihre Bitte, sie sei in einem früheren Leben Bedienstete bei Henriette gewesen, der Frau Karls I. von England. Es sei kein sonderlich nützliches Leben gewesen, denn sie habe viel vom Geist der Hofintrigen angenommen, besonders von ihrer Herrin, und eine Haltung des „Ich-werde-mit-dir-noch-Abrechnen“, wenn man sie zurückwies oder ihr Widerstand leistete. Cayce sagte ihr nachdrücklich, im gegenwärtigen Leben müsse sie vor allem lernen, nicht aus Boshaftigkeit oder Groll zu handeln – eine Warnung, die er oft wiederholte. Er sah dieses Leben als den Weg ihrer Seele an, Versöhnlichkeit und Geduld mit anderen zu lernen, während sie als Aarons Frau diente.

Schließlich wurde auch sie, wie so viele, in einem Ehekonflikt auf die Probe gestellt. Frances blieb acht Jahre bei ihrem Mann, verließ ihn dann aber doch – in einer Art, die etwas vom Geist des englischen Hofes hatte. Ihre Träume zeigten, daß sie mit dem Gedanken an eine Romanze mit einem alten Freund spielte, um „abzurechnen". Meistens jedoch rieten ihre Träume, wenn Spannungen entstanden, ihr dringend zu Geduld mit ihrem Mann und zu Ausgeglichenheit.

Ihren ersten Traum über vergangenes Leben hatte Frances laut Cayce schon während ihrer Flitterwochen. Fast genau ein Jahr danach hatte sie dann einen Traum, der den Zusammenbruch ihrer Ehe, zu dem es mehrere Jahre später kommen sollte, warnend ankündigte:

Mein Mann und ich waren auf einem Schiff, und es schien viel zu donnern oder Schießerei und Kämpfe zu geben. Es endete damit, daß das Schiff von einem Blitz getroffen wurde und der Kessel explodierte. Es sank. Wir wurden in die Luft gesprengt – getötet.

Cayce sagte ihr, eines Tages würden in ihrem Leben Zustände auftreten (was auch der Fall war), die sie an diesen Traum erinnerten, den er wegen seiner Genauigkeit und seines tiefen Sinns nicht als Traum, sondern als „Vision" bezeichnete. Er erklärte ihr, daß ihr Unterbewußtes die Schiffsreise als Symbol für den Lebensweg benutzt habe. Warnend fügte er hinzu, auf ihrer Reise durch die Angelegenheiten ihres Lebens werde es tatsächlich zu einer Krise mit Unruhen und Problemen kommen. Er sprach ernst mit Ehemann und Ehefrau und sagte, die Warnung gelte ihnen beiden, damit „die Wege von jedem mehr in Einklang mit jenen des anderen gebracht werden können". Cayce sah keineswegs schwarz, als er zu Frances von der bevorstehenden Prüfung ihrer Fähigkeit sprach, Bosheit und Groll zu meiden. Auf die „Explosion" (Cayce behauptete, Träume würden oft Sprachbilder dramatisieren) könne eine „Beruhigung“ mit besserem Verständnis der beiden Ehepartner füreinander folgen, sogar viel eher als der Untergang.

Der Reeder hatte Vorbereitungen auf eine ernste Gefahr gefordert.

In ihrem späteren Leben mußte Frances noch einmal einer solchen Gefahr ins Auge sehen. Ihr Sohn hatte sich, wie sein Vater, in einen ehelichen Zwist verrannt und einen Nervenzusammenbruch erlitten. Dieses Mal griff sie auf reiche Vorräte an Geduld und Treue zurück und half ihm in einer Weise, die ihr die Bewunderung von Freunden einbrachte und Cayce vielleicht zu seinem höchsten Lob verleitet hätte: „Das Wesen gewann in diesem Leben hinzu.“

Drei Ebenen des Träumens

Cayce beschrieb Frances alle obenerwähnten Strukturen und erklärte ihr, diese würden in ihren Träumen arbeiten. Gleich vielen anderen Menschen sagte er ihr auch, daß es tatsächlich nur drei Ebenen des Träumens gebe: die körperliche, die seelische und die geistige.

Der Körper kann bedeutungsvolle Träume hervorrufen, die mit Assistenz des Unterbewußten um physiologische Hilfe bitten. Er kann auch durch die einfache Wirkung der Körperchemie auf das Nervensystem, oft ausgelöst durch genossene Speisen, manchmal jedoch durch anormale Funktion der endokrinen Drüsen oder gestörte Zirkulation zum Nervensystem, sinnvolle Träume produzieren. Cayce drängte Frances, zu beachten, daß „in den physischen Körper . . . Elemente gelangen können, die Halluzinationen hervorrufen“; oder die im Organismus ausgelöste Aktivität zur Beseitigung schädlicher Nährmittel oder Gifte „ruft Halluzinationen, Alpträume oder ein Scheitern der seelischen Kräfte eines Individuums hervor“.

Derartige Träume – oder Nichtträume – müßten von den gewöhnlicheren Träumen unterschieden werden, sagte er, deren

Ursprung in seelischer oder psychologischer Aktivität zu suchen sei.

Träume vorwiegend seelischen Charakters sind manchmal nur bewußte Sorgen und Kümmernisse, die nachts wieder aufgewärmt werden.

Doch reine Kummerträume, meinte Cayce, seien selten bei Menschen, die mit ihren Träumen arbeiteten. Wenn bewußte Gedanken und Bemühungen in der Nacht wieder auftauchen, werden sie im allgemeinen gezeigt, um eine Reaktion des Unterbewußten auszulösen, das bewußte Erlebnisse in neuem Licht interpretiert oder seine eigene ASW-Information aus unbewußten Kanälen beisteuert. Wie Cayce zu Frances sagte, werden manche Träume „von der Seele eines Wesens durch tiefes Studieren oder Nachdenken" über ein Problem oder ein Interesse oder eine Beziehung stimuliert. In solchen Träumen werden die äußeren „Erlebnisse des individuellen Wesens in Wechselbeziehung gebracht" zu inneren Strukturen und Perspektiven, und zwar „durch die unbewußten Kräfte des Wesens – die latenten Kräfte des Wesens – die verborgenen Kräfte des Wesens", die diese Wechselbeziehungen „in einer Vision oder einem Traum" präsentieren. „Oft sind dies symbolische Zustände, wobei jeder für die seelische Entwicklung des Wesens eine andere Phase darstellt."

Doch in anderen seelischen Träumen, wie Cayce sie sah, liegt die Initiative mehr beim Unterbewußten; dieses will den Träumer vor etwas warnen oder auf etwas aufmerksam machen, was noch nicht Teil seiner bewußten Erfahrung ist, was sich jedoch wegen der Quelle, auf die er ausgerichtet ist, bereits auf seinem inneren Radarschirm zeigt.

Zur Veranschaulichung solcher Warnungen des Unterbewußten wählte Cayce einen Traum von Frances aus, in dem eine gute Freundin Selbstmord begangen hatte. Der Traum, sagte Cayce, stelle eine Absicht der Freundin, die sie aufgegeben habe, genau dar. Ein derartiger Traum, der aus der „Wechselbeziehung zwischen den Seelen oder unterbewußten Wesen" der beiden Träumer entstehe, vermittle „von einem Unterbewußten zum anderen . . ., entweder direkt oder indirekt, wirklich bestehende Zustände, gemäß denen man handeln soll“, und zwar mit liebevoller Sorge.

Außerdem gibt es Träume vom höheren Selbst des Träumers, das oft durch eine namenlose Stimme im Traum Ausdruck findet, Träume vom Überbewußten, die an die Universalkräfte rühren. Cayce nannte solche Träume „geistig“.

In ihren Flitterwochen, kurz nachdem sie mit dem Aufzeichnen ihrer Träume begonnen hatte, hörte Frances in einem Traum eine solche Stimme:

Ich träumte, ich sähe eine Frau ausgestreckt auf einem Bettrost, und der Rost schien nach hinten zu schwingen. Ich träumte, daß in mir etwas sagte: „Frances, du wirst zu etwas anderem erwachen“, und plötzlich spürte ich ein Lächeln auf meinem Gesicht.

Bei der Deutung dieses Traums sprach Cayce ausdrücklich vom „schönen Vergnügen“ der „Erfüllung“ in der Ehe, das dargestellt werde in den sexuellen Bildern des Bettes, der Stellungen und des Schwingens. Er sprach auch von der Fülle des Frauentums und des Menschentums, zu der Frances erwachte, als sie sich im Geschlechtsakt hingab. Und er beschrieb die Stimme, die sie vernommen hatte, als „das Überbewußte“, welches glücklich auf ihr sexuelles Erlebnis antworte und im Traum ein Lächeln auf ihr Gesicht bringe. Er vermittelte ihr den Eindruck, sie erwache auf vielen Ebenen gleichzeitig – ein Gefühl, das zahlreiche jungverheiratete Frauen haben. Wie bei vielen anderen Träumen, so stellte er auch bei diesem fest, die Seele oder das Überbewußtsein hätten im Traum die typische Funktion, den Träumer für neue innere Möglichkeiten reif zu machen oder zu wecken.

Die Lösung von Problemen durch Träume

Edgar Cayce ermutigte Frances, ihre Träume selbst zu deuten.

Manchmal zitierte er in seinen Readings das amerikanische Sprichwort: „Jeder Kübel muß auf seinem eigenen Boden stehen." Selbstbewußtsein dieser Art bei Frances kam für ihn im folgenden Traum zum Ausdruck:

Ich saß mit meinem Mann am Tisch, und er sprach von meinen grünen Wassergläsern. „Nun sei du mal ruhig", sagte ich zu ihm, „kritisiere meine Gläser nicht."

Cayce sagte zwar oft zu Frances, ihre Träume, in denen man sie kritisiere, seien Darstellungen ihrer eigenen scharfen Zunge, aber bei der Erläuterung dieses Traums nahm er eine andere Haltung ein. Das Grün, erklärte er, sei ein Symbol für gesunde Entwicklung – wie das Grün in der Natur. Sie solle deshalb an dem festhalten, was „ihrer Vorstellung von schöpferischen Kräften" sinnvoll erschien. Die Gläser seien Gefäße für etwas, das in ihren Körper und ihr Leben gelangen würde, etwas, das sie aufzunehmen und dem sie zu vertrauen beschließe. Er riet ihr: „Dann kümmern Sie sich nicht darum, was andere sagen." Nur so stünden Dinge, die sie sah und tat, mit ihrer eigenen inneren Version von der „schöpferischen Kraft" oder Gott in Einklang.

Als sich Frances allzusehr auf Traumbotschaften von ihrer toten Mutter verlassen wollte, ermutigte er sie erneut, sich auf sich selbst zu verlassen. Sie berichtete folgendes:

Träumte, daß meine Schwiegermutter von Kalifornien genug hätte und in sechs Wochen nach Hause käme.

Er sagte ihr, ihre Wahrnehmung sei ziemlich genau (was sich erweisen sollte). Als sie jedoch fragte, ob diese Wahrnehmung von der nächsten Bewußtseinsebene gesteuert worden sei, betonte er,

Frances sei durch bewußtes Überlegen im Traumzustand und nicht durch ein übersinnliches Erlebnis zu der Traum-Schlußfolgerung gelangt. Er ermutigte sie aber, durch Perioden des Schweigens in sich die Fähigkeit zu entwickeln, telepathischen Kontakt mit jenen aufzunehmen, die ihr nahestanden, und keine „spiritualistischen Zustände“ anzustreben.

Als sie über ein Jahr vor dem Börsenkrach von 1929 das genaue Datum träumte, an dem sie und ihr Mann ihre Aktien wegen der dann beginnenden „großen Veränderungen“ verkaufen sollten, riet Cayce ihr, sorgfältig zu beachten, wie sie durch derartige Erlebnisse die Führung erlangen könne, die sie für ihre tägliche Betätigung benötigte.

Cayce empfahl Frances, mehr zu tun, als die Träume und das Träumen zu studieren. Er drängte sie, mehr zu tun, als lediglich einen für Übersinnliches empfänglichen Menschen bei der Arbeit an ihren Träumen zu beobachten. Er wies sie an, ihre eigenen Träume über die Probleme des täglichen Lebens zu deuten und zu nutzen.

Probleme mit Verwandten

Am Beginn ihrer Traumserien tauchte das Problem auf, das Frances mit ihrer fest zusammenhaltenden jüdischen Familie aus den Südstaaten hatte. Ihre Verwandten hatten nicht nur die üblichen Bedenken gezeigt, weil ein Nordstaatler die Blume südlichen Frauentums entführte, und sie hegten nicht nur einige private, familiäre Zweifel, ob das Scheckbuch ihres Mannes so gut sei, wie es aussah, sondern kritisierten seine Interessen für übersinnliche Einflüsse in aller Offenheit. Wie sollte Frances mit diesen Verwandten fertigwerden?

Sogar auf ihrer Hochzeitsreise träumte sie von ihrer Familie, wie die Berichte zeigen, die sie Cayce zu Beginn ihrer Traumserien an aufeinanderfolgenden Tagen sandte.

Ich sah meinen Onkel schwarzen Kaffee umrühren.

Ich träumte, ich säße in einem Zug und führe zurück nach Hause, nach Mississippi.

Ich träumte, ich säße auf einem Pferd und fiele herunter. Am selben Morgen träumte ich von meinem Vater zu Hause in Mississippi und erwachte mit dem Gedanken an Cayce.

Cayce erklärte ihr, der erste Traum zeige die tatsächlichen Ansichten ihres Onkels über ihre Ehe – sie seien so durcheinander wie umgerührter schwarzer Kaffee, der gar nicht umgerührt zu werden brauche. Der zweite Traum, sagte er, sei die Fortsetzung dessen, was sie gedacht habe, bevor sie für eine kurze Weile eingenickt sei (interessant ist, daß Cayce diese nachweisliche Tatsache in einer Entfernung von mehreren Hundert Kilometern erkannte, und noch dazu einige Tage später), nämlich daß ihre wirkliche Fahrt in die Flitterwochen sich sehr unterscheide von einer Zugfahrt nach Hause zu ihren Leuten. Sie löse hier das Problem, erklärte er, die Bedeutung alles dessen zu erfassen, was sie als junge Frau hinter sich ließ. Der Traum war Frances' Version des Problems, das jede frisch verheiratete Frau hat.

Den dritten Traum korrigierte Cayce prompt, wie er es oft tat: er sagte der Träumerin, sie habe einen beträchtlichen Teil ausgelassen. Dann lieferte er selbst die fehlenden Details, damit Frances sie nachprüfen und studieren konnte!

Nicht nur das Pferd und der Reiter seien vorgekommen, sagte er, sondern es habe auch die Version eines Fahrwegs mit verschiedenen Hindernissen gegeben und schließlich ein Ereignis, welches dazu führte, daß das Pferd scheute und die Reiterin abwarf.

Dieser Traum, sagte er, engagiere die junge Frau auf viel tieferer Ebene als die anderen – wie ein Analytiker aus dem dynamischen Bild des Pferdes, der Anwesenheit des Vaters und dem Hinweis auf den ehrfurchtgebietenden Cayce ersehen hätte. Doch Cayce sah in dem Traum kein Ödipusproblem, obwohl es wahrscheinlich war, daß ihre Bindungen an ihren Vater durch ihre Heirat ans Licht gebracht wurden. Statt dessen betrachtete er den Traum als weitere Behandlung des Problems, ihre Verwandten zur

Billigung ihrer Ehe und des Interesses ihres Mannes an außersinnlichen Dingen zu bewegen.

Für Cayce brachte das Pferd einen „Boten“, einen Ruf, wie er an jedermann von seinem besten Ich ergeht. Er beschrieb ihr Staunen über die Dinge, welche die Reiterin gesagt hatte, sowie ihre Bemühungen, die Botschaft mit den Ansichten jener in Einklang zu bringen, die ihr nahestanden – wie ihr Vater. Er sah die Hindernisse auf der Straße als graphische Traumbilder der Hindernisse, die ihr auf ihrem neuen Lebensweg bevorstanden, und warnte sie, der Sturz der Reiterin bedeute eine mögliche Ablehnung der Botschaft (zu der es, obwohl ihre Träume weiter davor warnten, rund fünf Jahre später tatsächlich kam). Bei der Deutung dieses Traums sprach Cayce ungewöhnlich ernst zu Frances. Er bezeichnete ihre Behandlung von Problemen im Schlaf als „sehr, sehr gut“. Dann versicherte er ihr, daß sie in diesem Traum weit über die strategischen Probleme der Familienharmonie hinausgegangen sei und die schwierige Frage in Angriff genommen habe, worauf sie in ihrem Leben ihr Vertrauen setzen solle – auf welche Anschauung, welchen Glauben, welche Prinzipien. Wie immer drängte er sie, ihrem eigenen guten Urteil zu vertrauen.

Emotionelle Probleme

Nicht alle Probleme Frances’ waren so abstrakt. Noch während ihrer Flitterwochen schickte sie Cayce einen sexuellen Traum, auf den er völlig anders reagierte. Sie schrieb:

Ich sah ganz klar ein schönes Haus in Flammen stehen. In derselben Nacht träumte ich, eine Freundin von mir sitze mit vielen Gästen, darunter mir selbst, an einem Dinnertisch. Es war zu Hause in Mississippi. Sie flirtete heftig und demonstrativ mit ihrem alten Freund aus den unverheirateten Tagen, der neben ihr saß. Die Gäste kritisierten sie alle deswegen.

Bei der Deutung dieses Traums wich Cayce von seiner üblichen Methode ab. Normalerweise ließ er sich den Traum von seiner Frau laut vorlesen, während er in Trance lag, und deutete ihn danach. Dieses Mal jedoch begann er schon nach dem ersten Satz mit der Auslegung, er unterbrach seine Frau, die das Reading „leitete" wie ein Hypnotiseur. Obwohl er den Text des Traums nicht kannte, sprach er darüber, als habe er ihn durch ASW genau im Kopf – was er auch hatte, wie seine Kommentare zeigten.

Warum die Unterbrechung? Zu einer solchen kam es dann und wann, wenn Cayce in dem Thema des Readings, das er geben wollte, besondere Dringlichkeit spürte. Hier zeigte sich die Dringlichkeit in dem, was er Frances sagte.

Er erklärte ihr, das schöne, in Flammen stehende Haus sei nur ein Traum in einer Serie, die sie gehabt habe und in der die Zerstörung von etwas Schönem dargestellt worden sei. In jedem Fall, so sagte er, sei die Zerstörung durch ein Symbol verkörpert worden, das Mißverständnis mit den Menschen ihres Haushalts bedeute. Hier war es das Feuer, und es stand in ihren Träumen für Zorn – kein ungewöhnliches Traumsymbol, wie er feststellte.

Er sagte der Neuvermählten einfach dies: Dein Traum zeigt, daß deine schöne neue Beziehung sehr gut in Mißverständnis und bitterem Ärger enden kann. War eine derartige Warnung berechtigt? Acht Jahre später endete die Ehe genau auf diese Weise.

Doch Cayce war kein Fatalist. „Dies sollte nie beginnen", sagte er und drängte das Paar, ab sofort daran zu arbeiten, sich selbst und einander besser zu verstehen. Und sollte eines Tages das Feuer des Zorns zwischen ihnen auflodern, fügte er hinzu, könnten sie als bessere Menschen daraus hervorgehen; sie könnten durch das Bestehen der Feuerprobe vollkommener oder gesünder werden, wenn sie nur wollten.

Er betonte die große Bedeutung der Willenskraft bei jedem der beiden Partner und zeigte ihre Wirkung in einer Tendenz auf, die der Traum erkennen ließ: Frances neigte dazu, in der Ehe einen Teil ihrer selbst für sich zu behalten. Sie hatte bereits einen Teil des Traums zurückgehalten, worauf Cayce sie aufmerksam machte; er erinnerte sie, daß in dem Traum nur ein Teil der Vorderseite des Hauses zerstört wurde, sie aber auch auf der Rückseite schwarze Ruinen gesehen habe.

Was bedeuteten die schwarzen Ruinen? Die Antwort lag in der heftigen Flirtszene aus früheren Tagen, die im Traum anschließend an das in Flammen stehende Haus folgte und der Freundin, einer Deckperson für die Träumerin, Kritik einbrachte.

Cayce sprach ausführlich über diesen Teil des Traums; er warnte Frances, es könne geschehen, daß sexuelle Unsauberkeiten das vor ihr liegende „Leben überschatten" würden. Bei der Deutung dieses Traums wandte sich Cayce (im Gegensatz zu einem anderen Traum, den Frances viel später hatte, in dem ihr Mann in zweifelhaftem Licht erschien und sie ertrinken ließ) an Frances selbst. Seine Erklärungen liefen darauf hinaus, daß sie einen Teil ihrer Phantasien über ihren verflossenen Freund zurückhielt und sich ihnen sogar während ihrer Flitterwochen hingab – dann aber von Gewissensbissen geplagt wurde. Er warnte sie, wie oft auch andere, Gedanken seien Taten mit höchst realen Folgen. Er spielte offensichtlich auf eine Kette von Ereignissen an, wie sie den Psychiatern vertraut ist: Ein Ehepartner behält in der Ehe einen Teil seines Selbst für sich, wird aber so empfindlich gegen Schuldgefühle, daß er unfähig ist, dem anderen Ehepartner zu verzeihen, wenn dieser ähnliche Pfade beschreitet. Sah Cayce in Frances irgend etwas, das in späteren Ehezwisten die Versöhnung verhindern konnte, und drängte er sie, dieses Etwas selbst zu suchen? Er sprach zweifellos nicht von dem, was sie tat, als sie den Traum hatte. Damals war sie frisch verheiratet und glücklich; nirgends war so etwas wie eine Liebesaffäre in Sicht.

Fünf Monate später schaltete sich Cayce wieder ein, als ihm ein Traum Frances' vorgelesen wurde:

Mein Mann, seine Mutter und ich lebten zusammen in einem Haus in New Jersey. Ich hörte Schießereien und Tumult. Alle Fenster unseres Hauses standen offen, draußen regnete und stürmte es. Wir liefen zu den Fenstern, um sie zuzumachen und zu ver-

riegeln. Ein gräßlicher Mann schien durch die Stadt zu laufen, zu schießen und große Unruhe zu verbreiten. Die Polizei jagte ihn.

Hier unterbrach der bewußtlose Cayce das Verlesen des Traums, um der Träumerin – als sitze sie bei ihm im Zimmer in Virginia Beach, statt Hunderte Kilometer weit weg in New York zu sein – zu sagen, „der große Mann, das Schreckgespenst" sei sie selbst, ihre Laune. Dann wartete er, bis man ihm den Rest des Traums vorgelesen hatte:

Die Zustände waren chaotisch und ungut. Wir hielten die Polizei an, um zu fragen, ob sie diesen schrecklichen Menschen erwischt hätten, und sie antworteten: „Noch nicht!"

Cayce sagte sofort, Frances müsse sich selbst kontrollieren, wenn dieser „schreckliche Mensch" tatsächlich „erwischt" und „bezwungen" werden sollte. Für ihn schien das Bild ihres Traums, der an der Lösung des Problems ihrer Laune arbeitete, vollkommen klar – wie vermutlich auch für jeden anderen, der mit Frances zusammenlebte und sah, wie sie durch das Haus stürmte und die Dinge chaotisch und ungut machte.

Nicht alle Probleme, deren Lösung sich ihre Träume widmeten, waren dermaßen ernst. Manche befaßten sich mit so prosaischen Dingen wie ihrer Ernährung.

Gesundheitsprobleme

Frances wollte ihre mädchenhafte Figur behalten. Das war in ihren Gesellschaftskreisen wichtig und hatte natürlich einen sexuellen Unterton, auf den sie und auch ihr Mann reagierten. Sie träumte, daß sie Kleider anprobiere; später, während ihrer Schwangerschaft, träumte sie von ihrer Mutlosigkeit, weil sie zu dick war, um zu einem festlichen Abend auszugehen. Sie hielt oft Diät, obwohl sie erst Anfang Zwanzig und keineswegs zu schwer war. Sie mied Stärke und Süßigkeiten, was sie dank ihrer Willenskraft vermochte, und verursachte dadurch laut Cayce eine Störung ihres Körperhaushalts. Träume versuchten dieses Problem zu lösen.

Träumte, ich sagte zu meinem Mann: „Nun sind meine Krämpfe ganz weg." Er sagte: „Das ist schön." Dann wachte ich auf, und die Schmerzen waren völlig weg.

Cayce widmete diesem kleinen Traum sehr viel Zeit; er zeigte Frances, daß die Krämpfe, die sie im Wachleben und auch im Traum wirklich gehabt hatte, durch ihre Schlankheitsdiät verursacht wurden. Er enthüllte die Auswirkungen der Diät auf die Verdauung, die Ausscheidung, den Aufbau von Zellen, die Drüsenfunktion und die Blutzirkulation. Dann drängte er Frances, die Diät zu korrigieren, was ihr auch ihr gesunder Menschenverstand längst riet. Als sie ihm einen Traum aus der nächsten Nacht berichtete, zeigte er ihr auch, wie ihr Figurbewußtsein in ihren Träumen aussah. Sie erzählte:

Träumte, ich sah J. B. und seine Schwester. Irgend etwas über das Aussehen.

Er erinnerte sie daran, daß sie diesen Mann und seine Schwester als Menschen betrachtete, die sich übermäßig mit ihrem Aussehen befaßten. Sie hatte von ihnen geträumt, weil ihrem eigenen Geist ihre extreme Diät wegen des Aussehens genauso dumm vorkam wie ihr die beiden.

Eine Woche später träumte Frances erneut von ihrer Diät:

Ich saß am Tisch und aß, aber ich tat mehr als essen – ich stopfte mich voll. Es gab Schokoladenkuchen und Süßigkeiten aller Art und Zuckerwerk – und ich fühlte mich einfach großartig, während ich alles aufaß.

Geduldig erklärte Cayce, daß auch dies ein problemlösender Traum für den Körper sei und daß sie mehr Süßigkeiten essen solle, statt ihrem Körper durch ihre Schlankheitsdiät zu schaden. Doch er fügte hinzu, sie dürfe den Traum nicht wörtlich nehmen, sondern solle Süßigkeiten nur mit Maß essen.

Ein Jahr später – sie experimentierte noch immer mit ihrer Diät zur Bewahrung ihrer Figur herum – träumte sie folgendes:

Es regnete Stärke, und ich träumte, daß ich hinausgehen sollte in den Stärkeregen und ihn auf meine Seite geben, um den Schmerz zu lindern.

Wieder sagte Cayce, der Körper löse hier ein Problem durch einen Traum. Er erklärte ziemlich ausführlich, das Fehlen von Stärke in ihrer Kost verursache in Organen auf der rechten Seite ihres Körpers Gärung und sei auch nicht gut für den Fetus, den sie trage.

Probleme mit Bekannten

In derselben Nacht träumte Frances auch noch von einem völlig andersgearteten Problem, und Cayce sagte, in diesem Traum warne ihre ASW sie vor bevorstehenden Unannehmlichkeiten:

Ich wurde auf der Fifth Avenue ohnmächtig, fiel auf die Straße und schlug mir mehrere Zähne aus. Leo schien etwas damit zu tun zu haben.

Cayce, der den unbekannten Leo irgendwie mit seinem eigenen Seherblick aufspürte, führte aus, der kleine Traum wolle sie warnen vor drohenden Unannehmlichkeiten in Form von unfreundlichen Dingen, die Leo über sie sagen werde. Dann fügte er hinzu, wie er es häufig bei der Deutung von vorausschauenden Träumen tat: „Da Sie vorgewarnt sind, seien Sie vorbereitet." Er drängte Frances, die Bemerkungen zu übergehen und zu verzeihen, wenn sie fielen, und sie nicht „im Geist Wurzel schlagen zu lassen", wie es unfreundliche Sticheleien oft täten; das führe nur zu scharfen Worten, die man genausowenig zurücknehmen könne, wie man ausgeschlagene Zähne wieder einsetzen könne.

Um eine Bekannte anderer Art drehte sich ein Traumdrama, in dem laut Cayce ebenfalls Frances' ASW zum Einsatz kam. Sie vermißte eine schöne, juwelenbesetzte Nadel, die sie von ihrer Mutter erhalten hatte, und verdächtigte eines der Dienstmädchen, die Nadel genommen zu haben. Sie träumte:

Bob machte mich auf meine vermißte Nadel aufmerksam, die an meiner Perlenkette festgehakt sei. Als ich nachschaute, stellte ich fest, daß es eine andere Nadel war als die, welche meine Mutter mir gegeben hatte, überhaupt nicht die, welche ich suchte.

Um diesen Traum zu entziffern, mußte Cayce in Frances' Geist lesen. Er mußte ihre Erinnerung auf die Art ihres Vorgehens einige Zeit früher bei einem Kleiderdiebstahl lenken, dessen sie eines ihrer Dienstmädchen verdächtigt hatte. Statt das Mädchen zu beschuldigen und in die Verteidigung zu drängen, hatte Frances positivere Schritte unternommen und dem Mädchen ihre eigenen Gefühle und Ansichten über Ehrlichkeit veranschaulicht. Die Kleider waren zurückgegeben worden.

Dieses Mal jedoch war Frances ungeduldig. Der Traum kommentierte ihre Ungeduld und zeigte ihr laut Cayce folgendes: Wenn sie die Angelegenheit bei dem gegenwärtigen Mädchen zu zwingen versuche, würde das Mädchen etwas unternehmen, um den Diebstahl zu decken; oder es würde gehen, und die Nadel wäre für Frances unwiederbringlich verloren. Cayce drängte Frances, genauso zu verfahren wie bei der Sache mit den Kleidern und wie ihr auch ihr gesunder Menschenverstand bereits riet: zu warten, zu beobachten und zu beten.

Wie es für ihn typisch war, wies er dann auf eine Gelegenheit hin, die sich Frances hier bot: die Gelegenheit, für ihr Mädchen ein stiller Zeuge zu sein. Er sagte, das Mädchen sei bereit zu lernen, wenn man es nicht allzusehr ängstige. Und er drängte Frances, den Zwischenfall so zu behandeln, daß sie der Diebin nicht etwas weit Wichtigeres nehme als Silber und Gold, nämlich die Selbstachtung, die Chance zu wachsen, die Seele. Er forderte Frances auf, „in die Seele" der bei ihr Beschäftigten und der Verwandten in ihrer Umgebung „einzupflanzen, daß die Furcht vor dem Herrn – nicht dem Gesetz – der Beginn aller Weisheit ist".

Indem er betonte, die Kraft der Gesamtorientierung eines Menschen sei größer als das Bewußtsein drohender Strafe und die Angst davor, und indem er darauf vertraute, daß die Beziehung zwischen Frances und ihrem Dienstmädchen Früchte tragen werde, gab Cayce zu erkennen, was er als die höchsten Werte ansah. Seiner

Ansicht nach waren die Probleme eines Menschen nie ausschließlich seine eigenen, und die Träume hatten die Funktion, Licht in alle Faktoren einer Situation zu bringen sowie die kreativste Gesamtlösung aufzuzeigen.

Finanzielle Probleme

Frances besaß einige Aktien auf ihren eigenen Namen, aber ihr Mann nahm die Investitionen vor – und träumte auch darüber. Doch seine Sorgen waren natürlich auch ihre Sorgen, und so kam es, daß sie am Anfang ihrer Ehe die folgenden beiden Träume über Aktien hatte:

Mein Mann und ich waren im Süden unten und sahen Tausende kleiner Kinder, die in einem großen See schwimmen lernten. Sie befanden sich an einer Art Seilmechanismus, der beim Ton einer Pfeife niederging und ihnen dadurch erlaubte, bis zur Taille im Wasser zu schwimmen. Ich überlegte, wie dieses Seil-Ding funktionierte und was es sei. Auch viele ältere Mädchen schwammen.

Den Traum charakterisierte Cayce als Traum über das Haupterzeugnis der Südstaaten (wo Frances aufgewachsen war): Baumwolle. Die große Vorrichtung zeige ihr das Ansteigen und Fallen der Preise auf dem Baumwollmarkt als Reaktion auf die Pfeife – den Ruf nach Baumwolle oder den Bedarf daran. Die Tausende Kinder stellten neue Industrien im Süden dar, welche Baumwolle benötigten, während die größeren Mädchen die größeren Verbraucher und Makler seien, die am meisten Einfluß auf die Preisbildung hätten. Das Wasser sei da, um zu zeigen, daß der Markt im wirklichen Leben das Auskommen und den Unterhalt vieler Menschen beeinflußte.

Cayce riet Frances, mit ihren Vorahnungen über den Baumwollmarkt zu bestimmten Maklern zu gehen, die nicht ihrer Familie angehörten (keinesfalls zu ihrem Mann, der selbst ein erfahrener Investor war); diese würden ihr helfen, ihre im Traum erhaltenen Tips gut zu nutzen. Später träumte Frances auch Aktientips für ihren Mann:

Mein Mann und ich gingen zum Bahnhof L-and-N. Er hatte seinen Zug verpaßt. Der erste Zug war weg. Ich sagte zu ihm: „Du hättest diesen Zug nie verpassen dürfen. Du solltest besser auf die Zeit achten. Du bist zu langsam.“ Er rief ein Taxi, um zu einem anderen Bahnhof zu fahren, doch das Taxi, das er rief, war eine langsame Pferdekutsche. Dann sah ich einen Obststand, wandte mich an meinen Mann und sagte: „Kauf mir ein Stück Obst.“

Bei diesem Traum wandte sich Cayce sofort den Marktdetails zu. Er ermutigte Frances, derartige Träume als Führung in finanziellen Dingen zu nutzen, wie er dies auch ihrem Mann geraten hatte. Cayce erklärte, der Traum habe völlig richtig aufgezeigt, daß ihr Mann eine Chance durch ein Steigen der Kurse von L-and-N-Aktien verpaßte, an denen er knapp war. Cayce sagte, Aaron könne die Situation mit diesen Aktien überwinden, wie das Taxi veranschauliche, bei dem Geschäft jedoch nicht viel Geld verdienen, was die langsame Droschke andeute. Den Traumteil über den Obststand bezeichnete er als vorausschauend; er sagte, die Eisenbahn und ein Obstmarkt würden sich bald zu einer Interessengemeinschaft zusammenschließen, was sich auf ihren Effektenbestand auswirken werde. Er legte Frances und ihrem Mann nahe, bereit zum Kauf zu sein, wenn dies geschah.

Auf diese Weise erfolgte Frances' Einführung in die Welt der Marktträume, die ihrem Mann und seinen Geschäftspartnern auf dem Aktienmarkt soviel Geld einbringen sollten.

Als sich der große Börsenkrach von 1929 anbahnte, schon Monate davor, erhielten Frances und ihr Mann vielfältige, klare Warnungen. Als Folge davon überstand ihr Mann den Börsenkrach und die ersten Jahre der Depression finanziell ziemlich ungeschoren. Er fuhr auf dem Tiefpunkt der Depression sogar nach Europa. Die Rettung seines Vermögens schrieb er seiner übersinnlichen Führung zu, die ihn zuvor auch reich gemacht hatte.

Nach dem Scheitern ihrer Ehe mußte Frances ihren Sohn allein erhalten. Innerhalb weniger Jahre war sie von bescheidenen Mitteln zu außergewöhnlichem Reichtum gelangt und in drückende

Not gestürzt, da ihre Eltern nicht mehr lebten. Sie benötigte jede Hilfsquelle ihres eigenen Wesens.

Eine dieser Quellen war das phantastische – zumindest für sie selbst aber glaubhafte – Erlebnis, Kontakt zu ihrer toten Mutter zu erhalten.

Abenteuer durch Träume

Es war typisch für alle diejenigen, die sich von Cayce in Traumfragen beraten ließen, daß sie in ihren nächtlichen „Produkten“ abenteuerliche Dinge zu erleben begannen.

Viele ihrer Träume befaßten sich zwar mit der Lösung von Problemen auf allen Ebenen, wie bei Frances. Aber einige Träume konnte man nur als abenteuerlich bezeichnen. Diese sollten offenbar verborgene Möglichkeiten im Träumer aktivieren – die zweite große Funktion, die Edgar Cayce den Träumen zuschrieb.

Unter den systematischen Träumern machten mehrere im Traum mechanische Erfindungen; einer beispielsweise erfand einen Ölbehälter, der ihm eine ansehnliche Geldsumme einbrachte. Manche träumten von ihrem vergangenen Weg durch die Geschichte. Einige hörten Musik, andere erforschten in Träumen die Physiologie. Drei College-Studenten träumten von einem vergrabenen Schatz, und ihre Träume erwiesen sich als richtig. Eine Hausfrau träumte die Antworten auf ein Preisausschreiben über Vitamine.

Die meisten Traumabenteuer jedoch gingen wesentlich tiefer. Sie führten den Träumer auf Wege, die ihm neue Dimensionen erschlossen und seine gesamte Eigenpersönlichkeit verwandelten.

Das Streben nach Verwandlung prägte alle Traumabenteuer, die Frances in den vier Jahren widerfuhren, in welchen Cayce ihr Traumberater war. Sie erforschte zuerst in Träumen, dann in Erlebnissen eines halbwachen Zustands das Totenreich.

Übersinnliche Erlebnisse in Träumen

Nicht alle übersinnlichen Erlebnisse, die Frances in Träumen hatte, betrafen Dahingegangene, „Körperlose“, wie Erforscher des

Übersinnlichen sie nennen. Ein Teil ihrer ASW nahm eine völlig andere Richtung.

Ihre ASW führte sie zeitlich zurück in „vergangene Leben", wie Cayce sagte. Ein früher Hinweis darauf war in einem Traum enthalten, den Frances sechs Wochen nach ihrer Heirat hatte.

Träumte, mein Mann komme nicht mehr heim, und ich weinte bitterlich.

Cayce sagte ihr, dieses Traumbild reiche ins Innerste ihrer Seele. „Das größere Erwachen von Liebe für ihn im Selbst beschwört die Möglichkeit der Trennung." Die tiefen Erregungen, die sie als junge Frau verspürte, brachten auch das an die Oberfläche, was Cayce ihr Karma nannte: alle Prüfungen und alle Fragen über den Menschen und die Liebe, die in ihrem innersten Wesen verschlossen lagen.

Das Bild wirklicher Liebe, welche um die Möglichkeit wirklicher Entfremdung weiß, kannten sowohl Psychiater als auch Dichter, ohne von der Reinkarnation überzeugt zu sein wie Cayce.

Trotz solch abschreckender Episoden in ihren Träumen war Frances entschlossen, ihre ASW zu entwickeln, und ihre Psyche schien bereit für eine derartige Erweckung, wenn Cayces Deutung des folgenden frühen Traums zutraf:

Träumte, ich sei gestorben.

Hier erlebe sie, sagte er, den Tod des Festhaltens an „physischen Kräften", der Beschäftigung mit physischen Vergnügungen und Zerstreuungen, damit ihre Fähigkeit für ernstes Denken und Kreativität geboren werden könne. Es sei ein Traum vom Ende, das auf einen Beginn vorbereiten solle.

In derselben Nacht träumte sie noch einmal von dem Erwachen, das sich in ihr als Reaktion auf ihr Interesse an ihrem Mann und an Cayce anbahnte:

Sah jemanden ein Kleid tragen, das ich nachmachte und trug. Als ich den linken Ärmel probierte, war er sehr eng. Sie sagten mir, das gehöre so. „Macht mir zwei, genau wie dieses", sagte ich.

Cayce bezeichnete ihr „Anlegen des Gewandes“ als Beweis für das Erwachen ihres Unterbewußtseins, das in seine neuen Möglichkeiten schlüpfe, besonders in die Fähigkeit zu übersinnlichen Erlebnissen, die Frances gleich ihrem Mann und anderen zu haben wünschte. Er warnte jedoch und sagte, der Traum habe, als dieser sie beim Bestellen zweier Kleider zeigte, einiges von ihrem Stolz offenbart, der bezähmt werden müsse.

Sein grundlegender Rat war biblischer Natur: „Suchet, so werdet ihr finden; klopfet an, so wird euch aufgetan.“ Doch er wies darauf hin, daß das Kleid eng sein würde, weil sie auf den Wunsch nach Zurschaustellung verzichten müsse zugunsten „des Wunsches, sich akzeptabel zu zeigen für Ihn, den Spender aller guten und vollkommenen Gaben, und des Wunsches, die gelernten Lektionen in Wort, Tat und Verhalten offenbar zu machen“. Die übersinnliche Reichweite, die sie anstrebte, konnte man nicht bestellen wie Kleider; Frances mußte sie „nach und nach, Stück für Stück“ erwerben, während sie lernte, ihre Entdeckungen in nutzbringender Weise mit anderen zu teilen. Cayce sprach im selben Sinne, als ihm Frances einen weiteren Traum aus derselben Nacht berichtete:

Sah mich selbst in verschiedenen Kostümen.

Bei der Behandlung dieses Traums sagte er, sie könne sehen, wie sie sich schrittweise entwickle, nach und nach genau das anziehe, was sie auf allen Ebenen für ihr neues Erwachen benötige – das geistige, körperliche und seelische Erwachen. Und in seiner typischen Sprache für ernste Readings paraphrasierte er zwei Absätze aus dem Neuen Testament: „Ziehe an den Harnisch . . . diese Zustände, die dir das geistige Königreich geben. Mit diesem Erwachen“ – zuerst dem Erwachen für das richtige Königreich, sagte er, „wird dir alles Physische, Materielle gegeben“ in Gaben, die genauso nützlich seien wie die Gaben ihres Mannes und Cayces, die sie so bewundere.

Es dauerte nicht lange, und Frances ließ in ihren Träumen ein Erwachen von Talenten zur ASW erkennen; diese nahmen zwei Richtungen, die während der gesamten vier Jahre ihrer Arbeit mit

Cayce konstant blieben. Die eine Richtung bestand in gesundheitlichen Ratschlägen für sie und ihre Lieben. Die andere war Telepathie. Diese beiden Gaben, zusammen mit ihrer sich später entwickelnden Fähigkeit, ihre tote, körperlose Mutter zu erreichen, bildeten ihr spezielles psychisches Profil – das sich unterschied von den Profilen anderer Menschen, die bei Cayce Rat in Traumfragen suchten.

Die Gesundheitstips in ihren Träumen waren einfach, aber nützlich. Einer der ersten bestand in einem kurzen Traum:

Träumte, die Erkältung meines Mannes sei schlimmer.

Cayce erinnerte sie daran, daß sie bereits Rezepte für Arzneien habe, die ihr Mann nehmen könne; sie solle in diesem Punkt etwas tun, sagte er.

Aus einem Teil eines späteren Traums scheint eher etwas wie ASW zu sprechen:

Mein Mann und ich gingen in ein Geschäft und kauften Bonbons, wobei ich sagte: „Du hältst dich damit auf, Bonbons zu kaufen. Du weißt, daß sie nicht gut für dich sind und du sie nicht essen solltest.“

Es sei an der Zeit, erklärte ihr Cayce, daß sie ihren Mann in seinem Appetit auf Süßigkeiten führe und zügle.

Aaron hätte vermutlich auf sie gehört, denn einen Monat zuvor hatte sie einen Traum für ihn gehabt, der sich als medizinisch richtig erwies:

Mein Ohr machte mir Beschwerden, und ich sagte: „Ich weiß – es ist ein Wiederaufflackern meines alten Ohrenleidens.“ Mein Ohr schmerzte schrecklich. Doch es schien das Ohr meines Mannes zu sein – nicht das meine.

Der letzte Teil des Traums zeige ihr, sagte Cayce, in welcher Richtung sie suchen müsse. Denn der Traum sei tatsächlich eine Warnung vor einer Infektion in der Ohrtrompete ihres Mannes. Der Traum habe lediglich ihr eigenes Ohrenleiden benutzt, um die Bedürfnisse ihres Mannes darzustellen. Der Traum war zwar sehr nützlich, aber Frances mußte Cayce fragen, welches Ohr ihres

Mannes betroffen sei. Sie bekam gesagt: „Das linke", was ein Arzt bestätigte.

In derselben Nacht hatte Frances einen noch verblüffenderen Traum von der Gesundheit ihres Schwagers:

Sah ihn so schrecklich krank werden, daß ich mich einschaltete und ihnen [seinen Angehörigen] sagte, sie sollten nicht eine Wiederholung dessen zulassen, was im Falle meiner Mutter geschehen war.

Cayce führte aus, sie habe im Traum den Ernst der Tatsache genau erkannt, daß ihr Schwager die Konsultation eines Arztes immer wieder aufschob, wie es verhängnisvollerweise auch ihre Mutter gemacht hatte. Ihr Eingreifen im Traum, sagte er, stelle die nützlichen Schritte dar, die sie im Familienkreis bereits unternommen hatte und die Früchte zu tragen begannen.

Sechs Monate später hatte sie ein unvergeßliches Erlebnis der ASW, das dem Schutz der Gesundheit ihrer Angehörigen diente. Ihr erschienen im Traum die Eltern (die damals bereits beide tot waren), und sie freuten sich, sie zu sehen. Doch sie brachten große Sorge zum Ausdruck:

Sie sagten mir von meiner Schwester, daß sie Selbstmord begangen oder sich umgebracht habe.

Cayce behauptete, der Traum enthülle Frances die geistigen Kämpfe ihrer Schwester, die sich tatsächlich Tag und Nacht mit dem Gedanken an Selbstmord trage.

Die Fähigkeit, durch Träume die Gedanken Nahestehender zu erfahren, war für Frances nicht immer so beunruhigend. Zusammen mit anderen Träumen schickte sie Cayce eine kurze Notiz über eine Szene, die ihren Lieblingsvetter betraf:

Träumte, mein Cousin William sei verheiratet.

Hier hätte sie eine richtige Vorahnung der Absichten ihres Vetters, sagte Cayce, und innerhalb der nächsten drei Monate werde sie Nachricht erhalten, daß die Hochzeit stattgefunden habe. Er schlug vor, sie solle sich den Traum merken, was er oft auch anderen empfahl, die damit begannen, die Reichweite ihres Unterbewußtseins und die Phänomene der ASW zu studieren. „Verfolgen Sie dies", sagte er, „und es wird sich zeigen."

Cayce stellte nicht klar, ob Frances in dem folgenden köstlichen Fall von Traumtelepathie, der sich am Anfang ihrer Schwangerschaft zutrug, Sender oder Empfänger war. In der Nacht des 2. Dezember 1925 hatte Frances' Schwägerin nachstehenden Traum:

Träumte, meine Schwägerin Frances habe ein neues Diamant-Gliederarmband.

Sie schickte den Traum an Cayce, was einige von Frances' Verwandten nun taten. Cayce erklärte ihr, der Traum bedeute, daß sich Frances auf die Mutterschaft vorbereite, „auf die größeren Bande, die das Selbst an die Empfehlungen des Selbst binden, an die Stärkung der Geisteskräfte auf irdischer Ebene". Cayce hatte eine hohe Meinung von der Mutterschaft; diese konnte ihm zufolge eine hilfreiche, begabte Seele zu einer neuen Inkarnation in die Erdsphäre ziehen. Für ihn wurde die Schwangerschaft durch kostbare Juwelen treffend symbolisiert, vor allem durch Schmuck an den Armen, die ein Kind halten sollten.

In derselben Nacht hatte auch Frances einen Traum:

Träumte, ich hätte Ringe an meinen Fingern, die sich zu Diamant-Gliederarmbändern bis zu meinen Ellbogen ausweiteten. Ich war zu der Zeit zu Hause, ging ins College und war so aufgeregt, daß ich beschloß, daheim zu bleiben und nicht in die Schule zu gehen. Ich war mit meinem roten Pullover und Rock bekleidet. Meine Mutter drängte mich, daheim zu bleiben und den Glücksfall zu feiern, und ich hatte sowieso meinen Stundenplan verloren, also konnte ich an dem Tag nicht ins College gehen. Ich blieb voller Aufregung daheim, um mich an den wundervollen Juwelen zu freuen.

Frances gegenüber äußerte sich Cayce noch deutlicher zu den Armbändern. Sie seien zuerst als Ringe erschienen, sagte er, wegen der Fingerringe, die das eheliche Bündnis bedeuteten. Sie hätten sich zu Armbändern ausgeweitet, weil sich Frances' Ehe nun ausweite „in diese wundervolle Entwicklung dessen, wovon das Wesen in dem Arm voller Juwelen Besitz ergreift, nämlich durch das Bündnis".

Nun ging Cayce über das hinaus, was er Frances' Schwägerin gesagt hatte. Für Frances fügte er hinzu, bei voller Austragung würde das Kind Mitte Juni geboren, und es sei ein Junge.

Er warnte sie jedoch eindringlich, daß die Geburt möglicherweise nicht erfolge, wenn sie nicht die erforderlichen Vorbereitungen und Vorsichtsmaßnahmen treffe, sowohl geistig als auch körperlich. (Tatsächlich endete diese Schwangerschaft zwei Monate später mit einer Fehlgeburt.) Der Traum über das Zuhausebleiben von der Schule und das Verlieren des Stundenplans zeige ihr, sagte er, daß sie „sich im Nebel der Zustände oder der Spekulation" über die Mutterschaft „verlieren" könne. Er drängte sie, die Punkte über Diät und Physiotherapie sowie Ruhe und Sorgenfreiheit genau zu beachten, die er ihr in einem früheren medizinischen Reading aufgezeigt hatte.

Frances lernte in ihren Träumen viel über die ASW, gleichzeitig aber auch einiges über die Mutterschaft, über die sie noch eine Menge zu lernen hatte.

Vorhersehen des Todes

Gleich ihrem Mann war Frances von der Frage fasziniert, ob die menschliche Persönlichkeit den körperlichen Tod überlebe. Anfang der zwanziger Jahre gab es noch keine Laborforschungen über die ASW. Dr. J. B. Rhine, der den Ausdruck ESP (extrasensory perception) = ASW erfinden sollte, war noch nicht auf der Bühne der Erforschung des Übersinnlichen erschienen. Er tat dies erst einige Jahre später an der Clark University bei einem Symposium mit dem berühmten Psychologen MacDougall, zu welchem ihn ein junger Mann namens Gardner Murphy begleitete, der später zu den führenden amerikanischen Psychologen zählen sollte.

Für Frances und ihre Freunde waren übersinnliche Phänomene fast gleichbedeutend mit der Frage des Lebens nach dem Tod. Ihre

Interessen deckten sich mit den Interessen der in Großbritannien entstandenen „Society for Psychical Research“ (Gesellschaft zur Erforschung des Übersinnlichen), die damals der Untersuchung berichteter Geistererscheinungen sowie der Prüfung angeblicher Medien auf ihre medialen Fähigkeiten hin größte Aufmerksamkeit widmete. Diese Aufmerksamkeit entsprang nicht dem morbiden Wunsch, mit geliebten Toten Kontakt zu halten, sondern eher dem Wunsch zu zeigen, daß die „Seele“ ein unabhängiges Prinzip im Menschen sei, etwas, das den Tod des Menschen überlebe und deshalb zu seinen Lebzeiten mehr Aufmerksamkeit verdiene als „Materie“ und Materialismus. Im Grunde suchten die an übersinnlichen Phänomenen interessierten Menschen eine Lebensphilosophie, aus der sie ein neues, zwingendes Wertschema für ihre Welt ableiten konnten, die noch immer die Narben des Ersten Weltkriegs trug.

Frances' Interesse für das Leben jenseits des Grabes wurde in einem Traum offenbar, den sie zu Beginn ihrer Ehe hatte. Es war ein Traumtyp, der bei jenen Menschen, die ihre Träume Cayce vorlegten, des öfteren auftrat: ein Diskussionstraum über ein für den Träumer wichtiges Thema.

Ich hatte eine Diskussion mit Ted. Ich erinnere mich nur eines Teils davon. Erinnern Sie sich für mich und deuten und erklären Sie es mir, damit mein Geist die Bedeutung erfassen kann und ich die damit beabsichtigte Lektion besser verstehe. Ich erinnere mich nur an folgendes: Ich sprach mit Ted und sagte: „Weißt du, Ted, der Tod ist nicht so schwerwiegend, wie viele Menschen glauben. Er ist eine andere, phänomenisierte Form des Lebens.“

Wie häufig, begann Cayce damit, der Träumerin zu sagen, welcher Teil ihrer Seele in dem Traum am Werk gewesen sei und wie er darin gewirkt habe. Hier, erklärte er, habe Frances' Unterbewußtsein ihrem Bewußtsein Unterricht über die Psychologie der Geisteskräfte erteilt.

Dann erinnerte sich Cayce für Frances an den Traum, worum sie ihn ja gebeten hatte.

„Dies [tat das Unterbewußtsein] in Form der Konversation, wie wir hier erkennen. Der Diskussion über das, was vom Leben in einem Individuum gesehen wird, und das Nehmen des Lebens durch irgendeine plötzliche Aktion, sehen Sie? Und die Diskussion ging auf den besonderen Zustand über, der Menschenleben betrifft, die in der Hitze der Leidenschaft oder im Krieg genommen wurden. Und als sich das Seelische in der Diskussion entwickelte, stellen wir fest, daß das Wesen dann in derselben etwas von der Behauptung gewahrt, die im Wachleben von einem gewissen Ballentine in der Diskussion über das Leben nach dem Tode aufgestellt wurde. Und das Wesen gewahrt dann, durch unterbewußte Kräfte, daß der Tod nur der Beginn einer anderen Form phänomenisierter Kraft ist, aus der Perspektive der Erdenebene."

Den Ausdruck „phänomenisiert" gebrauchte Frances' Mann damals häufig, um anzudeuten, daß eine bestimmte Lebenskraft hinter den Phänomenen wirke, in welchen ein Mensch sein Sein ausdrücke, sei es in einem irdischen Körper der „dritten Dimension" oder jenseits des Grabes in einer Form der „vierten Dimension".

Cayce setzte seinen Bericht fort, indem er – wie so oft – betonte, die Existenz nach dem Tod sei rational und logisch nicht erfaßbar, sondern müsse durch psychische Einstimmung erlebt werden, die einen Erdenmenschen *en rapport* mit jenem anderen Zustand bringe.

„Und sie kann von der Seele der dritten Dimension durch Analyse aus der dritten Dimension nicht verstanden werden, sondern muß aus jener Kraft der vierten Dimension gesehen werden, wie sie das Wesen erleben kann, das zur selben durch (psychische und geistige) Entwicklung auf der physischen Ebene, durch die seelischen Prozesse eines Wesens, Zugang erlangt."

Er fügte hinzu, daß Frances dabei sei, die Fähigkeit für eine solche Einstimmung zu erlangen. Dann fuhr er mit der Erklärung dessen fort, worum sie ihn gebeten hatte.

„Wir sehen in der physischen Welt den Zustand (des Todes) in jeder Form des Lebens. Nehmen wir dieses: Wir finden in einem

Mais- oder Weizenkorn jenen Keim, der, wenn er durch seine natürlichen Prozesse in der Mutter Erde und deren Elementen in Bewegung gesetzt wird, Korn seiner Art hervorbringt, sehen Sie? Die Art und der Keim sind geistiger Natur. Die Hülse oder das Korn und deren natürlicher oder physischer Zustand sind physikalische Kräfte, sehen Sie? Dann, wenn das Korn stirbt, ist dieser Vorgang so, wie das Wachstum (im Traum), in dem gesehen wird, was dem Wesen gegenüber zum Ausdruck gebracht wird. Und das Wesen bringt dasselbe zum Ausdruck, sehen Sie? Daß der Tod nicht so ist, wie allgemein angenommen, daß er nicht ein Weggehen oder das Werden eines Nicht-Wesens ist."

Cayce war mit den Kommentaren einverstanden, die Frances in ihrem Traum gegeben hatte, wo sie das Leben nach dem Tod als „eine andere, phänomenisierte Form" der Lebenskraft bezeichnete. Der Körper würde zurückgelassen wie die Hülle eines Saatkorns, und aus seinem Keim würde etwas Neues hervorkommen. Cayce betonte jedoch einen Punkt, den er in Diskussionen über das Leben nach dem Tod immer unterstrich: die *Art* oder Qualität der Existenz nach dem Tod, die sich ein Mensch im irdischen Leben aufbaute. Dies sei die wesentliche *geistige* Frage, erläuterte er Frances, darum gehe es für den Geist oder das Streben oder die Qualität des Wesens eines Menschen – nicht einfach um sein Ausharren oder Überleben. Die Hülle werde abgelegt, das sei richtig. Aber wie würde der hervorkommende Keimling beschaffen sein?

Frances hatte keine Ahnung, daß ihre Träume vom Leben nach dem Tod noch einem anderen Zweck als dem der Entwicklung ihrer intellektuellen Interessen dienten. Doch im Lauf von eineinhalb Monaten sollte ihre Mutter, der es damals noch gut ging, an Krebs sterben. Und eineinhalb Jahre später sollte ihr Vater von eigener Hand sterben, ein Beispiel für den Prozeß, von dem Frances geträumt hatte: „Leben, die in der Hitze der Leidenschaft genommen wurden." Ihre Träume schienen sie langsam vorzubereiten. Einen Traum, den sie zwei Wochen nach dem vorstehenden hatte, bezeichnete Cayce ausdrücklich als *nicht* vorausschauend.

Träumte, mein Vater starb. Es muß in naher Zukunft gewesen sein, weil meine Mutter noch von einem Unfall hinkte, den sie vor kurzem gehabt und bei dem sie den Fuß verletzt hatte.

Der Traum vom Tod des Vaters, sagte Cayce, sei lediglich das Echo ihrer bewußten Sorge über sein Diabetesleiden. Um ihr zu helfen, nannte er für ihren Vater eine richtige Diät, physiotherapeutische Manipulationen und ein detailliertes Rezept für ein aus vier Bestandteilen gemischtes Tonikum, das drei- bis viermal täglich einzunehmen war. Den Traumteil mit der Mutter deutete Cayce ganz anders. Frances' Briefe an die Mutter verletzten deren Gefühle, „verkrüppelten" sie sozusagen; Frances solle „größere Sorgfalt in der Art und Weise, in welcher die Nachrichten an die Mutter adressiert werden", walten lassen.

Der Traum jedoch, den Frances wieder zwei Wochen später hatte, war anderer Natur. Zu dieser Zeit lag ihre Mutter bereits im Krankenhaus zu einer Augenoperation, bei der sich erweisen sollte, daß sie an einer bösartigen Geschwulst litt.

Träumte, daß meine Schwester und ich mit unserer Mutter auf meinem Bett waren. Mutter war bewußtlos. Meine Schwester und ich, wir weinten beide und sagten: „Verlaß uns nicht!" Plötzlich wachte unsere Mutter auf und begann laut zu sprechen, sehr laut, aber es schien gar nicht unsere Mutter zu sein, die da sprach.

Besorgt fragte Frances, ob der Traum bedeute, daß ihre Mutter genesen oder daß sie nicht genesen werde. Cayce antwortete, er bedeute weder das eine noch das andere, sondern sei vielmehr eine Lektion des Unterbewußten; dieses benenne „Möglichkeiten tatsächlicher Zustände, welche in den physischen Kräften" ihrer Mutter „bestehen könnten". Frances' Unterbewußtsein zeige ihr die Wahrheit darüber, daß die „Seele lebet", wie er es formulierte. Frances solle den Traum studieren, um „die Kraft zu gewinnen, die Schwächen des Erbes fleischlicher Zustände zu ertragen" – oder den Tod zu ertragen.

Cayce beruhigte Frances und wandte sich dem zu, was ihr Mann in derselben Nacht geträumt, ihm aber nicht berichtet hatte: Aaron hatte Frances weinen gesehen. Das wesentliche sei nicht der Verlust durch den Tod, sagte Cayce, sondern die gedrückte Stimmung des Weinens, wodurch sich Frances, wie man sehen könne, vom physischen Verständnis löse, um die geistigen Zustände zu erfassen, die bei ihrer Mutter wirklich bestanden.

Mittlerweile hatte Frances' Mutter im Krankenhaus ebenfalls Träume, und sie ersuchte Frances, einen davon Cayce zur Deutung zu schicken.

Ich sah alle meine Kinder, meinen Mann und sogar meine Köchin und Dienstmädchen – alle, mit denen ich in enger Verbindung stehe – ich sah sie als tot.

Cayce erklärte der kranken Mutter, in diesem Traum sehe ihr Unterbewußtes aus einer überbewußten Perspektive, inwieweit jede der in dem Traum vorkommenden Personen die Beziehungen zwischen irdischem und jenseitigem Leben erfasse. (Ein solcher Übersichtstraum, in welchem der Träumer die Haltungen jedes Mitwirkenden erforscht, war nach Cayces Ansicht nicht ungewöhnlich.) Sie habe die Menschen als tot gesehen, führte er aus, weil jeder von ihnen eine Art „Tod" falscher Haltungen und Überzeugungen durchmachen müsse, wenn er richtig verstehen wolle, was sie selbst an diesem Extrempunkt durchlaufe.

Ihre Chance liege deshalb in dem, was sie jenen Menschen mit der Art ihres Sterbens (er nannte es: das, „wodurch das Physische geht") zeigen könne. Sie könne ein Beispiel für wirkliche Geisteskraft geben, und das verhelfe ihren Lieben unter Umständen „zum vollen Erwachen" durch das Sterben und Eingehen in neues Leben, das in jedermann stattfinden müsse – nicht einfach nur körperlich, sondern gesamtheitlich, existentiell. Mit einem solchen Sterben oder Tod, den jedermann benötige, fügte er hinzu, „ist die ganze Kraft des Lebens gemeint, sehen Sie?".

Frances' Träume schienen sie weiterhin auf den Verlust vorzubereiten, den sie fürchtete.

Ich sah eine Handschrift an der Wand mit „Gut". Ich begriff nicht und schlief wieder ein und sah mich selbst in einem blau-

weißen Kleid. Ich kniete nieder vor dem Arzt, und er tätschelte mir den Kopf, und ich sagte: „Durch Sie und Gott den Allmächtigen wurde uns unsere Mutter erhalten." Und dann sagte er: „Laßt uns wieder beten . . ."

Etwa zu dieser Zeit trat bei Frances' Mutter eine vorübergehende Besserung ein, so daß sie sogar das Krankenhaus für eine Weile verlassen konnte. Später sagte Cayce, dieser Aufschub sei fast ausschließlich durch Gebete bewirkt worden. Doch er dürfte kaum Zweifel über den Ausgang der Krankheit gehabt haben, denn er deutete auch diesen Traum als einen, der Frances auf die Hinnahme des Todes vorbereitete. Angesichts der gegebenen Umstände, sagte er, zeige der Traum Frances, daß ihr selbst, „dem Wesen, nur bleibt, sich in die Hände des Spenders aller guten und vollkommenen Gaben zu geben. Denn beim Wählen des Arztes" – oder *„des Arztes"* – sei dies „das beste für das Selbst und für das Wohl der Mutter". Das Blau und das Weiß ihres Kleides deutete er, wie er diese Farben anderswo unter ähnlichen Traumbedingungen immer auslegte, als Wahrheit und Reinheit – diesmal ihres Gebets und ihres Flehens. Die Handschrift, die sie gesehen habe, sagte er, sei wie jene aus biblischen Zeiten, und sie bedeute: „Alles ist gut", nicht unbedingt medizinisch, sondern im Sinne eines vollkommeneren Verständnisses des Todes, das Frances erlangen würde, wenn sie ihr Vertrauen in den Richtigen setze. Die Handschrift sei die Antwort auf ihr Gebet, aber in Gottes Sprache, nicht in ihrer eigenen.

Cayce führte Frances (wie auch vielen anderen) vor Augen, daß die Träume ein natürlicher, angemessener Träger seien, der Antworten auf Gebete übermitteln könne.

Später in derselben Nacht hatte Frances ihren ersten Traum des Typs, den Cayce oft als Vision bezeichnete, weil er eine starke Wirkung auf den Träumer besaß und sich einer klassischen Symbolsprache bediente.

Ich sah einen Mann mit einem grauen Bart, in reines Weiß wie ein Schaf gekleidet. Es beeindruckte mich so, daß ich sagte: „Ich kann es nicht glauben." Ich sah ihn meine Mutter am Arm ins Licht ziehen.

Solche Träume oder Visionen wirkten immer unmittelbar auf Cayce, wenn er darüber sprach; sie beschworen in ihm die biblische Bildwelt, in die sein eigener Glaube gefaßt war. Obwohl Frances' Mutter Jüdin war, erklärte Cayce die Vision in christlicher Sprache:

„Dies vergegenwärtigt, wie wir sehen, dem Träumer, daß es keinen anderen als das Lamm gibt, den Erlöser. Denn wie es geschrieben steht (in der Schrift), durch Ihn wird Zugang erlangt zu diesem Thron der Gnade, Barmherzigkeit und Vergebung. Und indem wir uns so verhalten, wie Er es lehrte, wie es in Seinen Worten festgelegt ist, können wir alle ins Licht geführt werden, sehen Sie? Daß die Wolle, obwohl rot wie Karmesin, weiß sein soll, auf Sein Verlangen, Seine Art, Seine Gebote. Und diese bringen, wie wir sehen, alle an jenes große weiße Licht, sehen Sie?"

Für Cayce stand außer Frage, daß Frances' Mutter ein Leben geführt hatte, welches jenem Teil von ihr, der den Tod überlebte, wirkliche Qualität verlieh und sie in lebendige Berührung mit der höchsten Geistigkeit bringen würde, die Cayce kannte.

Etwas mehr als einen Monat vor dem Tod ihrer Mutter hatte Frances schließlich einen letzten Warntraum:

Meine Mutter fühlte sich wohl und sollte heiraten, und wir alle feierten. Ich war traurig, weil ich mich an den Scherzen nicht beteiligen konnte, denn ich wußte, sie mußte nochmals operiert werden und würde sterben. Ich war auch enttäuscht, weil ich nicht zu ihrer Hochzeit eingeladen war.

Wie sich nach dem Traum zeigte, war bei der Mutter eine weitere, unerwartete Operation notwendig, an der sie starb.

Bei der Deutung des Traums anerkannte Cayce die Traurigkeit, die Frances' zutreffendem Wissen vom Schicksal ihrer Mutter entsprang. Doch er behauptete: „Der Mutter geht es gut – wird es gut gehen." Diese Worte waren sozusagen das Echo der Bildwelt des Traums mit ihrer freudigen Note und dem besonderen Wendepunkt, an den die Mutter kam. Er fügte aber hinzu, das Wohlergehen erlange die Mutter „nicht durch eine Operation, sondern durch Anwendung geistiger Kräfte, die in dem Individuum erweckt werden können". Frances' Mutter erwachte zur nächsten Ebene ihrer Existenz, und dies war ein Grund für Fröhlichkeit, trotz Frances' unumgänglicher Trauer darüber, daß sie nicht eingeladen würde. Geduldig drängte Cayce, Frances solle das scheinbar unmögliche Drama des Traums studieren, damit sie die geistige Lektion durch eigenes Erwachen und nicht einzig durch Urteilen aus physischen Überlegungen erfasse.

Wenn das Überleben des Todes eine Tatsache war, konnten natürlich Träume vom bevorstehenden Tod eines Menschen, der lange und gut gelebt hatte, nicht auf Bilder der Trauer beschränkt sein, so wirklich das Leid der Hinterbliebenen auch sein mochte. Nichts Geringeres als eine Hochzeit konnte das Ergebnis angemessen anzeigen!

Überwindung der Todesschranke im Traum

In der Nacht nach dem Verscheiden ihrer Mutter hatte Frances einen besonders lebhaften Traum von einer alten Freundin der Mutter. Diese war drei Wochen zuvor in einem anderen Landesteil gestorben, Frances hatte sie jedoch in ihrer Sorge um die Mutter völlig vergessen.

Ich hörte eine Stimme, welche ich als diejenige unserer alten Freundin aus Mississippi erkannte, die mich als Kind zärtlich liebte, die ich jedoch seit zwei oder drei Jahren nicht gesehen habe. Der Eindruck, daß sie zu mir spreche, war sehr stark, und eine Weile sah ich ihre Gestalt nicht, doch ich spürte, daß sie bei Mutter im Krankenhaus war, als Mutter von diesem irdischen Bewußtsein ins andere überging. Sie war da, als der Übergang vollzogen wurde, und war nun bei Mutter, als sie zu mir sagte: „Deine Mutter ist so glücklich wie eh und je." Sie sagte mir noch mehr über Mutter, an das ich mich nicht erinnere. Bitte erinnern Sie sich für mich und erklären Sie es mir.

Cayce versicherte Frances, in dem Traum werde ihr gezeigt, „was mit dem anderen Leben als dem physischen gemeint ist". Unter Hinweis auf den biblischen Satz: „Und wenn der Baum fällt, auf welchen Ort er fällt, da wird er liegen" erläuterte er, wie natürlich es für jemanden sei, der Frances' Mutter zu Lebzeiten geliebt habe, diese Liebe auf der nächsten Ebene weiter zu pflegen, indem er ihrer Mutter durch die Ereignisse des Todes helfe.

Frances solle Kraft aus dem Wissen schöpfen, sagte er, welches der Traum ihr ausdrücklich vermittle, aus dem Wissen um die Begleitung, die ihre Mutter finde. Emphatisch sagte er ihr: „Es geht ihr *gut,* sie ist *glücklich* und *frei* von der Sorge, wie sie auf irdischer Ebene besteht." Frances vermöge die Fakten durch richtige Einstimmung auf übersinnlichem Weg zu erfassen, wenn sie sich nur nicht wegen Dingen verurteile, die sie ihrer Ansicht nach für ihre Mutter zu tun versäumt hatte – eine Verurteilung, welche Frances laut Cayce in sinnlose Trauer stürzen würde.

Der Traum zeige Frances in klarster Sprache, daß Freundschaft und Liebe den Tod genauso beherrschten wie das Leben. Durch das Traumerlebnis, das nicht symbolisch, sondern wörtlich zu verstehen sei, wisse Frances sicher: *„Nicht allein* geht die Mutter hinaus; nicht allein in jene unsichtbare Welt; sondern mit derselben Betreuung und Liebe (die sie auf Erden erfuhr), erhöht zu besserem *Verständnis* der Kräfte, welche offenbar werden" im Leben und im Tod.

Als Frances fragte, ob irgend jemand wie die Freundin ihrer Mutter tatsächlich einen sterbenden Menschen geleite, antwortete Cayce, genauso sei es, nur wüßten es die Lebenden nicht, weil ihnen das Verständnis fehle. Er erinnerte Frances an zwei biblische Worte, als er ihr begreiflich zu machen versuchte, was für seinen Seherblick unumstößliche Wahrheit war: „Und siehe, ich bin bei euch", sowie: „Obwohl ich durch das Tal des Todesschattens gehe, soll mein Geist euch leiten."

Frances hatte in der Nacht, in welcher ihre Mutter starb, noch etwas erlebt. Eine Stimme sprach ruhig zu ihr im Schlaf und sagte:

„Deine Mutter ist am Leben und glücklich." Inzwischen wußte sie, daß Cayce eine solche Stimme als ihr eigenes höheres Selbst, ihre eigene Seele deutete, die im Traum zu ihr sprach. Und genau diese Deutung gab Cayce auch in den nachfolgenden Antworten. Er sprach mit einer Dringlichkeit, die zeigte, daß Cayce von Frances' abenteuerlichem Streifzug ins Land des Todes gefangen war. Seine Worte verrieten starkes Gefühl: „Ihre Mutter *ist* am Leben und glücklich." Dann zügelte er sich und sprach wieder in objektiverem Stil:

„Das Wesen soll wissen, daß die gesamte Kraft (sowohl im Menschen als außerhalb seiner) dahingehend wirkt, dem Wesen zu zeigen, zu beweisen und bewußt zu machen, daß ihr, wenn ihr in Ihm lebet, beim Tode lebendig gemacht werdet in Ihm! Denn es gibt keinen Tod. Nur den Übergang aus der physischen in die geistige Ebene. Und wie die Geburt ins Physische als die Zeit neuen Lebens gespendet wird, so ist dann im Physischen (wenn man den Tod richtig sieht) die Geburt ins Geistige."

Frances hatte den Tod ihrer Mutter als eine Hochzeit geträumt. Cayce sagte ihr, der Tod sei auch eine Geburt!

Sie stellte eine Frage: „Sieht und liebt mich dann meine Mutter wie eh und je?" Cayce antwortete rasch: „Sieht euch und liebt euch wie eh und je. Genauso, wie sich jene Kräfte in der physischen Welt offenbarten." Es hänge ganz von Frances ab, sagte er, welchen Wirklichkeitsgrad diese Liebe erlangen würde; wenn sie „darauf eingeht und es wünscht und sich in jene (innere) Übereinstimmung mit jenen Wünschen des Wesens (der Mutter) bringt, existiert die Liebe – insoweit, in dieser Weise, sehen Sie? Denn im Geist wird jede Täuschung abgelegt". Die Liebe der Mutter sei da, sagte er. Wie frei von Schuld und Leid und Angst war Frances, frei genug, um diese Liebe annehmen und erwidern zu können?

Frances fragte weiter: „Versucht sie dann, mir zu sagen: ‚Ich bin am Leben und glücklich?'"

Cayces Antwort war klar, verwies aber wieder nachdrücklich auf Frances' eigene Rolle und auf die Quelle der Stimme, die aus ihr selbst komme: „*Sagt* dem Wesen: ‚Ich bin am Leben und glücklich', wenn das Wesen sein Selbst auf dieses Einssein *einstimmt.*" Der geeignete Kommunikationsträger war für ihn eine tiefe innere Umkehr im Geiste des Gebets – und keine Séance.

Frances fuhr ein wenig zögernd fort: „Ich fühlte sie bei mir – besonders als ich ihre irdische Hülle küßte ... ich spürte, sie wußte es und reagierte ... aber tat sie es wirklich, oder bilde ich mir das nur ein?"

Cayce antwortete rasch und erklärte Frances, genau wie sie „das Selbst ausströmen" ließ zu ihrer Mutter, sei „die Reaktion gekommen". „Nein, keine Einbildung", fuhr er fort, „denn die Seele lebet und ist in Frieden und möchte, daß die Tochter wisse, daß sie lebet."

Dann wandte er sich wieder biblischen Passagen zu und gab ihnen, wie oft in seinen Readings, eine erstaunliche Unmittelbarkeit: „Wie es geschrieben steht: ‚In meines Vaters Hause sind viele Wohnungen. Wenn's nicht so wäre, so wollte ich zu euch sagen: Ich gehe hin, euch die Stätte zu bereiten . . . auf daß ihr seid, wo ich bin.' Dies ist genauso gültig für die Tochter in dieser Stunde, wie es vom Erlöser zu jenen gesprochen wurde, die sich um Ihn versammelten." Er fuhr fort: „Denn wenn wir Wesen in der physischen Ebene uns auf dieses Einssein vorbereiten (das uns mit jenen in einer anderen Ebene vereinigen könnte), ist es, wie Er sprach: ‚Und ich, wenn ich erhöht werde von der Erde, so will ich sie alle zu mir ziehen.'"

Das Tor durch den Tod, sagte Cayce, liege in der inneren Einstimmung auf den Einen, der es für die Kommunikation zwischen den Lebenden und den Toten öffnen könne. Er wandte sich wieder der Lehre Moses' zu, um dasselbe Thema noch einmal zu erläutern: Der Verkehr mit den Toten sei nicht in erster Linie durch einen Mittler wie Cayce zu finden, sondern im eigenen inneren Erleben des Träumers.

„‚Sprich nicht in deinem Herzen: Wer will hinauf gen Himmel fahren', ihn herabzuholen, ‚oder: Wer will hinab in die Tiefe fahren', ihn heraufzuholen, denn der Geist des Friedens, der Wahrheit und der Liebe ist in deinem eigenen Herzen. Wenn der Geist eines Menschen diese (richtige) Einstimmung gewährt, kann auch mit jenen Geistern in der anderen Sphäre ein Einssein bestehen, das jeder kennenlernen kann, verstehen kann, erlangen kann, jene Wahrheit, die frei macht."

Frances hatte nach Cayces Ansicht in der Nacht, da ihre Mutter starb, eine denkwürdige Erweckung erlebt.

Ein weiterer Traum aus derselben Nacht faßte in einem einfachen, aber starken Bild zusammen, was ihr widerfahren war.

Ich sah ein Tier über den Boden kriechen, irgendwie halbbewußt, in einem Zustand halb grauer Dämmerung.

Frances sehe sich selbst, sagte Cayce. Sie sehe sich selbst erwachen. Sie werde sich, allerdings langsam, des ihr innewohnenden Geistes bewußt – eines Geistes, der Zeugnis ablegen könne von der Wirklichkeit „des Geistes dieses Einen, der gibt und nimmt und gibt und nimmt – daß wir (im Leben wie im Tod) eins mit ihm werden können".

Die Funktion der Träume, das hatte Cayce wiederholt zu Frances gesagt, bestehe nicht allein in der Lösung von Problemen, sondern auch darin, den Träumer zu seinem vollen Format als Mensch zu erwecken.

Frances stand im Begriff zu erwachen.

Kontakt mit den Toten

Es dauerte nicht lange, bis in Frances' Träumen die Gestalt ihrer Mutter erschien. Sie kam gewöhnlich, um die inneren Regungen zu fördern, die Frances als junge Frau hatte. Gelegentlich half sie Frances auch bei praktischen Problemen.

Eine der ersten Nöte, in denen Frances Hilfe brauchte, war ihr Kummer darüber, daß sie bei ihrer Mutter nicht auf die Durchführung der von Cayce verordneten Behandlung gedrungen hatte. Die Caycesche Verordnung hatte (wie gewöhnlich bei Krebsfällen) die Anwendung eines bestimmten ultravioletten Lichtes enthalten.

Es war eine Behandlung, die der Arzt weder verstanden noch gutgeheißen hatte.

Einige Nächte nach dem Tod ihrer Mutter träumte Frances: *Sah meine Mutter mit zwei Lampen, die auf der Rückseite ihres Halses leuchteten. Die Lampen wurden von Dr. K. angewandt.*

Dieser Traum, so erklärte Cayce, sei keine Botschaft von der Mutter an Frances. Er sei einfach aus ihrem Unterbewußten gekommen, das die Wahrheit über die medizinische Situation zu erfassen suche. Er zeige ihr genau, wie das Blut beeinflußt worden wäre, um ihrer Mutter Erleichterung zu verschaffen. Cayce behauptete jedoch, der Traum habe nicht den Zweck, Frances zu irgendeiner Art der Selbstverurteilung zu veranlassen – er wolle nur ihr Verständnis für den Fall wecken, daß sie wieder einmal vergleichende Urteile über Ärzte und Behandlungen fällen müsse. Sie müsse begreifen, daß die Behandlung das Leben ihrer Mutter ohnehin nicht gerettet, sondern nur das Leiden eine Zeitlang aufgehalten und Erleichterung gebracht hätte.

Mehrere Monate später träumte Frances erneut von ihrer Mutter. Wieder sagte Cayce, der Traum sei keine Botschaft der Mutter.

Dieser Traum war sehr klar und wirkte so realistisch, daß sich mein Geist nach dem Erwachen daran erinnerte und beeindruckt war. Ich schien ein Kind zu bekommen und war sehr krank – erbrach mich usw. Meine Mutter war da und sagte, ich müsse krank sein, nicht schwanger. Ich bat, daß man den Arzt rufe, was meine Mutter tat. Ich schien eine Art Fehlgeburt zu haben – auf jeden Fall endete es damit, daß ich nicht schwanger war, sondern meine Krankheit von etwas ganz anderem herrührte, wie mir der Arzt mitteilte.

Diesen Traum, sagte Cayce, habe Frances gehabt, weil es für sie Zeit sei, wieder zu empfangen, ihre Berufung zu erfüllen, nämlich die Mutterschaft – die durch das Erscheinen der Mutter im Traum *symbolisiert* worden sei. Sie würde den Ängsten, die ihr von ihrer Fehlgeburt verblieben waren, ins Auge sehen und anfangen müssen, ihren Körper für die Schwangerschaft vorzubereiten. Wenn sie dies tue, brauche sie nicht zu fürchten, das Kind zu verlieren (sie verlor es dieses Mal auch nicht), denn wie der Traum zeige, lägen ihre Probleme in ihrer Allgemeinverfassung, nicht in ihrer Gebärfähigkeit als solcher.

Doch Frances zögerte. Die Fehlgeburt und der Tod ihrer Mutter waren noch so lebendig in ihr, daß sie offenbar die gesamte Frage der Schwangerschaft verdrängte und es auch unterließ, sich in angemessene ärztliche Behandlung zu begeben. Dann hatte sie den ersten Traum, der aufzeigte, daß ihr die Hilfe der Mutter zur Verfügung stand.

Ich war gelähmt. Ich rief meine Mutter und hatte Angst. Teile von mir schienen zu brechen oder zu bersten, und ich konnte diesen Vorgang nicht kontrollieren, obwohl ich es verzweifelt versuchte. Schließlich litt ich so, daß ich sterben wollte.

Cayce sagte ihr ganz offen, dieser Traum zeige, daß sich ihre geistige Entwicklung im Stillstand befinde. Sie lasse sich selbst als Persönlichkeit lähmen. Der Traum handle nicht von ihrem Körper, sondern von ihrem Bewußtsein, ihrem Wachstum als Persönlichkeit. Sie müsse aufhören zu kämpfen, müsse aufhören, den Ruf nach Weiterentwicklung zu verleugnen, den sie in ihrem Inneren vernehme – besonders den Ruf nach Mutterschaft. Dann fügte er hinzu, sie solle beachten, wie in dem Traum „der Ruf an das Bewußtsein erklingt, an das . . . sich der Körper um Instruktionen wendet, sehen Sie?" Mit diesem Traum erhalte sie den ersten Fingerzeig, daß ihre Mutter in ihren Träumen eine helfende Rolle übernehmen könne.

Sie wurde schwanger. Sie begann mit der ärztlichen Behandlung, zu der Cayce sie drängte. Dann hörte sie jedoch trotz ständiger Rückenschmerzen damit wieder auf. Aaron war außer sich deswegen. Er schrieb Cayce:

Ich versuchte ihr zuzureden, da wurde sie böse mit mir . . . Vorletzte Nacht betete ich, daß (ihre Mutter) die psychische Aktivität in dem Einen Geist, der um den Zustand der Psyche seiner Toch-

ter weiß, erscheine und sie bewege, das zu tun, was das Beste für sie und das werdende Kind wäre ... Ich bat den Herrn, mir in dem Bemühen beizustehen, Seine Schöpfung besser zu fördern. Die wunderbare Reaktion erfolgte, wie der Traum zeigt.

Frances hatte in derselben Nacht ihren ersten lebhaften Traumkontakt mit ihrer Mutter.

Meine Mutter erschien mir. Ich sah sie deutlich. Sie sagte zu mir: „Du solltest zum Arzt gehen. Du solltest dich über dich selbst schämen! Wenn Aaron will, daß du zum Arzt gehst, solltest du gehen."

Der Traum bedurfte kaum einer Deutung. Aaron berichtete, Frances sei davon so beeindruckt gewesen, daß nichts in der Welt sie abhalten konnte, zum Arzt zu gehen. Als Frances fragte, auf welche Weise ihre Sehnsucht nach der Mutter und die Gebete ihres Mannes zu dem Erlebnis beigetragen hätten, antwortete Cayce: „Der Gerechten Gebete werden viele retten. ‚Denn wo zwei oder drei versammelt sind in meinem Namen, da bin ich mitten unter ihnen.'" Das Zusammenwirken der Aktionen aller, einschließlich der Mutter, hatte die Einstimmung ermöglicht.

Zwei Wochen später begann Frances häufig Träume zu haben, in denen ihre Mutter vorkam, entweder als Akteurin in einem Drama (das laut Cayce manchmal daraus entstand, daß Frances unter dem Einfluß ihrer Mutter träumte, und manchmal einfach daraus, daß sie von dem träumte, was ihre Mutter für sie bedeutete) oder als lebendige Person, als sie selbst (und dies, so sagte Cayce, sei buchstäblich ihre Mutter, die mit ihr Verbindung aufnehme).

Diese Träume traten bei Frances nicht als eine Art „Besessensein" auf. Von Anfang an mischten sie sich unter Träume, wie Frances sie immer geträumt hatte: einen Traum über Schwierigkeiten mit ihrem Zahnfleisch (die Cayce auf Kreislaufprobleme infolge ihrer Schwangerschaft zurückführte), einen Traum von einem sie treffenden Blitz (welcher Cayce zufolge einige der mit ihrer Schwangerschaft einhergehenden Ängste darstellte) und einen

Traum vom Erfolg des Buches, das ihr Mann gerade schrieb (laut Cayce ein echtes Voraussehen der Bedeutung des Buches).

Führung durch die Toten in Träumen

Eine praktische Angelegenheit veranlaßte das nächstemal die Mutter und ihre „Führungskräfte", wie Cayce sie nannte, in einem Traum aufzutreten:

Ich lag krank in einem Krankenhaus, und meine Mutter war bei mir. Ich sollte entweder mein Kind bekommen, oder ich hatte wieder eine Fehlgeburt. Etwas stimmte mit meinen Brüsten nicht, und meine Mutter sagte, es sollte in Ordnung gebracht werden.

Eine physische Störung bestand bei Frances laut Cayce nicht. Der Traum wollte sie nur auf ein Bedürfnis des kommenden Kindes aufmerksam machen: Es sollte gestillt und nicht mit der Flasche ernährt werden.

Einige Nächte später hatte Frances einen Traum, in dem sich die Hilfe ihrer Mutter mit ihrer eigenen Neigung zu medizinischer ASW verband. (An dieser Stelle ist vielleicht die Anmerkung wichtig, daß die Sorge um medizinische Betreuung ein charakteristischer Zug von Frances' ganzem Leben war: Nach ihrer Scheidung wurde sie Krankenschwester.) Ihr Traum begann:

Meine Mutter erschien mir. Sie sagte zu mir: „Ich bin am Leben."

Hier unterbrach Cayce mit einer Art glücklicher Dringlichkeit: „Sie ist am Leben." Der Traum ging mit folgender Rede der Mutter weiter:

„Mit dem Bein oder der Schulter deiner Schwester ist etwas nicht in Ordnung." (Oder mit beidem – ich erinnere mich nicht genau.) „Sie soll zum Arzt gehen."

Frances könne in dem Traum sehen, sagte Cayce, daß die Mutter durch Frances' Geist die Mutter aller im Haushalt sei. Denn als Frances geschlafen habe, sei ihr Unterbewußtsein „eins mit der Mutter und der Schwester" gewesen. Es bestand, wie Cayce sagte, tatsächlich ein medizinisches Problem in den Gliedmaßen der Schwester, eine Autointoxikation durch Gifte aus dem Organismus. Der Schwester solle dringend nahegelegt werden, sich in ärztliche Behandlung zu begeben. Und die Behandlung, so fügte Cayce hinzu, werde eine Steigerung ihrer Ausscheidungen umfassen.

Frances und Aaron interessierten sich zutiefst für dieses Erlebnis, das, wie sich erwies, eine begründete medizinische Basis hatte – von der die Schwester zum Zeitpunkt des Traums freilich nichts ahnte. Aus der Korrespondenz der beiden mit Cayce sprach das Gefühl eines großen Abenteuers in Zusammenwirkung mit den Toten.

Zwei Monate später hatte Frances ein weiteres Erlebnis mit ihrer Mutter, und das war so lebendig, daß es sie weckte und zum Bett ihres Mannes trieb.

Ich träumte von dem Stück, das wir sahen . . . und erlebte dann die Anwesenheit meiner Mutter unmittelbar hier in meinem Zimmer bei mir. Ihre Anwesenheit war so wirklich, so deutlich und so nahe bei mir, die Vision von ihr so lebhaft, daß ich voll Angst aufsprang und aus meinem Bett in Aarons lief.

Die Traumerlebnisse mit der Mutter gingen weiter. Eines war eine Warnung, daß sich eine Tante in einem Geisteszustand befinde, in welchem Unfallgefahr bestand; daraufhin besuchte Frances die Tante. Ein anderes warnte vor der Gefahr einer Lungenentzündung bei einer viel älteren Tante.

Dann berichtete Frances eine weitere Serie von Träumen, die ihre Mutter und sie selbst betrafen. Sie handelten nicht von praktischen Dingen, sondern, wie Cayce sagte, von Frances' innerer Tiefe und ihrem Wachstum als Persönlichkeit.

Ich erblickte meine Mutter. Sie war ungehalten über mich, weil ich ausging, ins Theater usw. Sie sagte: „Das mindeste, was du für mich hättest tun können, war, ein Jahr zu trauern."

Dies sei keine von der Mutter kommende Botschaft, erklärte Cayce; vielmehr untersuche Frances' bestes Selbst ihre gesamte Beziehung zu ihrer Mutter. Der Traum unterstreiche keineswegs eine Pflicht (den jüdischen Brauch eines Jahrs des *kaddish* oder der Trauergebete), sondern gebe eine Orientierung. Denn die Erlebnisse, die Frances seit dem Tod ihrer Mutter gehabt hatte, „die Erscheinungen, die Nähe, das Gefühl der Anwesenheit im Raum, die ganzen Situationen (der Sorge und Hilfe), die präsentiert wurden", brachten bei Frances das Beste ans Licht. Im Zusammenhang mit diesen Erlebnissen und ihrer Untersuchung entwickelte sich bei ihr eine neue, wirkliche Geistigkeit, die ihr angeboren war und die gepflegt werden sollte – wie man die Erinnerung an einen geliebten Verstorbenen pflegt.

Der folgende Traum zeigte das Wesentliche auf andere Weise auf:

Träumte, ich sei wahnsinnig – mein Geist weg und mein Verstand aus dem Gleichgewicht. Meine Mutter war da und erlebte eine schreckliche Zeit mit mir.

Cayce führte aus, hier könne Frances wieder sehen, wie wichtig es für ihre Gesamtreife sei, daß sie Bedeutungen und Perspektiven erkenne, was ihr „das Wesen der Gegenwart der Mutter" gestatte. Der Traum offenbare Frances etwas über sich selbst, das sie freilich bereits wisse: „Daß es Momente gegeben hat, wo das Wesen (Frances) in seinem Versuch, Elemente herabzuwürdigen, die geistiges Verständnis betreffen, seine Mentalität in einen unausgewogenen Zustand brachte ... und Barrieren schuf, die schwer zu beseitigen, schwer zu begreifen waren, sogar vom Selbst." Die Zeit nach ihrer Fehlgeburt und dem Tod ihrer Mutter, als sie sich über Aaron wegen seiner Studien mockierte, habe sie verraten. Sie müsse, sagte Cayce, „sich selbst seelisch, moralisch, physisch und geistig in jenem Einklang mit den universellen Kräften halten, der jedem Wesen besseres Verständnis gibt".

Frances' nächster Traum von der Mutter entsprang einer Wechselbeziehung zwischen Frances' Geist und jenem der Mutter, wie es Cayce ausdrückte. Der Traum war denkwürdig, einmal wegen seiner verblüffenden vorausschauenden Details und zum anderen wegen der kleinen jüdischen Geste der Mutter im Traum, die ihm einen Anstrich der Wirklichkeit gab.

Ich träumte von meinem Kind. Es war eben geboren und wog zehn Pfund und sechsundvierzig Gramm. Es hatte blaue Augen und blondes Haar und war ein Junge. Es hatte jedoch eine jüdische Nase, und das gefiel mir nicht. Ich sagte zu meiner Mutter, die da war: „Es sieht kikish aus – zu jüdisch.“ Meine Mutter aber biß auf charakteristische Weise in ihren Finger und strahlte das Kind an. Sie sagte, es sei großartig.

Frances war erst im fünften Monat, doch ihr Traum vom endgültigen Aussehen des Kindes traf laut Cayce im wesentlichen zu. Er versicherte ihr, es werde ein Junge sein, es werde blond sein, es werde blaue Augen haben; das Gewicht jedoch werde näher bei acht Pfund liegen. (Nach der Geburt erwies sich, daß Cayce mit jedem einzelnen Detail recht hatte.) Was die Nase anbelange, so stimme der Traum nur teilweise, sagte er, denn das Kind werde zwar eine leicht jüdische Nase haben, jedoch gleichmäßige, attraktive Gesichtszüge (was dann auch so war). Dieser Teil des Traums, so fügte er hinzu, habe die Mutter aufmerksam machen und vorbereiten sollen auf das mögliche Lebenswerk des Jungen, nämlich die religiöse Unterrichtung seines eigenen Volkes (als junger Mann wandte sich ihr Sohn tatsächlich dem Amt des Rabbi zu, doch eine Krise und Krankheit kamen dazwischen).

Traummaterial aus einem späteren Zeitabschnitt derselben Nacht hob die gleichen Themen hervor und gab eine Vorschau auf die Entbindung – eine Periode, die sich als einer der Höhepunkte in Frances‘ ganzem Abenteuer mit ihrer Mutter erweisen sollte.

Ich lag auf dem Entbindungstisch, meine Mutter war da wie zuvor. Ich fühlte mich sehr wohl – so wohl, daß ich sogar aufstehen und gehen konnte, nachdem das Baby zur Welt gebracht war. Ich sah mein Kind an. Es war auch da einen oder zwei Tage alt wie zuvor, doch anstatt teilweise als reizlos, erschien es mir als schönes Kind mit hellem Haar, blauen Augen und als gesundes

Baby. Es stand aus der Wiege auf und kam zu mir und sagte: „Hier, ich habe einen Brief für dich, Mami!“

Der Traum drängte Frances, sich durch Ernährung, Ruhe und Physiotherapie so gut wie möglich auf die Niederkunft vorzubereiten. Und der Traumteil mit dem Brief war einfach eine andere Art, zum Ausdruck zu bringen, daß das Kind zu einem Mann heranwachsen konnte, der eine besondere Botschaft zu bringen hatte.

Frances träumte die ganzen Monate bis zur Ankunft des Kindes weiter. Sie träumte vom Geldverdienen ihres Mannes, von der Geistesgestörtheit einer Freundin, vom Reisen während der Schwangerschaft, von den Plänen ihres Mannes, zusammen mit mehreren Partnern in Virginia Beach ein Krankenhaus zu bauen, wo Cayces Werk besser studiert und praktisch angewandt werden konnte. Sie träumte von der Gesprächigkeit ihres Mannes, von ihrer eigenen Trivialität, von der Krankheit ihrer Verwandten. Aber sie träumte nicht mehr von ihrer Mutter.

Da sie noch immer Angst vor der Geburt hatte, blieb sie in engem Kontakt mit Cayce. Im Januar sagte er ihr, die Geburt werde normal verlaufen und zwischen dem achtundzwanzigsten März und dem sechsten April erfolgen. Sie fand am vierten April statt. Einige Tage vor der Niederkunft erklärte Cayce, alles sei in Ordnung, das Kind werde innerhalb von sechsundneunzig Stunden kommen. Es kam nach zweiundsiebzig Stunden.

Bei der Geburt hatte Frances ein unvergeßliches Erlebnis mit ihrer Mutter.

Kontakt mit den Toten außerhalb von Träumen

Das Geschehen schildert ein Brief Aarons an Cayce am besten:

Nun, die großartigste objektive Demonstration geistiger Kommunikation, die ich je gesehen habe oder mitzuerleben hoffte, fand heute nachmittag zwischen Frances und ihrer Mutter statt, während ich ihre Hand hielt. Sie deutet auch an, daß das Anästhetikum (wie von Ousepensky dargelegt) den Geist geneigt für die

Kommunikation macht oder ihn unterbewußt dafür öffnet. Frances' Schmerzen waren so schlimm, daß sie ihr ein Ätherklistier gaben, und das versetzte sie in einen Rauschzustand. Benommen sagte sie zu mir: „Meine Mutter ist bei mir. Sie ist schon seit heute früh bei mir. Siehst du, dort ist sie!" Dann wies Frances zur anderen Seite des Bettes, der gegenüber, auf welcher ich saß, deutete etwas höher, als ihr Kopf war, und sagte erneut: „Meine Mutter ist dort."

„Was sagt sie?" fragte ich.

„Sie sagt", antwortete Frances klar und präzise, „keine Sorge – alles wird gut ausgehen!"

„Wie weißt du, daß sie hier bei dir ist?" fragte ich.

„Ich fühle sie – ich sehe sie – sie betet für mich – sie ist hier bei mir – dort", und wieder zeigte Frances auf dieselbe Stelle.

Aaron schrieb in seinem Brief an Cayce weiter:

Nun frage ich Sie, haben Sie je etwas so Wunderbares gehört? Armes kleines Ding; von ihrer eigenen Verwandtschaft nur die Schwester bei ihr, da sie die Mutter vor verhältnismäßig kurzer Zeit verloren hat, und sie sehnt sich an diesem Leidenstag mehr als je nach ihr, fühlt und weiß, daß die Geliebte bei ihr ist und von ihr hört. Ihr Herz sehnt sich nach der Mutter, die Tapfere beklagt sich nicht über das Herzweh, sie streckt die Hand nach der Mutter aus, und, Preis dem Allmächtigen, sie tut es nicht vergebens!

Ich sage Ihnen, als ich hinaus kam und fünf erwachsenen Verwandten davon erzählte, einschließlich meiner sehr praktischen Mutter, weinten sie alle wie Babys. Zum Kuckuck, mir kommt beim Schreiben das Heulen. Es macht mich irgendwie ganz benommen – ich weiß einfach nicht, wie ich dankbar genug sein oder was ich tun soll. Es ist so wunderbar, so unzweideutig, so präzise, so schön, daß es weit über mein Fassungsvermögen geht. In irgendeiner kleinen Weise hoffe ich, daß ich ein solches Erlebnis irgendwie annähernd zu schätzen vermag; denn ich weiß, es ist verwirrend und übersteigt meinen Horizont, ist höher und mächtiger als das armselige kleine Ich.

Wen kümmern schon die Meinungen jener, die geistige Kommunikation als Humbug hinstellen? Überhaupt, worauf belaufen sich ihre Meinungen? Welches Gewicht haben sie im Konstruktionsfeld des Wissensaufbaus?

Ein kleiner, schmerzerfüllter Körper, der ein einsames schmerzendes Herz beherbergt, erhält nicht nur Antwort vom Muttergeist, der das Herz tröstet, sondern dieser hilft, spendet Mut und stützt die physische Kraft dieses Körpers, und zwar in einer keineswegs unbestimmten Art. Ist dies etwa unnütz? Ist es illusorisch? Nun denn, man mache das Beste daraus – ich habe die Absicht, dies mein Leben lang zu tun, glauben Sie mir!

Dies ist es, was ich Ihnen am Telefon zu sagen versuchte, und ich bin froh, daß ich es nicht konnte. Muß nun schließen und zu Bett gehen, denn ich bin todmüde.

Aaron bat Cayce, das Erlebnis in einem Reading zu untersuchen und zu erklären, wie alles geschehen sei.

Die Stärke des Erlebnisses rührte Cayce offensichtlich an, denn während seines Readings geschah etwas, das höchst selten vorkam, wenn er sich in Trance befand. Fünf verschiedene Körperlose sprachen durch ihn – einschließlich der Mutter. Einer war angeblich ein bekannter Philosoph. Zwei waren sowohl Cayce als auch der Träumerin fremd. Einer war ein Freund der Familie Cayce. Jeder äußerte sich kurz und fügte eine Meinung über das Geschehen im Krankenhaus an; alle stimmten darin überein, daß das Erlebnis authentisch gewesen sei.

Drei bestätigten Aarons Vermutung, daß auch er die Mutter in dem Krankenzimmer erlebt habe, freilich in einem andersgearteten übersinnlichen Erlebnis als Frances. Er habe sich in innerer Einstimmung befunden, ohne daß eine Form oder eine Stimme präsent gewesen wären – nur „ein inneres Bewußtsein der Gegenwart eines anderen Wesens". Frances dagegen habe in dem Erlebnis eine Entfaltung ihrer „sinnlichen Fähigkeiten" erfahren, bis unter Rauschmitteleinwirkung die Mutter „vom unterworfenen Bewußtsein gesehen, gefühlt, gehört, erkannt“ worden sei.

Das ungewöhnliche Cayce-Reading war kein Beispiel für das, was die Forscher als Mediumzustand der „direkten Stimme“ bezeichnen (dieser trat bei ihm in Trance sogar noch seltener auf); es erfolgte vielmehr in einem Zustand, in welchem Cayce seine eigene Sprache und sein eigenes Bewußtsein nutzte, um zu versuchen, den Sinn dessen mitzuteilen, was seinem Empfinden nach ein anderer, ein Körperloser, sagte.

Als sich Cayce dem Ende des Readings näherte, kam die Botschaft von Frances‘ Mutter, wie Aaron gehofft hatte. Cayce faßte sie in folgende Worte: „Zu Frances bin ich gekommen, in dieser bestimmten Weise, die das Leben nach dem Tod bekannt macht.“ Dann fügte Cayce als eigene Versicherung hinzu: „Und die Bereitschaft der Mutter ist, in der seelischen Haltung der Tochter immer gegenwärtig zu sein, um jeden Gedanken, jede Sorge zu beschirmen.

Die abschließenden Worte stammten wieder von der Mutter, und Cayce verlieh ihnen Stimme. In Anbetracht der Ansichten Cayces und der Träumenden überrascht es nicht, daß auf die Reinkarnation hingewiesen wurde. „Sei du denn treu, in jenen Lektionen, die ich dir gegeben habe; sei Aaron treu und dem Kind – das aus unserer Mitte kommt und das ich früher schon kannte.“

Das Reading war für Frances sehr aufregend. Doch sie bezog die Gewißheit, daß sie und ihre Mutter einander erreichten, nicht allein daraus. Im Krankenhaus war wenige Tage nach der Geburt noch etwas geschehen, das sie Cayce berichtete. Sie hatte gerade gedöst, als sich folgendes zutrug:

Hörte ein pochendes Geräusch oder Klopfen. Ich sagte zu mir: „Das ist meine Mutter.“ Ich setzte mich im Bett auf, um auf das Geräusch zu lauschen, und hörte nichts. Als ich wieder döste, hörte ich das Klopfen und erkannte darin wieder meine Mutter.

Dies war laut Cayce ein authentisches Erlebnis, das Frances widerfuhr, um ihr die Natur der Liebe zwischen den Lebenden oder Toten – „den Lebenden von Ebene zu Ebene" – deutlicher bewußt zu machen, einer Liebe, die im Leben und in den Taten jedes einzelnen oft weit unter die Oberfläche verschwinde. Es sei ein Erlebnis derselben Art, erinnerte er sie, wie es ihr Mann gehabt habe, als er kurz nach dem Tod ihrer Mutter bei ihr wachte und das Bett zittern fühlte. Sie beide, Frances und Aaron, sollten „diese Dinge bewahren – sie im Herzen erwägen".

Nun begann in Frances' Träumen von ihrer Mutter das letzte Kapitel. Frances hatte noch ein ganzes Jahr vielfältiger Traumerlebnisse vor sich, bevor ihre Betreuung durch Cayce endete.

Spielarten von Traumerlebnissen mit den Toten

Ein Motiv, das laut Cayce tief in Frances' Veranlagung wurzelte, tauchte im nächsten Traum auf, in welchem ihre Mutter erschien. Wie so oft, sah Frances in dem Traum männliche Eindringlinge – doch dieses Mal taten sie ihr nichts zuleide. Als sie sich noch mit ihrem Kind im Krankenhaus befand, träumte sie:

Meine Mutter und ich waren in unserem alten Haus in Mississippi, wo wir wohnten, als ich ein kleines Mädchen war. Mutter und ich hatten immer Angst und hörten in diesem besonderen Fall Männer ins Haus kommen. Als wir nachsehen gingen, stellten wir fest, daß drei Männer eingebrochen hatten – nicht um etwas zu stehlen, sondern um zu fragen, ob sie Alkoholika in unserem Haus lassen könnten. Sie sagten, sie würden uns ein paar Tage Zeit geben, um die Sache zu überdenken und unsere Entscheidung zu treffen.

Der Kernpunkt dieses Traums, sagte Cayce, sei der Wechsel vom Thema der Illegalität – sowohl des Einbruchs als auch der Alkoholika (es war die Zeit der Prohibition) – zum Thema der Rücksichtnahme und Hilfsbereitschaft. Der Traum sei, erklärte er, eine Dramatisierung der Möglichkeit, die sich Frances nun in der

Ankunft ihres Sohnes biete, vom „Buchstaben des Gesetzes" zum „Gesetz der Gnade" zu gelangen.

Die Örtlichkeit, das Heim, enthüllte ihr den Ernst des Traumes, behauptete Cayce, denn es stelle (was er oft vom geliebten Heim der Kindheit sagte) ihr geistiges Heim dar, ihre „Innenwohnung". Wie gelangte man dort hinein? Als Gesetzesbrecher, der Leiden und Strafe beschwor? Oder in der Art der Mutter, auf dem Weg des Gebens?

Cayce hatte Frances früher schon gesagt, daß sie im vergangenen Leben eine Frau von großer Schönheit gewesen sei, so schön wie Helena von Troja. Gleich Helena sei sie untreu gewesen und habe ihre Reize eingesetzt, um Männer zu bewegen, ihr zu Willen zu sein. Die Folge sei, daß sie ins gegenwärtige Leben mit einer tiefen Angst vor Männern eingetreten sei – der Angst, daß diese ihrerseits untreu sein könnten und sie mißbrauchen würden; daher das wiederholte Traummotiv von männlichen Eindringlingen und Verfolgern.

Wenn sie unter „dem Buchstaben des Gesetzes" leben müsse, werde sie so lange von Männern dieselbe Härte erleben, die sie selbst einst über diese gebracht habe, bis ihre Seele die Lektion gelernt hätte und sie klüger – als ein geläuterter Gesetzesbrecher – ihr „geistiges Heim" betrete. (Tatsächlich wurde Frances einige Jahre später, als sie sich scheiden ließ, von tiefer Verzweiflung über die Männer erfaßt. Eine Zeitlang trank sie auch viel, wie dieser Traum laut Cayces warnenden Worten angedeutet hatte.)

Doch ihre Beziehung zu dem Kind biete ihr einen „Ausweg", sagte er, wenn sie ihn zu wählen wünsche. Indem sie diesem Mann-Kind und seinem Vater großzügig gebe, könne sie ihre eigenen Ängste und Haßgefühle, die ihren früheren Missetaten entsprängen, für immer ablegen. Auf diesem Weg werde das „Gesetz der Gnade, das Gesetz der Barmherzigkeit" für sie wirksam, und sie könne allen bevorstehenden Ereignissen, wie sich diese auch immer entwickelten, ohne Angst oder inneres Leiden entgegensehen. (Lange nach der Scheidung, als ihr Sohn ein erwachsener Mann war, ein heimgesuchter Mann, pflegte ihn Frances und sorgte für ihn getreulich in genau dieser Weise – nun ging sie den Weg liebevollen Dienens, den sie früher in ihrem Herzen für Aaron nicht gefunden hatte.)

Cayces Ansicht nach führte ihr dieser Traum, den sie in den ersten Lebenstagen ihres Kindes mit Hilfe ihrer Mutter träumte, zwei Möglichkeiten vor Augen, zu ihren wirklichen geistigen Fähigkeiten heranzureifen: den Weg des Leidens, das sie gerechterweise verdiente; und den Weg der Gnade, auf welchem man in jenem Maße, in dem man selbst gab, Vergebung erlangte und Aufnahme fand.

Diese beiden Möglichkeiten des Wachstums stellten in den Readings, die Cayce über Jahrzehnte für Hunderte von Menschen gab, ein immer wiederkehrendes Thema dar. Ob man sie nun im Rahmen der Reinkarnation sah oder nicht, sie erschienen vielen sinnvoll, die sich die Mühe machten, Cayces Worte zu studieren, und nicht einfach sprachlos vor dem Wunder seines medialen Vermögens verharrten.

Fünf Monate später hatte Frances einen Traum, der sich auf ihr grundlegendes Bewertungssystem bezog. Wie bei vielen Träumen von Menschen, die ihre Träume zusammen mit ihm ernsthaft studierten, sagte Cayce auch bei diesem, es handle sich um einen „Lehr"-Traum, der dazu beitragen solle, Frances ihren Lebensweg ins Blickfeld zu rücken. Es war ein Traum über einen kurz vorher verstorbenen Freund von ihr, und sein Sterben wurde darin symbolisch wiederholt.

Betrachtete meine Mutter, die mich auf eine Menschenmenge hinwies; um David herum, der im Sterben lag. Er befand sich im letzten Stadium des Prozesses. Ich sah seine glasigen Augen. Meine Mutter schien mich darauf aufmerksam zu machen. Dann versuchte er sich in einer letzten Anstrengung zu erheben. Die um ihn wollten es nicht zulassen. Meine Mutter zeigte mir, daß sie es natürlich nicht tun würden. Dann fiel er zurück und starb. Ich weinte, worauf mich meine Mutter anwies, nicht zu weinen.

Der Traum handelte laut Cayce deshalb von David, weil er für Frances ein Mensch mit bemerkenswertem Reichtum und gesellschaftlichem Ansehen war – Dinge, zu deren Überbewertung Frances neigte. Das Sterben zeigte ihr anschaulich, wie der Tod jedermann auf dieselbe Stufe stellte – und keine Aktion der letzten Minute daran etwas zu ändern vermochte. Davids Bemühen, sich zu erheben, war eine Darstellung der Wichtigkeit der Willenskraft; diese mußte der Mensch nutzen, wenn er das Leben zu einer Weiterentwicklung gestalten wollte, statt einfach zu einer langen Folge von Genüssen, die letzten Endes nicht das Verständnis und den Frieden gewährten, welche „das wohlgelebte und im Dienst für andere verbrachte Leben" schenkte.

Die obige Traumschau auf die exakten Vorgänge beim Sterben sollte Frances, wie Cayce es sah, mehr als nur ein undeutliches Wissen über das Leben jenseits des Grabes vermitteln; sie sollte Frances' Alltagsleben in die richtige Perspektive rücken, damit sie angebrachte Beurteilungswerte wählen konnte. Richtige Beurteilungen bedeuteten nicht, betonte Cayce, daß man „ein langes Gesicht" machen solle. Frances solle auch nicht immer an den Tod und an dic Zukunft denken. Das Leben müsse jetzt gelebt werden.

„Doch man muß nicht alles Leben leben, noch alle Tode sterben", fuhr er fort. Ob lebend oder sterbend, die Seele müsse sich für alles Rechenschaft ablegen, was sie gedacht und getan habe. Denn es liege in der Natur der Seele, daß sie zu dem „Ganzen" zurückkehre, von dem sie geschaffen worden sei, aber in sich die Kraft bewahre, sich selbst individuell zu kennen sowie alles, was sie gewesen sei und getan habe.

Niemand entkommt sich selbst. Mit was für einer Art Frances wollte Frances die Reise durch die Zeit und den Tod machen?

Bald darauf hatte Frances einen Traum, der offenbar hervorheben sollte, daß echte Werte in den kleinen Dingen des Lebens lagen; Cayce erklärte, der Traum sei durch die Bemühungen der Mutter geträumt worden, obwohl diese nicht darin auftrat. Frances berichtete:

Sah das Baby wirklich krank – Magen verdorben und Erbrechen. Schien, daß ich ihm Magnesiummilch geben sollte.

Dieser Traum zeigte, wie Cayce oft von Gesundheitsträumen sagte, nur den Extremfall dessen, was geschehen konnte, wenn das augenblickliche Bedürfnis des Kindes vernachlässigt wurde. Das im Traum genannte Heilmittel, sagte er, sei genau richtig, um dem übermäßig hohen Säuregehalt des Magensaftes ihres Sohnes entgegenzuwirken, es sei dem Kind sofort zu verabreichen – und seine Ernährung müsse künftig sorgfältiger überwacht werden.

Noch prosaischer war ein kleines Traumfragment von Frances, das Aaron an Cayce weitermeldete:

Ihre Mutter sagte ihr, daß Frances ein Abendkleid kaufen solle.

Hier könnte Frances sehen, sprach Cayce, daß der Mutter die „weltlichen Angelegenheiten" der Tochter genauso vollständig bewußt seien wie die „geistigen Angelegenheiten". Sie empfinde das gesamte Leben der Tochter, einschließlich des gesellschaftlichen Lebens, „genau gleich und als ebenso interessant wie im physischen Leben".

Ein Traum, den Frances einen Monat später hatte, behandelte den Charakter des Verhältnisses der Mutter zur Tochter. Dieser Traum bedurfte keiner Deutung durch Cayce. Er begann mit einem Hinweis auf eine kranke Verwandte:

Meine Mutter sagte: „Deine Schwägerin wird gesund werden. Wir tun hier alles für ihre Genesung." Dann sagte jemand anders oder auch meine Mutter: „Ja, das ist das Problem. Wir können nicht tun, was wir tun wollen – weitergehen und uns entwickeln, weil wir noch Menschen auf der Erde haben, die uns teuer sind und die unsere Hilfe brauchen. Das hält uns der Erde nahe. Wir müssen nach euch jungem Volk sehen."

Später zeigte mir meine Mutter dieses letztere sinnbildlich, indem sie mir zeigte, in welcher Weise die Mutterliebe, die ich für mein Kind empfinde, in der geistigen Individualität überlebt, wie beispielsweise in ihr für mich. Damit erteilte sie mir eine weitere Lektion über das Leben nach dem Tod und über alles Leben, über die Liebe und die engen Beziehungen einander Nahestehender – über die größere Freude und die Erfülltheit eines Lebens, das dem Dienen geweiht ist. Es war folgendermaßen: Ich bereitete mich darauf vor, heim nach Mississippi zu fahren, wohin ich wollte. Ich sagte auf Wiedersehen zu allen, und meine Mutter packte meinen Koffer. Als ich mein Kind sah, änderte ich meine Absicht und blieb bei meinem Kind.

Genauso bleibt meine Mutter, die mich, ihr Kind, liebt, nahe der Erde bei mir, obwohl die Freiheit des Universums eine große Verlockung zur Anwendung ihrer gegenwärtigen Geisteskraft darstellt. Richtig?

Dies sei richtig, sagte Cayce; ihre Mutter weile „noch in der physischen Ebene oder Erdensphäre, bis jene Kraft in ihrer fortwährenden Entwicklung sie weiterführt zu jenem Einssein mit der Allkraft". Die Zeit werde kommen, da die Mutter weitergehe, dem Wachstumspfad ihrer eigenen Seele folge. Für den Augenblick aber konnte Frances auf ihre ständige Hilfe zählen – wie einer der letzten Träume veranschaulichte, den Frances zur Deutung an Cayce schickte.

Ich sah meine Mutter sehr deutlich. Ich schickte ihr ein Telegramm, daß sie sterben würde.

Laut Cayce war dies kein Warn- oder prophetischer Traum. Im Gegenteil, er stelle Frances bei einem bewußten Akt der Hinnahme des Zustandes ihrer Mutter dar. Er signalisiere ihr tiefes Bewußtsein, daß die Mutter ihr die Führung und den Schutz geben würde, die sie für ihr eigenes Leben oder für ihr Kind brauchte, wenn sie sich von nun an auf ihre eigene Intuition und auf den Einfluß der Mutter verlasse. Nicht einmal der Tod könne sie nun überraschen.

Als Frances bald darauf von Cayce Ratschläge über die richtige Fürsorge für ihr Kind während einer sechswöchigen Reise erbat, die sie machen wollte, gab er ihr keine. Da sie eine so eindeutige Garantie für die Hilfe ihrer Mutter besitze und so viele Erlebnisse gehabt habe, die sie lehrten, mit ihrer Mutter zu arbeiten, wozu brauche sie Cayce?

Frances hatte ihren Weg durch das Land der Toten gefunden. Sie hatte den Faden der Liebe gefunden, der vom Leben über das Grab hinaus reichte.

Nun mußte sie daraus ihr Leben weben.

Frances besaß eine eigene Meinung über das Abenteuer, in welches ihre Träume sie während vier Jahren geführt hatten. Als das Cayce-Hospital in Virginia Beach endlich vollendet war, an einem windigen November-Feiertag, stieg sie auf die Rednerbühne und reihte sich scheu unter die anderen ein, die Grußworte sprachen. Ihre Worte waren dem Anlaß angemessen und förmlich, doch sie enthüllten ihre Gedanken:

„Möge diese Institution ihre Lehren so verbreiten, daß sie den Menschen aller Länder helfen und Führung und Verständnis bringen – wie sie mir geholfen haben, Verständnis für das Einssein von Leben und Kraft zu gewinnen.“

TEIL II

WIE ARBEITET MAN MIT TRÄUMEN?

Cayces Fähigkeit und die Fähigkeit des Träumers

Vierzig Jahre lang wandte Edgar Cayce seine verblüffende Gabe praktisch an. In dieser Zeit erlebte er immer wieder, daß seine Readings etwas als Tatsache hinstellten, was seine Zuhörer als schlechthin unglaublich ansahen.

Die Cayce-Readings empfahlen neben den üblichen Arzneimitteln und chirurgischen Eingriffen immer wieder die Osteopathie, und das zu einer Zeit, wo sie noch als Quacksalberei abgetan wurde. Etwa ein Viertel der Readings wies bereits auf psychosomatische Elemente in Krankheiten hin, als lediglich einige Wiener Spezialisten die psychogenen Ursachen für wichtig hielten. Die Readings beschrieben bestimmte Vitamine, bevor diese im Labor isoliert wurden. Sie erwähnten mehrere Funktionen endokriner Drüsen, denen man erst nach Cayces Tod auf die Spur kam.

In den dreißiger Jahren, zwei Jahrzehnte vor dem Fund der Schriftrollen vom Toten Meer im Wadi Qumran, schilderten Cayce-Readings, wie die Essener und andere alte religiöse Gemeinschaften am Toten Meer und anderswo geführt worden waren. In den vierziger Jahren, als Frankreich besetzt war und für lange untergegangen schien, sagten die Readings voraus, daß es nach dem Krieg als unabhängiger europäischer Staat wiedererstehen werde. In den zwanziger Jahren, lange vor der Gründung der Vereinten Nationen, behaupteten sie, der Völkerbund sei der richtige Weg zur Bannung des Krieges.

Jahrzehnte bevor der Zen-Buddhismus und die Hindu-Meditation in den amerikanischen Colleges erörtert wurden, schilderten die Readings die Verfahren tiefer Meditation in allen Einzelheiten und empfahlen sie für jedermann. Sie zeigten Erdbeben vor deren

Auftreten an und benannten die betroffenen Grabenbrüche. Sie lieferten eine Abhandlung über die Kammer von Flugzeugflügeln und waren damit der aeronautischen Forschung um ein Jahrzehnt voraus. Sie sagten Neugeborenen ihren grundlegenden Lebenszuschnitt voraus – und nach einem ganzen Menschenalter erwies sich dann, wie unglaublich treffend die Voraussagen waren.

Wer Cayces Readings studierte, war verblüfft über die Reichweite seines Seherblicks, der sich mühelos von Mikroorganismen zum Leben nach dem Tod bewegte, von der persischen Geschichte zu Aktienkursen, von verborgenen Ölfeldern zum verborgenen Musikgenie in einem Kind.

Cayces Seherblick funktionierte dabei nicht wie eine Art übersinnliches Mikroskop oder Teleskop. Die Readings bemühten sich in den ganzen vierzig Jahren von Cayces Tätigkeit als bekanntestem Seher der modernen Zeiten methodisch, Menschen „aufzubauen".

Edgar Cayce bot in den Readings alle Erkenntnisse unter dem Gesichtspunkt dar, welchen Unterschied sie im Leben eines Menschen bedeuten konnten. Er weigerte sich, den Menschen etwas zu sagen, das sie nicht konstruktiv zu verwenden vermochten. Niemals gewährte er jemandem einen unfairen Vorteil gegenüber anderen. Jede Suche nach Hilfe machte er auch zur Suche nach einer Bedeutung. Wenn jemand von ihm medizinischen Rat wünschte, fragte er in irgendeiner Weise: „Was werden Sie mit Ihrem Leben anfangen, wenn Sie genesen?" Er war zweifellos mehr als ein mediales Kuriosum. Für jene, die seine Hilfe suchten, war er ein Trainer, ein Analytiker, ein Lehrer, ein geistiger Führer.

Seine erstaunliche Gabe, die Informationen über die unterschiedlichsten Dinge sowie tiefgehenden Rat hinsichtlich individueller Werte umfaßte, ließ folgende Behauptung als seine seltsamste erscheinen: „Ich tue nichts, was Sie nicht auch tun können."

Er sagte dies immer wieder zu Besuchern, zu berühmten ebenso wie zu namenlosen, die ihn aufsuchten, um mit ihm zu sprechen.

Er sagte es im Wachzustand, lächelnd, aber dennoch ernst. Und er sagte es in Trance, erklärte den sich abspielenden Prozeß.

Er behauptete, was die Menschen bei ihm beobachteten, sei im Prinzip nicht einmalig, obwohl es verblüffte. Sie sähen das Wirken völlig natürlicher Gesetze, deren Anwendung sie selbst lernen könnten.

Selbstverständlich würde nicht jedermann, der die Gesetze verstehen und anwenden lerne, genau dasselbe erreichen wie Cayce. Einige würden ganz andere Gaben erlangen – beispielsweise intellektuelle Gelehrsamkeit oder administratives Führungstalent –, bei denen ihnen ihre medialen Fähigkeiten und ihre innere Geistigkeit genauso von Nutzen wären wie es ihm, Cayce, die seinen seien. Nicht jeder würde dasselbe Maß an Gaben erlangen: schließlich gab es auf jedem Gebiet Genies und minder Begabte. Einige, so sagte Cayce, würden bessere Medien abgeben als er selbst. Er legte großen Nachdruck auf diese Behauptung und eröffnete einem Mann, er könne lernen, eine bestimmte Art Readings im Wachzustand zu geben; einem anderen erklärte er, er könne (durch lebenslange disziplinierte Arbeit) sogar lernen, Tote zu erwecken – Fähigkeiten, die Edgar Cayces Möglichkeiten in diesem Leben weit überschritten, wie er selbst sagte.

Die Behauptung, jedermann vermöge in gewissem Maß das zu tun, was er tat, dürfte tatsächlich die kühnste gewesen sein, die Edgar Cayce je aufstellte.

Aber er ließ sie nicht in der Luft hängen. Er wies die Menschen auf eine Möglichkeit hin, seine Behauptung nachzuprüfen: Er drängte sie, sich an ihre Träume zu erinnern und diese zu studieren. In den Träumen, so sagte er, könnten die Menschen jede wichtige Art übersinnlicher Phänomene erleben und alle Ebenen nützlicher psychologischer sowie religiöser Ratschläge kennenlernen. Mehr noch, sie könnten durch Träume mit den Gesetzen dieser Dinge vertraut werden und ein spontanes, gewissermaßen maßgeschneidertes Traum-Trainingsprogramm zur Anwendung dieser Gesetze absolvieren – vorausgesetzt, daß sie alles, was sie in den Träumen lernten, im Wachleben konstruktiv nutzten.

Cayce stellte hiermit einen recht ungewöhnlichen Anspruch an die Träume.

Bei seinem Tod hinterließ er vier abgeschlossene Fälle, in denen er Menschen durch das Studium von Hunderten ihrer Träume vermittels seiner Readings trainiert hatte, ihre natürlichen Gaben auszuweiten und zu vertiefen: mediale oder intellektuelle Fähigkeiten, finanzielles Geschick, Führungsgaben, künstlerische Talente, Heilbegabungen, Liebesfähigkeiten, Anlagen zu Weisheit oder zur Schulung anderer.

Einer dieser vier Fälle war er selbst: Es lagen Aufzeichnungen von hundertsechs seiner Träume vor, die von ihm in neunundsechzig zwischen 1924 und 1940 abgehaltenen Readings gedeutet worden waren. Er hatte sich dem Studium der eigenen Träume zugewandt, weil er kurz nach seiner Niederlassung in Virginia Beach durch seine eigenen Readings dazu aufgefordert worden war. Er bekam gesagt, daß viele, die seine Leistung in Trance einfach nicht akzeptieren konnten, bereit zu Experimenten mit ihren eigenen Träumen wären, wenn er ihnen ein Beispiel gebe. In einer systematischen Aufzeichnung und Untersuchung ihrer Träume vermöge sich viel zu entfalten, „was sich lohnen kann für die Seelen zahlreicher Menschen, die jene Lektionen und Wahrheiten, welche daraus [aus der Untersuchung] erlangt werden, beachten und auf ihr individuelles Leben anwenden werden“.

Das Reading ging mit der bedeutsamen Erklärung weiter (sie wurde im Lauf der Jahre in den Readings oft wiederholt), die richtige Art, den Menschen Edgar Cayces Tun nahezubringen, sei nicht, ihnen das Phänomen Cayce anzupreisen. Statt dessen sollten sie mit Gesetzen oder „Wahrheiten“ ausgerüstet werden, die sie selbst erproben könnten. Es gehe nicht um Cayce. „Nicht notwendig, an die Werke von Edgar Cayce zu glauben“, verkündete das Reading ungeschminkt. Notwendig dagegen war, daß seine Mitmenschen für sich selbst die „Wahrheiten, wie sie durch denselben offenbar werden“, erprobten. Träume, so hieß es in dem Reading weiter, seien ein ausgezeichneter Weg, dies zu tun.

Dasselbe Reading zog eine enge Parallele zwischen Edgar Cayces Trancezustand und dem Schlafgeschehen. „Gegenwärtig“, so begann das Reading Cayces Trance zu beschreiben, „finden wir Körper und Seele in dem passiven Zustand, worin die Wirkung positiver Suggestionen vom physischen Geist“ – damit war Cayces eigene Gebetssuggestion gemeint, die ihn in Trance versetzte, verstärkt durch hypnotische Suggestion seitens seiner Frau – „zur Universalkraft hinweist, wie man es in unterbewußter Richtung findet.“ Es handelte sich um denselben Prozeß, der früher schon bei Träumenden geschildert worden war, deren Unterbewußtes sich in Träumen durch überbewußte Einstimmungsprozesse den Universalkräften zu nähern vermochte. Dies sei alles, was Edgar Cayce in den Readings tue; anders sei bei ihm lediglich, daß er außerdem „in der Lage ist, physische Fähigkeiten zu nutzen“, zum Beispiel zu sprechen, und daß er gleichzeitig Hilfsquellen einsetze, die Träumern nur vereinzelt oder gelegentlich zugänglich würden: „Die kosmischen und geistigen und überbewußten Kräfte wirken alle“ auf einmal.

Das Reading machte nun seinen Standpunkt über das Traumstudium klar; es fuhr fort: „Träume, die das Wesen [Edgar Cayce] hat, können die Korrelation irgendwelcher oder aller dieser Fähigkeiten sein und sollten aufgezeichnet werden“, wenn Cayce den Menschen zeigen wolle, wie sehr ihre nächtlichen Zustände seinem Trancezustand entsprachen.

Ein Schlafzustand, der Edgar Cayces Trance genau entsprach, wurde Wirklichkeit für Frances, die zu den vier von Cayce trainierten Träumern zählte. Ihr wurden in Träumen nicht nur telepathische Erlebnisse, Zukunftsvisionen, medizinische Ratschläge und Einblicke in Verwandte sowie Fremde zuteil, sondern sie erhaschte auch Blicke auf Aktienbewegungen und das Leben jenseits des Todes. Dennoch fiel es ihr schwer zu glauben, daß sich bei ihr derselbe Prozeß in Variationen abspielte wie bei Edgar Cayce.

Eines Nachmittags aber, zwei Jahre nach dem Beginn ihrer Traumarbeit, hatte sie im Schlaf folgendes denkwürdige Erlebnis:

Etwa 15 Uhr, direkt nach dem Einschlafen, sprach ich unmittelbar zu mir selbst (sah mich nicht sprechen, sondern sprach selbst, aber war mir bewußt, daß ich es tat) und sagte: „Nun erlangt mein Körper seine normalen Kräfte und wird fähig sein und wird solche Informationen geben, die im Augenblick von ihm gewünscht werden. Der physische Körper wird vollkommen normal sein und wird diese Informationen jetzt geben."

Sie paraphrasierte Instruktionen, die Edgar Cayce vor jeder Reading-Sitzung bekam, kurz nachdem sein regelmäßiger Atem anzeigte, daß er in tiefer Trance lag, und die sie einmal gehört hatte. Frances schilderte dann die Gedanken, die sie während des Erlebnisses gehabt hatte:

„Nun bin ich im selben Zustand, in dem Cayce ist, wenn er ein Reading gibt. Nur mein Herz schlägt und höhere Organe funktionieren (im übrigen ist der Körper still). Würden mein Mann oder das Mädchen es nicht seltsam finden, mich sprechen zu hören, während ich in diesem Zustand bin? Was würden sie denken, wenn sie hereinkämen und mich jetzt hörten?"

Kurz darauf stellte sie fest, daß sie die Suggestion wiederholte, die sie bei Mrs. Cayce gehört hatte, als diese ihren Mann aus der Trance weckte:

„Nun werden die physischen Kräfte . . ." usw. usw. (die ganze Weckprozedur Wort für Wort wie in einem Reading), bis zu: „Jetzt werde ich vollkommen normal und vollkommen ausgeglichen erwachen." Dann erwachte ich. Ich sprang auf, ein wenig ängstlich und ganz benommen. Ich hatte im Hinterkopf ein seltsames Gefühl. Ich war hungrig, und nachdem ich ein wenig gegessen hatte, verging die Benommenheit. Das Erlebnis dauerte etwa fünfundzwanzig Minuten. Danach legte ich mich wieder hin und schlief eine ganze Weile – normal.

Frances fragte in ihrem Schreiben an Cayce: „Befand ich mich im selben Zustand wie Cayce, wenn er ein Reading gibt?" Die

Antwort des schlafenden Cayce war unzweideutig: „Im selben."

Als sie fragte, wie sie sich die Suggestion habe selbst geben können, wo Cayce sie doch gewöhnlich von anderen erhalten mußte, bekam sie gesagt, ihre Mutter hätte ihr von der nächsten Ebene aus geholfen, was sie jedoch im Traum nicht erkannt habe.

Das Erlebnis sei ihr aus mehreren Gründen zuteil geworden, berichtete Cayce. Sie habe versucht, die Natur des Bewußtseins nach dem Tod zu erfassen. Deshalb habe dieses Traumerlebnis sie in einen todesähnlichen Zustand versetzt, ihr jedoch gestattet, mit ihrem Körper in Kontakt zu bleiben. Außerdem habe sie zu begreifen versucht, was Cayce tat, und der Traum habe ihr dabei geholfen, denn „mit dem Erleben kommt die größere Realität" durch das Verständnis von wirkenden Gesetzen und Prozessen; „im Erleben wird die Kenntnis von Zuständen und den umgebenden Elementen erlangt". Schließlich sei der Traum aufgetreten, um ihr eine von mehreren Möglichkeiten zu zeigen, anderen zu dienen, wenn sie wolle und wenn sie sich entsprechend vorbereite.

Natürlich fragte Frances, wie sie diesen Zustand erneut erreichen und wie sie gleich Cayce die physische Krankheit eines anderen Menschen aufzeigen könne.

Cayce mahnte sie, langsam vorzugehen, jedes derartige Erlebnis, das sie habe, gründlich zu studieren, bis sie den sich abspielenden Prozeß ganz verstehe. Wenn sie sich diesem Studium widme und ihr Wachleben zu einem Leben des frommen, liebesvollen Dienstes für andere mache, dann dürfe sie eine Serie solcher Traumerlebnisse erwarten – eine Art inneres Trainingsprogramm.

Beim Streben nach solcher Entwicklung müsse sie sich jedoch eine äußerst wichtige Frage stellen: Warum tat sie es? Wenn es aus Gründen des Ruhms oder der Macht über andere geschehe oder wenn sie darin eine Kompensation für ein Versagen oder für Fehler in ihrem Leben sehe, werde sie nichts erreichen.

Vielleicht hat diese Warnung, die Cayce jedem gab, der eine ernsthafte mediale Entwicklung anstrebte, Frances geängstigt. Oder sie wurde einfach durch äußere Ereignisse abgelenkt, die ihr zwei oder drei Jahre lang schwer zu schaffen machten. Wie dem auch sei, sie erlangte jenen Zustand nicht mehr – nur eine abgewandelte Form, wenn sie sich auf ihre Mutter einzustimmen suchte, um Anleitung in der Pflege ihres Babys zu erhalten.

Aber Frances wußte, warum Cayce immer wieder behauptete, jeder könne das tun, was er tat – und könne damit beginnen, es in Träumen zu tun.

Träume und medizinische Readings

Edgar Cayce erregte erstmals 1910 die Aufmerksamkeit der breiteren Öffentlichkeit, als ein Arzt auf der Tagung einer medizinischen Gesellschaft in Boston über ihn berichtete. Damals erteilte Cayce schon seit mehreren Jahren Ärzten medizinische Ratschläge.

Medizinische Hilfe, das war die Form, in der sich seine hypnotischen Fähigkeiten zum erstenmal gezeigt hatten: Ein Arzt seiner Heimatstadt hatte ihn gebeten, für Patienten Diagnosen zu stellen und Arzneien zu verschreiben – wie es angeblich einige hypnotische Medien in Europa machten.

Die Idee war dem jungen Edgar Cayce regelrecht lächerlich vorgekommen. Er hatte keinerlei Bildung außer der Volksschule, und seine berufliche Erfahrung beschränkte sich auf das Verkaufen von Büchern in mehreren Buchhandlungen sowie auf Assistentenarbeiten bei einem Photographen. Doch in bewußtlosem Zustand besaß er die Fähigkeit, den Körper eines Menschen zu untersuchen wie ein geistiger Röntgenstrahl; er gebrauchte medizinische Ausdrücke, die er nie gehört hatte, und beschrieb komplizierte Behandlungen oder empfahl die Überweisung von Patienten an Spezialisten.

Das Phänomen des „medialen Diagnostikers", als den ihn die Zeitungen bezeichneten, begann wie eine Art Naturwunder, wie ein neu entstehender Wasserfall. Um die Mitte von Cayces Leben hatte sich dann seine Gabe stabilisiert und so viel Achtung gefunden, daß in Virginia Beach das Cayce Hospital mit einem kompletten medizinischen Stab errichtet und eine Universität mit Lehrkörper, Verwaltung, Studentenschaft sowie Football-Mannschaften gegründet werden konnte: die Atlantic University, die bis zur Zeit der Depression bestand.

Von den rund dreizehntausend zu Cayces Lebzeiten aufgezeichneten und gesammelten Readings (Tausende, die er vor seiner Übersiedlung nach Dayton, Ohio, im Jahr 1923 gab, wurden nicht festgehalten) betrafen mehr als zwei Drittel medizinische Ratschläge über eine Vielzahl von Leiden, wie sie in einer großen Klinik vorkamen.

Warum betraf ein so großer Teil seiner medialen Bemühungen medizinische Fragen? Seine eigenen Readings gaben die Antwort: In einem seiner besten vergangenen Leben sei er ein aufopfernder Heiler im alten Persien gewesen, und diese Neigung, den Menschen in Schmerzen zu helfen, bestehe als Teil seines Erbes als Seele weiter. Außerdem würden sich sein denkwürdiges Gebet und seine Vision als Zwölfjähriger auswirken, wo er beim Bibelstudium darum gebetet hatte, seinen Mitmenschen und „besonders Kindern" dienen zu dürfen, wie es biblische Gestalten getan hatten. Vielleicht trugen auch noch andere Elemente dazu bei: Cayce empfand große Achtung vor Jesus, dessen Wirken ja das Heilen mitumfaßte; und in der pragmatischen amerikanischen Zivilisation hätte ein Seher ohne „nützliche" Gabe kein Gehör gefunden.

Ein typisches medizinisches Reading, das Cayce allerdings nicht als „medizinisches", sondern als „physisches Reading" bezeichnete (weil er der Ansicht war, die Menschen, denen er half, sollten mit ihren Ärzten arbeiten, statt an deren Stelle ihn zu benutzen), begann mit einer Bewertung der Schwere des Leidens, dessentwegen der Ratsuchende zu ihm kam. Dann ging das Reading zum kritischen Punkt der Fehlfunktion im Körper über – sei es eine Infektion, eine Verletzung oder irgendeine andere Abnormalität. Manchmal unterschied sich dieser Punkt stark von dem, was der Patient oder sein Arzt erwartet hatte; so lokalisierte Cayce die kritische Stelle bei Epilepsie im Unterleib und erst in zweiter Linie im Gehirn. Er spürte die grundlegenden Krankheiten des zu untersuchenden Körpers auf, als studierte er einen ganzen Stapel Röntgenbilder und Laborberichte und läge gar nicht bewußtlos auf einer Couch, oft Hunderte Kilometer von dem Patienten entfernt, den er nie gesehen hatte.

Gewöhnlich ging er als nächstes die wichtigsten Körpersysteme durch und erwähnte auch deren Geschichte bei dem betreffenden Patienten, dazu ihre gegenwärtige Funktion und sogar die genauen Symptome sowie das Gefühl, das sie dem Patienten zu einer bestimmten Tages- oder Nachtzeit vermittelten. Er hatte es sich zum Prinzip gemacht, aufzuzeigen, wie jedes System zu der Fehlfunktion oder Störung eines anderen Systems beitrug, und erklärte oft nachdrücklich, der ganze Mensch müsse behandelt werden, nicht einfach ein gegebener Krankheitskomplex mit irgendeinem medizinischen Namen.

Zuerst nahm er sich die Kreislaufsysteme vor, den Blut- und den Lymphkreislauf. Es bereitete ihm offenbar keine Schwierigkeiten, Blutzählungsstatistiken zu liefern, Toxine im Blut, den Blutdruck, Infektionsherde oder Verengungen im Kreislaufsystem anzugeben. Er untersuchte die Funktion endokriner Drüsen und ihre Auswirkung auf das Blut, den Blutzucker und Mikroorganismen (er konnte sogar schildern, wie ein derartiger Mikroorganismus unter dem Mikroskop aussehen würde).

Dann ging er zum Nervensystem über, dem zerebrospinalen und dem autonomen, und beschrieb Schädigungen oder Unregelmäßigkeiten. Funktionierte irgendeiner der Sinne abnormal, erklärte er, in welcher Weise und warum, erwähnte auch Reaktionszeiten, Schmerzschemata, zu starke oder zu schwache Reizungen von Körperteilen. Wenn notwendig, bezeichnete er bestimmte Nerven und Ganglien besonders, zeigte ihre genaue Lage und Funktion im Körper auf.

Als nächstes folgten die wichtigen Organsysteme. Cayce untersuchte den Zustand des Gehirns. Darauf kam das Atemsystem von der Nase bis zur Lunge an die Reihe, wobei er typische Kongestionsschemata registrierte, die Geschichte einer etwaigen Tbc anführte und – wenn notwendig – aufzeigte, was bei einer Röntgenuntersuchung zutage gekommen wäre. Dann schlossen sich das Herz und sein kleiner Kreislauf mit der Sauerstoffanreicherung des Blutes an; Cayce äußerte sich mühelos über den Puls, die Funktionen der Herzklappen, Ablagerungen in Herz und Herzgegend und die Geschichte von Herzkrankheiten. Danach untersuchte er das gesamte Verdauungssystem vom Mund bis zu den Ausscheidungsorganen. Er prüfte oft das Säure-Alkali-Gleichgewicht, die Peristaltik, die Sekretionen von Leber und Bauchspeicheldrüse, die Ausscheidungen und die Nierenfunktion. Die Geschlechtsorgane sowie der gesamte Gebärapparat wurden untersucht, wenn es ratsam war, und besondere Aufmerksamkeit fanden die Funktionen der endokrinen Drüsen sowie die hier hereinspielenden Fragen des Stoffwechsels und der Wachstums- oder Heilfähigkeiten des Körpers.

An dieser Stelle des Readings hatte Cayce gewöhnlich eine halbe Stunde oder länger in bewußtlosem Zustand gesprochen. Es war an der Zeit für ihn, zur komplizierten Frage der Behandlung überzugehen. Er widmete sich ihr mit gleicher Gründlichkeit, denn er bestand darauf, ein Programm zur Wiederherstellung des Patienten aufzustellen und die Ursache des Leidens zu beseitigen, nicht allein die Symptome.

Er zögerte nicht, ausgefallene Arzneimittel zu verordnen, sogar Narkotika, vorausgesetzt, daß sie unter Aufsicht eines Arztes verabreicht wurden. Nicht selten gab er eine Mixtur genau in Gramm und Drachmen an, damit ein Apotheker sie herstellen konnte. Er wählte jedoch auch handelsübliche Erzeugnisse und nannte sie namentlich – es sei denn, der Hersteller hatte die Zusammensetzung verändert, was Cayce prompt registrierte und korrigierte, indem er Zusätze durch den Apotheker verlangte. Und er zögerte auch nicht, einen chirurgischen Eingriff zu empfehlen, selbst wenn die Ärzte sich dagegen aussprachen, er ihn aber als notwendig ansah: Er war durchaus in der Lage, den genauen Schnitt, die Art des Vorgehens und die Anordnung der Dränage anzugeben.

In seinen medizinischen Ratschlägen legte er jedoch weit größeres Gewicht auf alle Arten der Physiotherapie, als beispielsweise ein typischer Hausarzt in seinen Verordnungen und seiner Behandlung. Er tat dies mit dem Hinweis darauf, man solle dem Körper helfen, sich soweit wie möglich selbst zu heilen, und solle ihn vor überflüssigen Chemikalien oder Operationen schützen, die zwar eine Heilung herbeiführen könnten, den Organismus jedoch schwächen würden. Deshalb enthielten seine Readings Verordnungen von Bädern, Packungen, Einläufen, Übungen, manipulativer Therapie, Elektrotherapie, Schwitzkuren, Massagen und Einreibungen mit Ölen.

Er gab auch detaillierte Diätvorschriften – für Spezialkost ebenso wie für die tägliche Ernährung – und benannte Essenszusätze und Stärkungsmittel. Seine Diätempfehlungen waren niemals einer Mode unterworfen; sie stellten jenen Teil seiner medizinischen Readings dar, der wegen seiner Vernünftigkeit und Fundiertheit sehr früh Anerkennung fand. Bei der Erörterung der Ernährung (wie auch bei der Arzneiverordnung) behauptete er manchmal, man müsse besondere Zyklen im Körper beachten; das geschieht in der Medizin heute noch selten, vielleicht weil die Instrumente zur Bestimmung dieser Zyklen nicht vorhanden sind oder vor allem nicht die Genauigkeit haben, die der schlafende Cayce demonstrierte.

Veränderungen in der Haltung, den Gewohnheiten, den Ansichten, der Freizeitgestaltung, dem Lebensstil, dem Beruf und der religiösen Orientierung wurden in seiner Therapie ebenfalls erörtert – manchmal standen sie an der Spitze der Behandlungsvorschriften. Hypnose und Psychotherapie empfahl er von Zeit zu Zeit, ebenso die Gruppentherapie und sogar Bittgebete anderer Menschen. Meist jedoch bekam der Patient gesagt, er solle sein Innenleben wiederaufbauen, indem er dessen Fundamente und

Auswirkungen auf seine Umgebung sowie seine eigene Gesundheit untersuche.

Das Verblüffendste an den medizinischen Readings war jedoch nicht die diagnostische Leistung des schlafenden Cayce; man konnte sich immerhin vorstellen, daß er den Patienten mit Röntgenblick untersuchte (auch wenn er behauptete, die Diagnose komme stets aus dem Unterbewußten des Patienten, das dessen Körper besser kenne als Cayce). Und es war auch nicht sein enzyklopädischer Wissensschatz an medizinischen Ausdrücken und Behandlungen, von denen er eine erstaunliche Zahl kannte; man konnte sich immerhin ein phantastisches Gedächtnis vorstellen, das irgendwoher medizinischen Rat erhielt. Mehr als diese Charakteristika der Readings erschütterte die meisten Beobachter, daß Cayce offenbar ein ganzes Adreßbuch medizinischer Helfer kannte. Er vermochte sofort den besten Chirurgen für die Behandlung eines bestimmten Leidens zu nennen und auch seinen Aufenthaltsort anzugeben. Er konnte sagen, wo man ein unbekanntes Arzneimittel bestellen sollte. Er konnte feststellen, wo das Klima und die Höhenlage am besten für einen Patienten waren – und sogar die dortigen Golfplätze beschreiben. Wenn ein Mensch diese Fähigkeit Cayces erlebt und ihre Genauigkeit in Hunderten von Readings kennengelernt hatte, war er oft verlockt, eine Art „universelles Bewußtsein" als gegeben anzunehmen, zumal Cayce selbst sagte, er schöpfe aus einem derartigen Bewußtsein.

Doch Cayce behauptete, alles, was er in seinen medizinischen Readings tue, könne in Träumen wiederholt werden – wenn der Träumer es brauche und fähig sei, es zu verstehen. Als allermindestes werde der Träumer, der Hilfe suche, einen Hinweis erhalten, wo, wann und wie er diese Hilfe für sich selbst und seine Lieben finde.

Selbstverständlich würden Menschen, die eine natürliche Neigung zur Medizin hatten, wie Frances, mehr solches Traummaterial beibringen als andere, deren Interesse sich beispielsweise auf Kunst oder Geschichte konzentrierte. Aber der Körper gebe seine Nöte in Träumen bekannt und schlage sogar eine Therapie vor.

Frances' Mann Aaron träumte von einer manipulativen Therapie für seine leidende Mutter:

Ich sagte zu meiner Mutter: „Nun werde ich dir diese osteopathische Behandlung selber geben." Ich gab sie eher wie Dr. H. (in Virginia), knetete und drückte die Wirbel sanft auseinander, statt sie ziemlich grob knacken zu lassen.

In diesem Traum sehe er genau die Fürsorge, die seine Mutter benötige, sagte Cayce, nur solle die Behandlung von einem Arzt und nicht vom Träumer vorgenommen werden. Um ihm die Sache zu erleichtern, nannte Cayce ihm dann einen Arzt in New York, der die Sache richtig machen werde: „Dr. Marshall wäre gut dafür, Dan Marshall." Da Aaron noch nie von ihm gehört hatte (sehr wahrscheinlich auch Cayce im Wachzustand nicht), fragte er: „Können Sie mir die Adresse geben?" Cayces Antwort ist bemerkenswert: „New York. Sehen Sie im Telephonbuch nach – plagen Sie sich selbst ein bißchen."

Cayces ständiges Problem beim Schulen von Träumern war es, sie zu bewegen, sich im Schlaf und im Wachen auf sich selbst zu verlassen. Er suchte keine kleinen Cayces, sondern fähige, mit Selbstvertrauen erfüllte Menschen, die ihre Talente nutzten und neue Gesetze zu deren Anwendung lernten.

Als guter Trainer mußte er seine Träumer ermutigen. Er setzte seine ganze medizinische Geschicklichkeit ein, um dies zu tun.

Wenn Frauen von Schwangerschaft träumten, nannte er ihnen die genauen Zeiträume, innerhalb derer sie empfangen sollten. Dann forderte er sie auf, vom Geschlecht des Kindes zu träumen, das er anschließend bestätigte. Sie konnten durchaus lernen, nützlich zu träumen. Wenn Frauen beispielsweise träumten, die Ernährung des Kindes sei falsch, korrigierte er den Speiseplan, drängte aber die Träumerinnen, tunlichst weitere Hinweise zu liefern, um sie mit seinen Empfehlungen abzustimmen.

Träumte ein Mann, seine Reithosen seien zu weit, war Cayce begeistert über seinen Traumfortschritt auf dem Gebiet der medizinischen Fürsorge. Der Traum besagte laut Cayce, daß für den Träumer das Reiten gut wäre, allerdings nicht zuviel. Als ein anderer Träumer die Warnung bekam, nicht zu den von ihm so geliebten Fußballspielen zu gehen, bestätigte Cayce die Warnung und forderte den Träumer auf zu träumen, warum er die Warnung erhalten habe. Er tat es: Weil die Gefahr einer Ohrinfektion bestand. Cayce pflichtete ihm bei und nannte ihm eine Behandlung, welche die Gefahr bannte und dem Träumer ermöglichte, weiter zum Fußball zu gehen. Um den Träumer zu ermutigen, sagte ihm Cayce sogar, welche Spiele seine Universität in der restlichen Spielzeit gewinnen würde – vorausgesetzt, die ursprüngliche Aufstellung erfuhr keine Veränderung.

Träume und psychologische Readings

Edgar Cayce zählte fünfundvierzig Jahre und wandte seine Gabe bereits zwei Jahrzehnte an, als er zum erstenmal Readings jenes Typs gab, der in seinen Akten zum zweithäufigsten anwachsen sollte: psychologische Readings, von ihm selbst „Lebensreadings" genannt. Bei seinem Tod lagen etwa zweitausendfünfhundert dieser Readings vor, die er für Menschen aller Altersgruppen und Gesellschaftsschichten gegeben hatte, angefangen bei seinen eigenen Angehörigen und Verwandten. Er behauptete, auch diesen Readings könnten die Träume inhaltlich gleichkommen.

Sie glichen in vieler Hinsicht den medizinischen Readings, nur untersuchten sie eben statt der Körpersysteme die Systeme der Psyche.

Ganz am Anfang dieser Readings sprach der schlafende Cayce oft halblaut, als rede er mit sich selbst, während er Aufzeichnungen studiere. Er ging im Leben eines Menschen Jahr um Jahr zurück, gab laut die entscheidenden Entwicklungen an, die Wendepunkte, die Traumata und Stresses, die das Leben geformt hatten, wobei er einen, zwei oder auch sechs Punkte benannte. Dann stürzte er sich in die Bewertung der Gesamtpersönlichkeit.

Wie in den medizinischen Readings, begann er mit einigen umfassenden Kommentaren zur Charakterisierung des Menschen, mit dem er sich befaßte: seiner geistigen Breite, seinen relativen Talenten und Dienmöglichkeiten, den Lektionen, die er im gegenwärtigen Leben am meisten benötigte, und den zu treffenden Entscheidungen.

Anschließend begann er mit einer systematischen Analyse der Persönlichkeit. Erst dann kamen das Temperament, die Talente und die Tendenzen im Lebensstil (inwieweit der Betreffende extravertiert, extremistisch oder reflektiv usw. war) an die Reihe. Cayce sprach von diesen Dingen, die er als inneres Leitungs- und Rohrnetz der Persönlichkeit behandelte – so sehr ihr Inhaber sie auch abgenutzt, mißbraucht oder ignoriert haben mochte –, in neuartiger Weise. Er griff auf einen siebenfachen Rahmen zurück, wie ihn die Stoiker im alten Griechenland gebraucht hatten, verwendete die Namen olympischer Götter und Göttinnen als Symbole für Tendenzen in der Persönlichkeit. Dieselben Strukturen, so sagte er, könne man auch in Beziehung setzen zu den Überlieferungen über die Planeten im Tierkreis – allerdings dürfe man es nicht mechanisch tun. Tatsächlich böten die sieben Symbole Möglichkeiten, über jene Richtungen im Menschen zu sprechen, in denen er sich während der Interimsperioden *zwischen* irdischen Leben (eine Vorstellung, die auch den Stoikern gemein war) weiterentwickelt oder entfaltet hatte.

Wenn Cayce eine Persönlichkeit so „anging“, nutzte er seine sieben Symbole sorgfältig, um Tendenzen in ihr zu beleuchten. Er befaßte sich nicht nur mit der Stärke individueller Gaben – wie dem intellektuellen Scharfsinn, den er „Merkur“ zuschrieb –, sondern auch mit der Art, in der sich eine Gabe mit anderen überschnitt: auf welche Art beispielsweise „Merkur“ durch Aggressivität und Gewalt, die er „Mars“ nannte, beeinflußt werden könnte.

Doch durch die Verwendung dieses Rahmens löste sich Cayce von der Terminologie der modernen Psychologie, die nirgends eine derartige Einteilung gebraucht – nicht einmal in den drei

Temperamentsgruppen von Sheldon oder in C. G. Jungs acht Funktionen und Haltungen des Bewußtseins.

Manchmal besprach Cayce diese angeborenen Schemata der Persönlichkeitsstruktur nur kurz, weil das Individuum seinen Willen dazu gebrauchte, „sie ganz in den Wind zu schlagen“. Dann wieder äußerte er sich sehr ausführlich darüber, verband sie mit dem Beruf, den persönlichen Schwächen, den Freundschaften, künstlerischen Leistungen, moralischen Grundsätzen, philosophischen Interessen, Gewohnheiten und Führerqualitäten eines Menschen. Diese Schemata bildeten die Kanäle, in denen die natürliche Energie des Menschen floß, welche Ziele er auch immer anstrebte. Sie würden, sagte Cayce, oft in abstrakten Träumen oder in Träumen von Strukturen und Konstruktionen dargestellt.

Dann wandte sich Cayce der dynamischeren Seite der Persönlichkeit zu: den Zielen und Lösungen, auf welche sich das Individuum zubewegte, sowie den mächtigen Trieben und Faszinationen, die es dazu veranlaßten. Dies waren Elemente, die laut Cayce aus früheren Erdenleben stammten und gewöhnlich in Träumen stark sinnenhafter und emotioneller Prägung erschienen.

Cayces Methode, frühere Erdenleben aufzugreifen, war ziemlich einfach. Er sagte, aus den vielen, die er sehe, wähle er diejenigen aus, von denen er glaube, daß sie im Augenblick für das Individuum wichtig seien. Er machte warnend darauf aufmerksam, daß andere vergangene Leben sich schon früher auf das gegenwärtige Dasein eines Menschen ausgewirkt haben könnten und daß wieder andere möglicherweise später in den Brennpunkt rücken würden.

Nach Cayces Ansicht lebte man in gewissem Sinne alle seine „Leben“ in der Gegenwart. Eine vergangene Existenz wird niemals abgelegt wie ein abgeschlossenes Buch. Sie setzt sich in die Gegenwart fort, genau wie die Kindheit sich laut der Psychoanalyse in das Erwachsenendasein fortsetzt und es in vielen Dingen prägt. Cayce betrachtete die voll entwickelten Persönlichkeiten vergangener Leben als Substrukturen der gegenwärtigen

Psyche, die das gesamte Dasein ab dem Jünglings- oder Jungmädchenalter präge und mit verschiedenen Leben sichtbar vereint sei, je nach dem gegenwärtigen Verhalten des Individuums.

Er behauptete, die Träume könnten Szenen und Erinnerungen aus vergangenen Leben beschwören und man träume mit hoher Wahrscheinlichkeit von den Trieben und Problemen, die als Niederschlag jener Leben weiterbestünden.

In seinen „Lebensreadings“ skizzierte er gewöhnlich vier bis sechs vergangene Leben, die sich auf die Gegenwart auswirkten. (Forderte man ihn auf, widmete er einem bestimmten Leben ein ganzes Lebensreading oder auch mehrere.) Er erwähnte oft den Familienstand und gesellschaftlichen Rang eines Menschen im vergangenen Leben sowie seine Erziehung, Bildung und Talente. Er erfaßte die Lebensrichtung, konnte sagen, ob der Mensch in einem bestimmten Leben klare Ziele angestrebt oder sich einfach hatte treiben lassen. Er verwies auf Talente, die in die Gegenwart hereinwirken konnten. Er versuchte das Zugehörigkeitsgefühl zu enthüllen und aufzuzeigen, wie die wichtigsten Bekanntschaften ausgesehen und sich entfaltet hatten. Er stellte das Individuum in den Rahmen der Geschehnisse, Institutionen und Strömungen der jeweiligen Zeit und nannte besonders jene, die damals im Individuum tiefe Saiten angeschlagen hatten. Er buchstabierte den Namen des Individuums in einer englischen Umschrift der jeweiligen Sprache, sei es Hebräisch, Chinesisch, Sanskrit, Ägyptisch, Indianisch oder irgendeine andere. Und er faßte jedes Leben mit einer kurzen Bemerkung darüber zusammen, inwieweit „das Wesen gewann“ oder „das Wesen verlor“.

Besondere Aufmerksamkeit widmete er jenem Leben, in welchem seines Empfindens das Individuum dem Ideal am nächsten gekommen war, den höchsten geistigen Entwicklungsstand erreicht und seinen Mitmenschen am besten gedient hatte. Oft sagte er den Menschen, sie hätten schon wiederholt von diesem Leben geträumt, und erinnerte sie an solche Traumfragmente. Er behauptete, es sei eine der Hauptfunktionen der Träume von vergangenen Leben, den geistigen Kern des Menschen wiederzubeleben.

Am Schluß des Readings kehrte er in die Gegenwart zurück und gab eine Zusammenfassung „der Fähigkeiten des Wesens, dessen, was es erreichen kann, und wie". Hierbei griff er Fragen des Berufs, der Erziehung, der Verheiratung und des Dienstes für die Öffentlichkeit auf und unterbreitete Vorschläge, wie das Erbe des Betreffenden in die zeitgenössische Kultur und in das Netz seiner persönlichen Bande eingepaßt werden könnte. Er zeigte auf, wo ein Mensch das größte Glück finden, das meiste Gute tun, sich am lebendigsten fühlen und am besten wachsen könne. Seine Analyse schloß er, indem er die Frage der geistigen Prioritäten ins Licht rückte: Wie stand der Mensch im innersten Herzen zu seinem Gott?

Oft behandelte Cayce aber auch praktische Fragen: Wie kam man mit bestimmten Verwandten zurecht, wie unterschied man zwischen Stellenangeboten, warum machten gewisse Fehlschläge den Menschen ständig mutlos, wie begann man ein disziplinierteres Leben?

Cayce behauptete in den Hunderten Traumreadings, die er gab, alle wichtigen Punkte in seinen Lebensreadings könnten auch in den Träumen des betreffenden Menschen erforscht werden.

Einen Psychoanalytiker oder einen modernen Traumforscher im Schlaflaboratorium würde die Behauptung kaum überraschen, daß sich die Träume mit allen *Fragen* des Temperaments, der Talente des Lebensstils, der Triebe, Ziele, Verpflichtungen und Beziehungen befassen, die Cayce in seinen Lebensreadings berührte. Doch nach Ansicht der meisten Traumforscher wäre es unerhört, von den Träumen zu erwarten, daß sie jene *Strukturen* veranschaulichten, die Cayce beschrieb: vergangene Leben und Haltungen aus „Interim"-Erlebnissen. Doch Cayce behauptete, wenn man die Träume sorgfältig studiere, vermöge man darin sowohl die Gegenwartsfragen als auch die wichtigen vergangenen Strukturen zu finden.

Cayce nutzte seine Fähigkeit zu Lebensreadings voll und ganz, um Träumer zu schulen.

Als ein Finanzier träumte, er sei Philosoph und erhalte in akademischer Tracht einen akademischen Grad, sagte ihm Cayce, er habe aus ägyptischen und chinesischen Leben philosophisches Talent und solle es pflegen. Keine vier Jahre später brachte der Mann ein wohlfundiertes Buch über das Leben nach dem Tod heraus, er hielt Vorlesungen an einer Universität, und es wurden ihm die Ehren zuteil, von denen er geträumt hatte.

Als ein sensibler, wortgewandter junger Mann sich im Traum in der Gestalt eines alten Kriegers mit dem Schwert in der Hand sah, bestätigte Cayce die Vermutung des Träumers, daß er einen Blick auf vergangenes Leben geworfen habe. Doch Cayce forderte den Träumer auch auf, durch Träume und Selbststudium herauszufinden, wie das Krieger-Ich in seine gegenwärtige Persönlichkeit passe. Der junge Mann antwortete nach einiger Zeit, er müsse jetzt die alte Wildheit dazu benutzen, sich selbst durch Dienste für andere zu meistern und zu beherrschen, statt diese mit seiner scharfen Zunge und seinen Abfuhren zu vernichten. Cayce pflichtete ihm bei und behauptete, die Substruktur des Kriegers in seiner Veranlagung werde ihm helfen, kontrollierte Stärke zu entwickeln – was er in den folgenden Jahren auch tat.

Eine attraktive, ehrgeizige, machthungrige Frau, leitende Angestellte in einem New Yorker Geschäftsunternehmen, träumte von einem Mann, zu dem sie sich hingezogen fühlte. Er war in ihrer Wohnung, wo sie ihn entweder verführen oder ihm bei einem schöpferischen Plan helfen konnte, mit dem er sich befaßte. Cayce erklärte, der fragliche Mann sei einst einmal ihr Sohn gewesen, zu einer Zeit, wo sie sich wirklich selbst aufgeopfert habe, dabei aber stark gewesen sei. Indem sie nun mit ihm arbeitete, vermöge sie ihre beste Seite ans Licht zu bringen, unter Verzicht auf räuberische Instinkte.

Ein Aktienmakler begann von Aktien symbolisch in Zahlenmustern zu träumen, die das Steigen und Fallen der Kurse, Stärken und Schwächen des Aktienmarktes und sogar Daten und Mengen des Ankaufs und Verkaufs anzeigten. Cayce nannte dem Träumer den Namen eines Fremden, den er wegen der Deutung der Zahlensymbole aufsuchen und mit dem er sich anfreunden solle – denn sie seien schon in früheren Leben verbunden gewesen.

Als ein Bankier wegen der seltsamen Sprachen Rat suchte, in denen er nach Auskunft Dritter im Schlaf sprach, identifizierte Cayce sie als Ägyptisch und Keltisch und erklärte, dies ließe sich nachprüfen. Außerdem drängte er den Träumer, auf die Steintafeln zu achten, die in seinen Träumen häufig erschienen (und die er gegenüber Cayce nicht erwähnt hatte). Er könne lernen, diese ägyptischen Tafeln zu lesen, sagte Cayce: „Bemühen Sie sich, diese von oben nach unten zu lesen, nicht quer."

Einer Frau eröffnete Cayce, sie vermöge sich in ihren Träumen an das frühere Erlebnis erinnern, daß ein Christ sie als seine maurische Frau von einem Kreuzzug mit nach Hause genommen habe, und sie könne denkwürdige Geschichten über ihre damaligen Konflikte und ihr inneres Wachstum schreiben.

In Dutzenden von Traumreadings zeigte er, wie Erlebnisse aus früheren Leben ein gegenwärtiges Pattern herbeigeführt hatten: so die Art eines Mannes, auf seine Frau herabzusehen und sie als Kind zu betrachten; die gegenwärtige Neigung eines Träumers, der einst andere in freiwilliges Exil getrieben hatte, als er auf die schiefe Bahn geraten war; die Taubheit, unter der ein Mann nun litt, der oft „taube Ohren" für die Schreie anderer gehabt hatte; den Grund, aus dem Klassenkameraden einen Schüler immer für Führerposten wählten. Cayce griff aus den Träumen das heraus, was er als echtes Stück „Lebensreading" ansah, gab dann eigene Informationen dazu und ermutigte den Träumer.

Es ist fraglich, ob sich Cayces Behauptungen über die Reinkarnation jemals durch das Studium von Altersregressions-Hypnosen, angeblichen Erinnerungen Lebender, Träumen, Visionen unter Rauschmitteleinfluß und Strukturen der Psyche beweisen lassen. Sollte es aber gelingen, würden sie zweifellos Freuds Theorie von der Sexualität des Kindes, Ranks Studien des Geburtstraumas und Jungs Spekulationen über ein individuelles Erbe aus einem transpersonalen oder „kollektiven“ Unbewußten mehr Gewicht verleihen.

Träume und religiöse Readings

Gegen Ende seines Lebens reduzierte Cayce die Vielfalt seiner Readings auf drei Arten, die zusammen eine Kurzbiographie des Menschen ergaben. Das „physische Reading“ erfaßte den Menschen medizinisch. Das „Lebensreading“ erfaßte ihn psychologisch. Und das „seelisch-geistige Reading“, wie Cayce es nannte, erfaßte ihn in seiner Beziehung zum Göttlichen.

Cayce gab wesentlich weniger „seelisch-geistige“ Readings als physische oder Lebensreadings, hauptsächlich weil sie nicht so unmittelbar lebenswichtig waren wie die physischen und nicht so „exotisch“ wie die Lebensreadings. Doch es bereitete Cayce besondere Freude, diese freimütigen kleinen Readings zu geben, weil sie seiner Ansicht nach Dinge berührten, auf die es im Leben am meisten ankam.

Diese Readings stellten eine Analyse der Zusammensetzung des gesamten „Wesens“ dar, der Seele auf ihrer langen Reise, während die anderen Readings Körper und Psyche analysierten.

Zur Orientierung desjenigen, dem das Reading galt, begann Cayce gewöhnlich mit einem Überblick über die Seele und ihre Funktion in einem Menschenkörper während eines Erdenlebens. Alle Seelen seien am Anfang zur selben Zeit erschaffen worden, behauptete er, und hätten freigestellt bekommen, hinaus in die Schöpfung, ins Abenteuer und Experiment zu gehen oder nicht. Ihr Schicksal sei es, durch einen überlegten, bewußten Willensakt zum Göttlichen zurückzukehren und eine volle Partnerschaft mit dem Göttlichen einzugehen, indem sie die Schöpfung unterstützten und förderten. Ihr besonderer Beitrag sei jedoch, daß sie sich an alles erinnerten, was sie getan hatten und gewesen waren, wodurch sie Gott selbst bereicherten.

Einige der Seelen seien auf die Erde gegangen, berichtete Cayce, um dort „nützlich zu sein, sie zu mehren und zu kultivieren“ – also um den Geschöpfen der Erde die Möglichkeit zu geben, sich ihrer Beziehung zum Göttlichen bewußt zu werden, von dem sie herstammten. Doch diese Seelen hätten sich so stark auf die Angelegenheiten der Erde eingestimmt, daß sie in deren Gesetzen und Prozessen regelrecht steckengeblieben seien, zwar lauter in sich guten Elementen, aber ganz anders als die Prozesse, von denen die Seelen sich hätten leiten lassen sollen. Diese Seelen hätten ihre angestammte Einstimmung auf das Göttliche verloren und eine Möglichkeit erhalten müssen, zum Göttlichen zurückzuwachsen, während sie die Mysterien der Schöpfung und des Schöpfers auf der von ihnen gewählten Erde erlebten. Die Folge sei der Prozeß der Reinkarnation.

In der Zeit, da sich die Seele durch Leben um Leben und durch die Interimsperioden bewege, müsse sie ihre Einstimmung auf das Göttliche und den liebevollen Dienst für ihre Gefährten vervollkommnen. Das seelisch-geistige Reading war eine Untersuchung dieser beiden Prozesse in dem Menschen, für den Cayce das Reading gab.

Zuerst ging es darum, welchen Dingen sich das Individuum im täglichen Leben konstant zuwandte. Cayce wurde nie müde zu sagen, daß der „Geist der Erbauer ist“, der die Seele in bessere und produktivere Beziehung zu den göttlichen Kraftlinien zu bringen, sie aber auch immer weiter davon fort und in eine Sackgasse zu führen vermöge.

Die Träume befaßten sich nach Cayces Ansicht auch oft mit der Frage der gewohnheitsmäßigen Gedanken des Träumers.

Ein Erfinder, der träumte, daß ihm jemand seine Erfindung gestohlen habe, wurde vor Unruhe so zerstreut, daß er keine Erfindung mehr zustande brachte. Eine schwangere Frau, die von Rechnungen träumte, machte sich solche Sorgen über die Ausgaben, daß sie ihrer Gesundheit und der des Kindes schadete; sie hätte diese Dinge ihrem Mann überlassen sollen, der damit fertiggeworden wäre. Ein Geschäftsmann begegnete, wie seine Träume zeigten, seinen Partnern mit derartigem Mißtrauen, daß er sie vor den Kopf stieß und genau zu dem Verrat trieb, den er befürchtete. Andererseits sah ein Mann, der in den Menschen das Beste zu wecken versuchte, sich selbst im Traum bei einer fröhlichen Fischerei mit Freunden – beim Fischen nach „geistiger Nahrung", sagte Cayce. Ein Mann, der für eine schwerkranke Verwandte betete, sah seine Gebete wie ein Licht in ihrem Krankenzimmer; im Traum war dieses Licht heller oder dunkler, je nach der Intensität seines Wünschens und seiner Konzentration, und es glühte von Hilfe für sie.

Das seelisch-geistige Reading wandte sich als nächstes gewöhnlich dem zu, was der Träumer im Leben durch seinen Beruf, seine Heirat, seine Freundschaften und seine Verpflichtungen gegenüber Gruppen sowie Institutionen hervorbrachte. Cayce fragte die Menschen immer nach ihrem Ideal. Auf lange Sicht gab es nur zwei Arten von Idealen: Ziele, die dem Menschen selbst dienten, und den Dienst für andere. Mit scharfem Skalpell legte Cayce die Einstellung des Individuums zu Ruhm, Wohlstand, Macht, Weisheit und Liebe frei. Er griff das Gute im Menschen heraus, auf dem sich aufbauen ließ – Mutterschaft, Mitgefühl mit Unterlegenen, Mut in Gefahr, die Fähigkeit zu Weitblick, Freundestreue –, die besten Ideale eines Menschen. Dann verglich er dessen sonstiges Verhalten damit und forderte ihn auf, es mit den Idealen in Einklang zu bringen. Im Grunde sei für die Menschenfamilie jene Seele, die in der Gestalt Christi bekannt wurde, das einzige vollkommene Ideal – auch wenn es viele andere bewundernswerte gebe. Cayce forderte den Menschen, für den er das Reading gab, oft auf, sein Leben mit demjenigen Christi zu vergleichen; es sei zwar nützlich, vergangene Leben zu kennen, aber das gegenwärtige Leben sei jenes, das wirklich zähle.

Nach Cayces Auffassung der Träume wird beinahe jede Nacht zwischen dem Leben des Träumers und seinem Ideal ein Vergleich gezogen, auch wenn er nur symbolisch dargestellt oder die untersuchte Aktion höchst begrenzt ist.

Ein Träumer, der sich erinnerte, daß er in der vergangenen Nacht bestimmte Schuhe mit bestimmten Schuhbändern angezogen hatte, bekam von Cayce gesagt, er sei im Schlaf gemahnt worden, seine Füße auf dem Weg nach oben zu belassen. Einem Mann, der eine nasse Straße und Straßenlampen sah, die gereinigt wurden, erklärte Cayce, seine eigene „Art und Weise" werde gereinigt, damit er mehr Licht empfange, mehr Wahrheit über das eigene Leben, das er mit anderen teilen könne. Ein Mann, dessen Hobby Heimkinos waren, sah in einer Dunkelkammer ein sich drehendes Licht in einem projektorähnlichen Kasten; es sei, sagte Cayce, eine Darstellung des „Lichts im Innern", und es zeige, wie der Träumer trotz Fesseln und Dunkelheit in seinem Leben seine Mitmenschen durch viele Kanäle zu erreichen und ihnen zu helfen vermöge. Ein Träumer, der im Traum Mitleid mit Kindern von Verkäuferinnen hatte, die vor dem Laden warteten, erfuhr von Cayce, solches Mitleid sei der Anfang echter Sublimierung der sexuellen Phantasien über Verkäuferinnen, die oft seinen Geist erfüllten.

Und einem Träumer, der im Traum nur dreimal laut seinen Namen rufen hörte, sagte Cayce, er habe dasselbe Erlebnis gehabt wie das Kind Samuel im Tempel. Er solle die einfache, aber aus dem Herzen kommende Antwort geben: „Bediene dich meiner!"

Cayce war der Überzeugung, den Ratschlägen oder Aufforderungen, die seine seelisch-geistigen Readings enthielten, würden jene in den Träumen gleichkommen bzw. weit überlegen sein.

Träume und Geschäftsreadings

Parallel zu seinen Readings über das Verhältnis eines Menschen zum Göttlichen gab Edgar Cayce Readings über das Verhältnis des Menschen zu seinen Dollar. Er erklärte einem Mann, der von großem Reichtum träumte, das Geld sei gleich der Gelehrsamkeit oder künstlerischen Begabung „dazu geschaffen, seinen Sinn und

Zweck zu erfüllen“ im Ablauf der Dinge, vorausgesetzt, man sehe es in seiner richtigen relativen Bedeutung.

Tatsächlich gab Cayce in seinen medizinischen Readings oder Lebensreadings nicht selten geschäftliche Ratschläge, wenn sich der Beruf, die Beschäftigung oder eine Investition unmittelbar auf die Gesundheit und den Seelenfrieden eines Menschen auswirkten. Seiner Ansicht nach war das Göttliche nicht nur an der Religiosität oder moralischen Sauberkeit des Menschen interessiert. Genau wie man Gott zu Recht als „die Schöpferkräfte“ bezeichnen könne, könne man zu Recht sagen, er sei an menschlichem Schöpfertum aller Ebenen interessiert. Am Musizieren, am Lieben, an der Schaffung von Kulturen, Gebeten, Medizinen und Häusern und am Geldverdienen.

Hier kam jedoch die Habgier ins Spiel, die sich häufig zeigte, wenn die Menschen erkannten, daß Cayce dank seiner medialen Gaben wertvolle Informationen zu liefern vermochte. In diesem Punkt war Cayce standhaft. Er erachtete seine Gabe als richtig angewandt, wenn sie die Entwicklung des Menschen förderte, aber nicht, wenn sie die Anhäufung von Vermögen förderte. War es ratsam, jemandem zu helfen, sein Einkommen im Rahmen seines Gesamtwachstums zu steigern, gab Cayce genauso bereitwillig finanzielle Ratschläge, wie er Medizinen verordnete. Doch er verwies immer nachdrücklich auf das, was der Mensch selbst tun konnte. Kamen wohlhabende Leute zu ihm, was oft geschah, fragte er sie, was sie in ihrem Leben außer dem Reichtum noch anstrebten; nur wenn sie die Bereitschaft zeigten, mit ihren Mitteln anderen zu dienen, bestand die Aussicht, daß er ihnen über längere Zeit finanzielle Ratschläge erteilte.

Als einmal sein eigener Sohn und zwei Verwandte seine Hilfe beim Aufspüren eines verborgenen Schatzes erbaten, sagte er ihnen, sie befänden sich auf der richtigen Spur; er bewies es ihnen, indem er Einzelheiten über die Örtlichkeit und frühere Funde nannte. Doch er behauptete in seinen Readings, sie seien nicht reif für den Ruhm und die Selbstschätzung, die ein derartiger Fund mit sich brächte. Er weigerte sich, ihnen weiter zu helfen, und bestätigte künftig nur noch das, was ihnen ihr Unterbewußtsein in Träumen offenbarte.

Dieselben Bewertungsmaßstäbe wandte er in allen Geschäftsreadings an. Als ein Traum einem Mann die Maßnahmen enthüllte, die eine Gruppe von Finanziers zur Steuerung des Marktes ergriffen hatte, half Cayce dem Träumer, der Steuerung richtig zu begegnen. Doch er half ihm nicht, als die Finanziers nur bestimmte Schritte *erwogen;* die Gedanken der Menschen blieben ihr Eigentum, erklärte er.

Geschäftsreadings erhielten nicht viele Menschen, weil offenbar kaum jemand Cayces Anforderungen genügte. Doch ein paar Dutzend Menschen bekamen die gewünschte Hilfe. Und einigen wenigen gab er insgesamt sogar Hunderte von Readings über geschäftliche Angelegenheiten, größtenteils als Kommentare zu Träumen.

Ein Geschäftsreading behandelte normalerweise ein besonderes Problem: eine Immobilientransaktion, die Etablierung einer Firma, Überlegungen über bestimmte Angestellte oder Partner, Tendenzen der Aktienkurse, Marktangelegenheiten, Erfindungen, welche entwickelt werden mußten. Nachdem Cayce das Hauptproblem erörtert hatte, konnten die Ratsuchenden Fragen über eine Vielzahl anderer Geschäftsangelegenheiten stellen. Doch Geschäftsleute, die Cayce kannten, wußten auch, daß sie bei Geschäftsreadings jederzeit unter seinen suchenden Blick geraten konnten, der ihre Motive und Arbeitsmethoden anzweifelte oder sogar rügte. Cayce stellte zwar nicht oft Menschen vor anderen bloß (einmal hielt er einem Geschäftsmann, um ihn vor seinen Partnern nicht in Verlegenheit zu bringen, eine Standpauke auf deutsch, das Cayce nicht beherrschte, der Geschäftsmann jedoch recht gut), aber er gab immer zu verstehen, daß er genau wußte, wo bei einem Menschen etwas nicht stimmte im Umgang mit Geldmitteln, in der Einhaltung von Verpflichtungen oder der Gestaltung von Beziehungen. Deshalb scheuten sich viele, von ihm geschäftlichen Rat zu erbitten.

Außerdem erklärte Cayce nachdrücklich, man könne in Träumen alles entdecken, was man für geschäftliche Prosperität benötige, wenn man beruflich den richtigen Weg gehe, rechtschaffen handle und seine Mittel nutze, um weniger Glücklichen zu helfen.

Zwei der vier Träumer, die er durch Deutung von Hunderten ihrer Träume schulte, wurden im Lauf von vier Jahren Millionäre, indem sie ihre Traumstudien bei ihrer täglichen Arbeit berücksichtigten. Die anderen beiden, Cayce selbst und Frances, tätigten keine Geschäfte und suchten auch keinen Wohlstand, sondern erstrebten die Entfaltung anderer Talente; Frances allerdings wurde durch ihren Mann reich.

Cayce setzte seine ganze mediale Fertigkeit ein, um alle seine Geschäftsträumer zu fördern.

Als eine Frau vom bevorstehenden Anziehen der Aktien einer Küstenschiffahrtslinie träumte, bestätigte er nicht nur ihren Traum und riet ihr zum Kauf, sondern belohnte sie auch noch mit einer Extrainformation: er nannte ihr das genaue Datum, drei Monate später, wann der Markt für sie am günstigsten zum Verkauf sei (und er hatte recht). Als ein Effektenhändler wiederholt von Stahlaktien träumte, obwohl er an Schienen und Motoren interessiert war, verhalf ihm Cayce zu der Erkenntnis, daß ihm die Träume den Stahl als „Kriterium“ für zeitweilige größere Marktbewegungen zeigten. Einmal skizzierte er sogar die Bewegungen der Stahlaktien für ein ganzes Jahr im voraus. Ein Investor träumte, er fahre in einer New Yorker Straßenbahn, in der die Warnung aushing, er solle nicht bei einem städtischen Gebäude aussteigen; Cayce erläuterte ihm, daß dies eine Warnung vor dem Kauf von Aktien der New Yorker Untergrundbahn zu dieser Zeit sei, und zeigte ihm außerdem, wie der Traum den Grund für die Warnung dargestellt hatte: die städtischen Beamten planten Bestimmungen, welche die Gewinne der U-Bahn-Linie beschnitten. Als ein Finanzier die Gründung einer Finanzierungsgesellschaft plante, half ihm

Cayce, die vorgesehenen Direktoren durch seine Träume zu beurteilen. Ein Mann träumte von Schwierigkeiten mit einem Scheck über hundertfünfzig Dollar in seinem Büro; Cayce zeigte ihm, daß er in Wirklichkeit von zwei solchen Schecks träume: einem, der hereingekommen und falsch verbucht worden war, und einem zweiten, den seine Frau ausstellen sollte, weil sie jemandem die Summe schuldete. Ein überarbeiteter Geschäftsmann ging in Urlaub und träumte, bei seiner Rückkehr werde sein Schreibtisch weggeschoben sein und seine Sekretärin an dieser Stelle sitzen; doch er sah laut Cayce in dem Traum lediglich die Vorrangstellung, die nach Wiederaufnahme der Arbeit dem Diktieren zukomme.

Immer wieder wies Cayce darauf hin, wie nützlich Träume für Geschäftsdinge sein konnten. Und er gab seine eigenen Erkenntnisse weiter, um die Träumer zu ermutigen und ihr Wachstum zu fördern. Ein Bankier träumte von einem ganzen Strom Sekretärinnen, die sich bei ihm um eine freie Stelle bewarben; Cayce half ihm herauszufinden, welche Qualitäten er suchte – und fügte dann hinzu, er solle die dritte der Reihe einstellen. Ein Unternehmer sah Cayce zufolge im Traum richtig, wie er ein neues Produkt zur Zahnfleischpflege einführen und propagieren konnte – doch der Traum hatte ihn auch davor gewarnt, den von ihm vorgesehenen Verwandten für diese Aufgabe zu verwenden.

Welche Faktoren auch immer den Gang der Geschäfte beeinflußten – der Zusammenbruch einer Bank, Bestellungen bei einer ausländischen Firma, Gerüchte, Interessengemeinschaften, Arbeitskämpfe, Regierungsverordnungen, die Kreditpolitik, die Verkaufsgewandtheit, kühne Entschlußkraft, der Wettbewerb –, Cayce bewies hunderte Male, daß er sie sofort richtig erfaßte. Wichtiger noch, Cayce bewies den Träumern, daß sie diese Punkte genauso erfassen konnten wie er, mit einem wesentlichen Unterschied: ihre Erkenntnisse waren auf das beschränkt, was ihre eigenen Angelegenheiten und die ihrer Partner betraf. Sie waren Geschäftsleute und erhielten den geschäftlichen Rat, den sie brauchten. Cayce war ein Berater und erhielt, was die von ihm Beratenen benötigten.

Die Menschen, mit denen Cayce Träume durcharbeitete, um ihnen in geschäftlichen Dingen zu helfen, waren nicht habgierig – sonst hätte ihnen Cayce nicht geholfen. Doch sie hatten Verwandte und Freunde, die sie drängten, sich ihr Vermögen und den damit verbundenen gesellschaftlichen Status zu erhalten. Das brachte ihnen von Zeit zu Zeit strenge Prüfungen durch Cayce und durch ihre Träume ein. Gegen das Geldverdienen sei nichts einzuwenden, erklärte Cayce nachdrücklich. Christus selbst, so argumentierte er in einem bedeutsamen Reading, hätte ein ausgezeichneter Makler in der Wallstreet werden und dabei seinem Vater voll und ganz treu bleiben können. Was zähle, seien nicht die Dollar, sondern die Motive. Es gehe darum, was die Seele auf ihrer Reise durch irdisches Leben mit dem Geld zu erreichen trachte.

Träume und Readings über verborgene Reichtümer

Wegen seiner eigenartigen Gabe wurde Cayce oft ersucht, etwas Verborgenes oder Verlorenes aufzuspüren. In seinen früheren Jahren hatte er solchen Bitten verschiedentlich nachgegeben, doch gegen Ende seines Lebens war er kaum mehr geneigt dazu. Bei dem Versuch, Verbrechen aufzuklären, hatte er entdeckt, daß die Gewalttätigkeit von Verbrechern seine Psyche beeindruckte und schockierte; seine Readings eröffneten ihm, wenn er seine Gabe dafür einsetze, sei dies, als fälle er Bäume mit einem Rasiermesser. Er könne es – aber wozu?

Durch das Auffinden von Erzlagern und Ölquellen hatte er anderen zu Reichtum verholfen. Aber er hatte auch erlebt, daß die Investoren als Menschen oder als Gruppe zerbrachen, daß sie von Habgier und Eifersucht erfaßt wurden.

In seinen Readings hieß es, er dürfe selbst rechtmäßig Geld verdienen, indem er verborgene Schätze lokalisiere, wenn er seine eigenen Motive und die Konsequenzen seines Tuns unter Kontrolle zu halten vermöge. Bei einem seiner diesbezüglichen Versuche begleitete er mit seiner Frau und seiner Sekretärin eine

Gruppe Geschäftsleute auf eine Reise, um einen Schatz aufzuspüren. Der folgende Traum bewog ihn zur Heimkehr:

Es schien, daß wir ein Reading über meine Großmutter machen sollten. Wir wußten, daß sie wieder lebte, und irgend jemand sagte uns, wir sollten an einen bestimmten Ort gehen und wir würden sie finden. Es sah aus wie ein Lagerraum oder ein Bestattungsinstitut. Wir fanden meine Großmutter, Ranken wuchsen überall um und über sie. Meine Frau und meine Sekretärin und ich schnitten sie weg, damit es dann keine Schwierigkeiten gebe, wenn sie im Reading aufgespürt werden sollte. Danach fingen wir an, sprachen davon, wie wunderbar es wäre, wenn dies den Menschen bewiesen werden könne. An der Tür stießen wir auf drei Hunde verschiedener Art. Wir versuchten sie hinauszutreiben, aber sie rissen sich los und rannten zu dem toten Körper zurück. Wir begannen hinterherzulaufen, aber plötzlich erkannte ich, daß alles ein Traum war, und ich kannte auch die Deutung. Er besagte, daß wir drei unsere Arbeit vor die Hunde gehen ließen, während wir etwas zu tun versuchten, was uns nichts anging.

Obwohl Cayce ziemlich sicher war, den Sinn seines Traumes richtig erfaßt zu haben, wollte er doch ein Reading darüber machen. Das Reading bestätigte, daß das Wegreißen der Ranken die Beweggründe darstelle, aus denen er mit den Schatzsuchern getrampt sei; er habe von dem abenteuerlichen Unternehmen geträumt, das schon seit Wochen seine medizinische oder berufliche Hilfe für andere verdränge; wichtiger aber noch sei, hieß es, daß die drei Hunde ihn selbst, seine Frau und seine Sekretärin darstellten, die vergnügt wie schwanzwedelnde Hunde losgezogen seien, sich aber unter der Beanspruchung entwickelt hätten, was zu dem Schnappen und Reißen geführt habe. Unter diesen Umständen könne er nicht allzuviel Gutes tun, und er werde weder aus dem Schatz noch aus dem Bravourstück genügend gewinnen, als daß die Sache dafürstünde.

Dann äußerte sich das Reading zum Thema der Wiederauferstehung der Großmutter. Die richtige Beschäftigung für Cayce sei, Menschen zu ihren wirklichen Naturen und Seinsweisen zu „erwecken“; das sei der Sinn seiner Gabe. Doch er habe das unrichtige Gefühl gehabt, durch den Beweis, daß er mit seiner Gabe einen Schatz aufzuspüren vermöge, werde er eine derartige Erweckung erreichen. Dabei habe er das tiefe, starke Auferstehungsmotiv aus dem Neuen Testament auf die Schatzsuche übertragen. Aber die Menschen müßten individuell erweckt werden mit dem, was sie in ihrem eigenen Leben nutzen und anwenden konnten, nicht durch das Aufsehen, welches ein mediales Kunststück erregte.

Ähnliche Vorbehalte ließen seine Readings über Verborgenes oder Verlorenes erkennen, die er zum Traum einer Frau von der Entführung des Lindbergh-Babys gab. Er bestätigte der Frau jedes Detail ihres Traums, wie die Rollen der Kinderschwester und des Gärtners. Er bestätigte ihr auch die Verwendung eines Fluchtbootes auf dem Potomac und korrigierte sogar ihre Schreibweise dieses Flußnamens. Die Stadt Arlington, die sie im Traum irgendwie nach Deutschland verlegt hatte, war Arlington in Virginia, doch im Traum näherten sich der Stadt deutsch sprechende Täter. Cayce sagte der Frau aber nicht, wo sich der Leichnam des Kindes genau befand. Statt dessen drängte er sie, wieder zu träumen und die restlichen Details beizubringen, die er ihr dann gern bestätigen werde. Er fügte sogar hinzu, wenn sie die Verfolgung im Traum fortsetze, werde sie an den Pugetsund kommen. Aber er wollte ihre Psyche keiner größeren Belastung durch weitere Berühmtheit – die sie durch die Lösung des Verbrechens in der Öffentlichkeit erlangt hätte – aussetzen, als dies ihr eigenes Unterbewußtes tat. Der nächste Schritt lag bei ihr, mußte auf Grund ihrer Motive und Gesamtstärke als Persönlichkeit erfolgen. Die Frau kam kein zweitesmal mit einem Traum.

Sie hatte jedoch gleich anderen Menschen gesehen, daß Verlorenes und Verborgenes vom Träumer entdeckt, ihm in einem Traum enthüllt werden konnte, vorausgesetzt er vermochte es dann zu bewältigen. Ein Geschäftsmann beispielsweise hatte das

Gefühl, er solle seine herrische Mutter auffordern, zu ihm und seiner jungen Frau zu ziehen. Sein Traum riet ihm eindringlich davon ab, lieferte dann aber die korrekte Adresse eines in der Nähe gelegenen Appartementhauses, wo er sie unterbringen konnte. Cayce war begeistert, daß sein Schüler solche Fortschritte in der praktischen Nutzung der Träume machte.

Träume und Readings über eine soziale Veränderung

Einen wichtigen Teil der Readings, die sich im Laufe der Jahre in Cayces Ordnern ansammelten, stellen die Readings über das Vorankommen einer kleinen sozialen Bewegung dar, deren Ziel eine Veränderung bestimmter Aspekte des amerikanischen Lebens war. Ihr Hauptanliegen betraf weder die Bürgerrechte noch die Arbeitsgesetze, noch die Geburtenkontrolle, noch den Weltfrieden, noch die Psychoanalyse, noch die gesunde Ernährung – obwohl Cayce über alle diese Themen eine begrenzte Zahl Readings gab.

Die Bewegung, deren Wachstum Cayce mit seinen Readings förderte und die er durch Jahre der Veränderungen im Mitarbeiterstab, im Programm und in der Art des Vorgehens geleitete, ging von einer kleinen Gruppe Menschen aus. Diese hielten Cayces Werk für sehr bedeutend und betrachteten es als Verkörperung von Problemen, an denen viele Menschen Anteil genommen hätten, würden sie sie begriffen haben. Sie bezeichneten ihre kleine Bewegung einfach als „das Werk"; und die Readings über „das Werk" gehören zu den fesselndsten überhaupt.

Diese Readings zeigten sich erstaunlich uninteressiert am persönlichen Wohlergehen und am Ruhm von Edgar Cayce. Zwar machten die „Werkreadings" klar, daß für Cayce gesorgt werden solle, aber die eigentliche Sorge galt nicht ihm. Sie galt dem Prozeß, durch welchen die Menschen lernen konnten, sich selbst zu helfen, durch welchen sie das „Erwachen" vollziehen konnten, das beispielsweise in Cayces Traum von seiner Großmutter symbolisiert worden war. Die Menschen sollten nicht zu irgendeinem Dogma erwachen wie dem Glauben an das Leben nach dem Tod, an übersinnliche Phänomene oder an die Reinkarnation. Und ganz bestimmt nicht zum Glauben an Edgar Cayce. Das einzig gültige Ziel des „Werks“ sahen seine Verfechter darin, daß jede Seele, die zu ihnen kam, zu ihrer vollen schöpferischen Fähigkeit als Kind des „Allerhöchsten“ erwache. Doch bei einer derartigen Erweckung konnte man nur von dort ausgehen, wo der einzelne Mensch stand, und auf seinen persönlichen Bedürfnissen und Talenten aufbauen. Deshalb mußten sie sich mit Medizin, Geschäftsangelegenheiten, Philosophie, Psychologie, Physik, sozialer Gerechtigkeit, Bildung und einer Menge anderer Dinge befassen. Und sie mußten mit dem beginnen, was ihnen zur Verfügung stand, also mit der Familie Cayce und Cayces engsten Anhängern, bis weitere Menschen mit anderen Talenten sich ihnen anschlossen.

Manche von Cayces Anhängern erhielten Ratschläge, wo sie sich bilden konnten, einige über ihren Beruf und wieder andere über ihre Einstellung. Als sich Cayces Leben weiter entfaltete, wurden im Rahmen des „Werks“ das Krankenhaus und die Universität gegründet und betrieben. Nach deren Schließung wandte sich das „Werk“ der Entwicklung geistiger Tiefe und innerer Werte bei einer Reihe von Freunden in Virginia zu – einfachen Leuten, die sich schulten und ein kleines Handbuch für gottgefälliges Leben herausbrachten, das den Titel trug: *A Search for God* (Eine Suche nach Gott).

Die Geschichte des Cayceschen Lebens und Wirkens war ein Mikrokosmos von Bewegungen zur Herbeiführung einer wirklichen sozialen Veränderung. Cayces Readings befaßten sich mit allen Aspekten derartiger Bewegungen: ihrer Philosophie, ihren Zielen, ihrer Führung, ihren Bündnisklauseln und Gesellschaften, ihrem täglichen Arbeitsklima, ihren Entwicklungsstufen. Jede beständige Bewegung, so behaupteten sie, müsse „zuerst den Einzelmenschen, dann die Gruppe, dann die Klassen, dann die Massen“ erreichen. Eine soziale Änderung müsse durch das Aufbauen und Neuaufbauen eines Lebens nach dem anderen erreicht werden; man müsse dieses Leben mit ersten Gruppenbildungen zu Hause und bei der

Arbeit, in der Kirche und der Gemeinschaft stützen und dann – im Lauf der Jahre – diesen Prozeß mit Führern in verschiedenen Professionen und sozialen Schichten fortsetzen. Nur dann werde so etwas weit Verbreitetes, allgemein Verstandenes und Angewandtes entstehen, daß sich die Menschenmassen davon berührt fühlten.

Cayces Ansicht nach ließ sich das Wachstum einer sozialen Bewegung in allen ihren Aspekten durch Träume beeinflussen und lenken. Er setzte seine ganze Geschicklichkeit ein, dies den Träumern klarzumachen, mit denen er arbeitete.

Als sie in einer Zeit der Zweifel und Schwierigkeiten träumten, daß das Cayce-Hospital Wirklichkeit werden könnte, zeigte er ihnen, inwiefern ihre Träume prophetisch und nicht nur Wunschdenken waren. Als die Frage der Finanzierung des Krankenhauses in ihr letztes Stadium trat, half er einem Träumer, seine Träume bis zu dem Büro zu verfolgen, wo die erforderliche Hypothek aufgenommen werden konnte. Als die Universität geschlossen werden sollte, half er einem Träumer zu sehen, wie der Präsident eine neue Ebene persönlichen und familiären Wachstums zu erreichen vermöge, anstatt sich von der augenblicklichen Niederlage und Demütigung entmutigen zu lassen. Als die Studiengruppen ihre Arbeit aufnahmen, erläuterte er ihren Mitgliedern, wie sie einander durch ihre Träume beraten und wie sie bis zu dem Punkt wachsen könnten, wo sie durch ihre Träume echte Visionen Christi hätten – vorausgesetzt sie verbrachten ihr Leben im Dienst für andere. Er trainierte Träumer, Mitglieder für den Leitungsausschuß durch Träume zu wählen und dann die Denkweise im Leitungsausschuß zu verbessern. Einem Träumer half er, einen Förderer des Krankenhauses durch Ermutigung davon abzubringen, daß er seine Haut in einem anderen Projekt zu Markte trug.

Die Traumreadings in Cayces Akte führen vor Augen, daß jeder Schritt in seinem „Werk“ von 1924 bis zu seinem Tod im Jahr 1945 durch Träume angezeigt und gelenkt wurde. Zu den Träumen zählte sogar einer von Cayces Tod und den Konsequenzen für seine Arbeit; dieser Traum gab übrigens das kleine Detail an, daß Cayces Frau sehr bald nach ihrem Mann sterben werde (was sich als völlig richtig erweisen sollte). Die Traumreadings wiesen auch auf die Möglichkeit hin, daß jedermann, der in einer Bewegung für soziale Veränderung, Sozialdienst oder soziale Gerechtigkeit verantwortlich tätig sei, nächtliche Führung in Träumen suchen könne, genau wie es viele biblische Gestalten getan hätten.

Träume und Readings zu aktuellen Themen

Von Zeit zu Zeit wurde Cayce von einer Gruppe, die sich für sein Werk interessierte, von einem Forscher oder einem Schriftsteller um ein Reading gebeten, das keinem Bedürfnis einzelner oder mehrerer Menschen gewidmet war, sondern einem aktuellen Themenkomplex. Auch hier hing Cayces Bereitschaft, die gewünschten Informationen zu geben, davon ab, was die Frager damit anzufangen gedachten. Wenn sie ungewöhnliche oder unbekannte Dinge über die Reise der Seele zur ihrem eigenen Ergötzen erfahren wollten oder Material über eine alte Kultur wünschten, um andere zu beeindrucken, erhielten sie von dem schlafenden Cayce wenig oder nichts. Cayce hielt ihnen unter Umständen statt dessen einen Vortrag über ihr eigenes geistiges Wachstum. Doch im Lauf der Jahre gab er eine ganze Reihe Readings über aktuelle Themen.

Ein internationaler Führer des CVJM, ein gläubiger Mann von hochherzigem Gemüt, erhielt Informationen über die Autorschaft von Büchern des Neuen Testaments; diese Informationen waren zuvor anderen mit der Begründung verweigert worden, für sie gehe es darum, ob sie die Bibel in ihrem eigenen Leben anzuwenden wüßten. Frances' Mann, der das Leben nach dem Tod studierte, erbat und bekam Erläuterungen über die Zustände auf der nächsten Ebene sowie Readings über die Entwicklung und das Ineinanderspiel von Ererbtem und Umgebung. Eine Gruppe besorgter Cayce-Anhänger erbat und bekam Readings über aktuelle internationale Angelegenheiten, über die Natur von Cayces Gabe und über die alte, oft in Zweifel gezogene Kultur von Atlantis.

Ein Reading behandelte die Ursachen und Heilmöglichkeiten der gewöhnlichen Erkältung. Eine kleine Serie befaßte sich mit den Ereignissen, die zu Jesu Geburt geführt hatten, sowie mit der Geburt selbst. Eine ganze Serie aktueller Readings, ergänzt durch Analysen ihres Verständnisses seitens der Studiengruppe, führte zu dem erwähnten Handbuch für geistiges Wachstum *A Search for God* sowie einer Sammlung von Studien über die Offenbarung. Eine weitere Reihe Readings gab Cayce einer Gruppe, die das Heilen durch Gebet erforschte.

Unter den vielfältigen Cayce-Readings erschien das aktuelle Reading wohl als dasjenige, das sich am schwersten durch Träume ersetzen ließ. Doch Cayce zeigte seinen Träumern, besonders zweien seiner vier Haupttraumschüler, daß die Träume umfangreiche verbale Essays zu produzieren vermochten, einschließlich Diagrammen und klaren Illustrationen. Tatsächlich lernten Menschen, die ernsthaft ihre Träume studierten, einen Traumtyp abzuwarten, in dem eine Szene mit deren Erklärung kombiniert war; dabei konnte die Erklärung von einer Stimme im Traum gegeben werden oder auch durch eine Reihe zusammenhängender Gedanken.

Die meisten Essay-Träume entstanden nach Cayces Ansicht aus dem Bemühen des Unterbewußten eines Träumers, ihn etwas zu lehren, was er in seinem täglichen Leben und seinen Studien verstehen mußte; oft bildete eine Schule die Szenerie solcher Träume. Manchmal entstammten sie dem höheren Selbst des Träumers, und manchmal rührte der Hauptteil der Unterweisung von einem körperlosen Wesen her, das – laut Cayce – dem Träumer half oder ihn führte.

Cayce setzte seine gesamten Fähigkeiten ein, um Informationen über die Schulung von Träumern auf dem Gebiet der aktuellen Träume zu erlangen.

Als ein Effektenhändler darüber träumte, wie der „Geist“ einer Aktie ihre künftigen Bewegungen vorauszusagen vermöge (und der Essay durch die Absichten von Kinogängern erläutert wurde), bestätigte Cayce die Analyse und zeigte dann dem Träumer, wie er unterscheiden konnte zwischen genauen Aktienhinweisen in Träumen und bloßen bildlichen Darstellungen von Börsentendenzen. Als ein Jude über die Frage nach dem Werk Christi träumte, versicherte ihn Cayce der Genauigkeit der Traumanalyse und fügte von sich aus einige Erläuterungen hinzu. Als ein amerikanischer Geschäftsmann von Kräften träumte, die in China eine Revolution anstrebten, forderte Cayce den Träumer sofort auf, seiner Sorge durch die Tat zu begegnen – besonders durch das Studium der chinesischen Angelegenheiten und durch Veröffentlichungen darüber.

Cayce erläuterte Traum-Essays darüber, wie man sich beim Sterben fühlt, wie die Kommunikation zwischen den Lebenden und den Toten erfolgt, wie ein Individuum mit den „Universalkräften" Kontakt erhält, was die Seelen aus der Tierschöpfung lernen können, was der Selbstmord nach sich zieht, wie Träume funktionieren, wie Wissenschaft und Religion zueinanderpassen und wie Moralurteile aufgestellt werden.

Alles in allem ist die Geschichte von Cayces vierzigjähriger Beratung im Trancezustand eine Geschichte der überreichen Information, wovon sich ein Teil bestätigte und ein Teil alles andere als bestätigt bleibt. Es ist auch eine Geschichte des Aufbaus von Menschenwesen innerhalb eines klaren, überzeugenden Wertschemas, das sich im Lauf der Jahre nie änderte. Es ist ein verblüffendes Bild von den unbekannten Möglichkeiten des Seelisch-Geistigen im Menschen, das mit etwas Höherstehendem Verbindung hat.

Doch keine Behauptung in der gesamten Cayce-Geschichte überrascht mehr als jene, die er Jahrzehnte hindurch, bis zu seinem Lebensende, ständig wiederholte: daß andere ebenfalls tun könnten, was er tat – beginnend mit ihren Träumen.

Kurzer Blick auf die Gesetze des Träumens

Edgar Cayce zeigte seinen Träumern, daß seine Readings und ihre Träume aus denselben Gesetzen entstanden.

Er benannte diese Gesetze nicht, wie es ein Wissenschaftler getan hätte. In seinen Readings hieß es, seine Erklärungen müßten zum Teil noch durch die Fähigkeit und die Terminologie seiner eigenen Psyche und derjenigen seiner Zuhörer gefiltert werden. Da unter ihnen keine Wissenschaftler waren, gab er praktische Ratschläge über *einen* Traum und *ein* Leben gleichzeitig. Gelegentlich aber bot er Einblicke, welche die Landschaft des Träumens erhellten. Und dann drängte er die Träumer: „Studieren, studieren, studieren."

Gesetzmäßige Muster in Träumen

Was Cayces Geist während eines Readings auch immer tun mochte, er war nicht frei von gesetzmäßigen Beschränkungen.

Er mußte durch hypnotische Suggestionen auf seine Ziele ausgerichtet werden. Für medizinische Ratschläge benötigte er die Adresse des Hilfesuchenden. Für psychologische Readings brauchte er das Geburtsdatum. Und für Readings über aktuelle Themen oder Verborgenes mußte man ihm sagen, was man suchte, und ihm Namen sowie Wohnort der Suchenden nennen.

Oft erbaten Menschen, die Rat auf einem bestimmten Gebiet wollten, in der Frageperiode nach dem eigentlichen Reading Ratschläge auf einem anderen Gebiet. War Cayce besonders hochgestimmt oder mit den Hilfesuchenden besonders verbunden, konnte es geschehen, daß sie in einem Geschäftsreading die gewünschte medizinische Information oder in einem Traumreading einen Rat für Nahestehende erhielten. Doch meist bekamen sie gesagt: „Wir haben dies nicht", und wurden angewiesen, um ein Reading anderen Typs nachzusuchen.

Cayce erklärte seinen Träumern, ihrem Traumradius seien ähnliche Grenzen gesetzt wie seinen Readings. Er schulte sie, durch hartes Studium, Konzentration und Aktivität dasjenige vor ihren Geist zu stellen, wofür sie durch Träume Hilfe suchten. Börseninformationen würde im Traum ein Mensch erhalten, sagte er, der den Aktienmarkt studierte; medizinische Verordnungen bekäme jemand, der sich mit der Gesundheit anderer befasse; geistige Ratschläge würden dem zuteil, der seinen Lebensweg vor seinem Schöpfer in Ordnung bringen wolle; Aufschluß über vergangenes Leben erhielte derjenige, der seine eigenen Triebe zu verstehen versuche. Die Träume seien auf den bewußten Interessenradius des Träumers beschränkt.

Cayces Readings beschränkten sich auf die Information und Führung, die ein Mensch konstruktiv nutzen konnte; genauso sei es mit Träumen, erklärte Cayce. Es sei sinnlos, von internationalen Affären, von alten ägyptischen Zeiten, von der Politik der Bundesreservebank oder von Bakterien einer bestimmten Krankheit zu träumen, wenn der Träumer nicht in der Lage wäre, damit etwas anzufangen. Derartige Informationen seien – wie seiner Meinung nach die Readings bewiesen – zwar durch das Unterbewußte und die anderen Quellen, aus denen es schöpfe, zugänglich, aber die Psyche schütze ihr Gleichgewicht, indem sie dem Träumer nur in Grenzen Material zuführe. Sie arbeite nach dem Gesetz der Selbstregelung.

Cayces Readings wiesen von Tag zu Tag und von Jahr zu Jahr sehr unterschiedliche Formen auf. Sprach er in Trance über diese Unterschiede, dann sagte er, die hier wirkenden Gesetze beeinflußten auch die Form der Träume.

Seine Readings hatten, genau wie Träume, unterschiedliche Längen. Das kürzeste und abrupteste seiner Traumreadings umfaßte zwei Sätze; es war ein Reading über einen seiner eigenen

Träume und besagte, weil Cayce im Zusammenhang mit den letzten für ihn gedeuteten Träumen nichts getan habe, erhielte er diesmal keine Deutung. Es gab aber auch Traumreadings, deren schriftliche Aufzeichnung mehrere Seiten umfaßte. Die Readings über andere Themen schwankten in der Länge ebenfalls von knappen Antworten bis zu langen Erklärungen.

Seine Readings waren von unterschiedlicher Klarheit, genau wie Träume. Manche sprachen eine direkte, präzise Sprache, während andere sich weitschweifig von Satz zu Satz schlängelten und den Sinn in ein regelrechtes Wortgespinst hüllten.

Seine Readings unterschieden sich im Detail. Manche schilderten den Allgemeinzustand des Kreislaufes eines Patienten, andere dagegen gaben die Zahlen der Blutkörperchen und den Blutdruck an. Readings eines einzigen Tages hatten etwa dasselbe Detailniveau, genau wie die Träume einer einzigen Nacht allgemeine Impressionen und die einer anderen Nacht scharfe Einzelheiten vermitteln.

Seine Readings hatten ein unterschiedliches Darstellungsniveau, genau wie die Träume, bei denen es bekanntlich von irdischem Material und sogar Wortspielen bis zu poetischen, geistigen Bildern reicht. Die meisten Cayce-Readings waren in gespreiztem Stil gehalten, bedienten sich des leitartiklerischen „Wir", unpersönlicher Hauptwörter wie „das Wesen" oder „der Körper" und passiver Verbkonstruktionen; einige dagegen enthielten Ausdrücke aus dem Slang oder dem Geschäftsjargon oder ein Lieblingswort des Beratenen. Andererseits aber gab es auch einige rhapsodische Readings, und die stillen, rhythmischen Phrasen einiger weiterer ließen sich als Poesie skandieren. Diese Darstellungsniveaus hatten, so behauptete Cayce, eine gesetzmäßige Basis, genau wie die Darstellungsniveaus in Träumen.

Die Cayce-Readings wiesen einen unterschiedlich großen Interessenbereich auf, genau wie die Träume, von denen sich manche mit Kapseln oder Kameen vergleichen lassen, während andere immer größere Kreise ziehen, bis der Träumer eine erstaunlich weite Perspektive hat. Die meisten Readings wandten sich einfach an den Ratsuchenden und behandelten dessen Problem, doch es gab Tage, an denen sie spontan zu anderem Material übergingen. Kommentare zu solchem Material konnten kurz sein und dem Ratsuchenden beispielsweise eröffnen, daß seine verwitwete Mutter bald jemanden heiraten werde, den sie bis dato noch nicht kannte. Sie konnten lang sein und eine biblische Parallele zum Problem des Ratsuchenden schildern und erläutern. Oder diese spontanen Kommentare klangen, als würden sie aus einer anderen Perspektive gegeben, und warnten alle, die da hören wollten, daß Gott nicht für ewige Zeiten eine „böse und ehebrecherische Art" dulden werde.

Es gab in den Readings noch andere Unterschiede, die ihre Parallelen in Träumen hatten. So schwankte beispielsweise die Zeit, in welcher sich Cayce dem Gegenstand des Readings zuwandte: Manchmal wartete er nicht einmal die üblichen Instruktionen ab – genau wie ein Träumer einschlafen und sofort so tief träumen kann, daß er völlig desorientiert ist, wenn man ihn weckt. Hin und wieder unterbrach Cayce auch das Verlesen des Wunsches eines Ratsuchenden, wie eine Stimme einen Traum mit einem Kommentar unterbricht oder eine Traumszene einer anderen weicht. Eine Abweichung stellten auch die seltenen Readings dar, welche Cayce unaufgefordert für Menschen gab, die sie brauchten und in diesem Moment gerade an ihn schrieben oder ihn anriefen – ähnlich wie Träume einem Bedürfnis anderer entsprechen, dessen sich der Träumer noch nicht bewußt ist.

In allen diesen Unterschieden und Abweichungen seien gesetzmäßige Modifikatoren am Werk, erklärte Cayce. So beeinflusse beispielsweise eine ganze Reihe Modifikatoren in ihm selbst seine Readings, genau wie der subjektive Zustand des Träumers die Form seines Traums beeinflusse.

Cayces Gesundheit wirkte sich auf seine Readings aus. War er krank, konnte er keine geben. War er müde, wurden sie unklarer, weniger detailliert oder ausführlich. Ähnliche Faktoren, so sagte er, wirkten auf die Träume ein. Tatsächlich ist der Einfluß der Körperprozesse auf alle Arten des Träumens so ausgeprägt, daß sich in den Träumen eines Menschen aus einer bestimmten Periode Veränderungen nachweisen ließen, wenn er von einer vegetarischen Kost zu Fleischdiät wechselte und umgekehrt! Ausgeruhtheit und körperliche Fitness beeinflussen ständig den Umfang, die Tiefe und die Klarheit von Träumen sowie das Maß, in welchem man sich an sie erinnert.

Cayces Geisteszustand beeinflußte seine Readings. Als er verwirrt war und sich gegen seine Umgebung wehrte, unterliefen ihm die wenigen klaren Fehler, die ihm in seinem ganzen, den Readings geweihten Leben passierten: einmal in Readings über Ölquellen und ein anderesmal in Readings über Patienten in seinem Krankenhaus. Keines dieser Readings konnte als völliger „Fehlschuß" bezeichnet werden, doch die Verdrehungen waren gefährlich, wie spätere Readings aufzeigten; sie trugen dazu bei, daß Cayce auf die Suche nach Ölquellen und auf das Krankenhaus verzichtete.

Die besten Readings gab er, wenn er heiter, entspannt, zuversichtlich und von einem Gefühl der Sicherheit erfüllt war. Er gab jedoch auch außergewöhnliche Readings, wenn er sich in einer verzweifelten Lage befand – als man ihn wegen des Erteilens von Readings inhaftierte und beim Zusammenbruch seiner Universität.

Träume, sagte er, würden ebenfalls subjektiv beeinflußt. Er drängte seine Träumer, ins Freie zu gehen und zu spielen, Urlaub zu machen, ihren Geist und ihren Verstand im Gleichgewicht zu halten, zu scherzen und zu lachen und sich an Kindern zu freuen. Doch er drängte sie auch, auf die Tiefe ihrer Träume zu achten, wenn ihnen ein Verlust durch Tod, ein geschäftlicher Fehlschlag, eine Scheidung oder eine schwierige berufliche Entscheidung bevorstanden – denn alle diese Dinge konnten Träume von solcher Tiefe und Kraft hervorrufen, daß sie sich zu „Visionen" auswuchsen.

Cayces Readings wurden auch von etwas beeinflußt, das sie als seine relative „Geistigkeit" bezeichneten. Ließ er sich vom Ehrgeiz hinreißen und ging auf Schatzsuche oder erlag er der Versuchung, mit seiner Gabe und seinem beachtlichen Vortragstalent Ruhm zu erlangen, wurde er darauf hingewiesen, wie die Qualität seiner Readings litt. Andererseits aber, wenn er seine Zeiten des Gebets und Bibelstudiums sowie des ruhigen Angelns einhielt, wurde er darauf aufmerksam gemacht, daß seine Readings an Qualität gewannen und daß er sogar neuartige Gaben oder Fähigkeiten entwickelte – in seinen Readings (ein neues Thema beispielsweise war Gegenstand einer ganzen Serie) ebenso wie im Wachleben (Hilfe für Kranke durch das Gebet).

Ähnliche Faktoren, so besagten die Readings, beeinflußten die Qualität der Träume. Trieben sich die Träumer an, um Geld, Ruhm oder Macht zu erlangen, erlebten sie, daß ihre Träume genau diese Fragen aufgriffen und dann an Klarheit und Nützlichkeit zu verlieren begannen. Waren sie beständig in ihrem Glauben, ihren Gebetszeiten und ihrem Wunsch, anderen zu dienen, konnten sie in ihren Träumen neue Ausblicke entdecken, Ausblicke in die Welt der Zukunft, der Vergangenheit oder des Transzendenten.

Neben den Faktoren in Cayces persönlichem Leben gab es noch andere, die sich auf die Form seiner Readings auswirkten. Viele Menschen – vielleicht fast alle – konnten ein Reading „leiten“, aber die beste Führung fand Cayce bei jemand „Passivem“, der keine privaten Ziele ins Spiel brachte. Seine Frau eignete sich hervorragend dafür. Seine Readings wurden auch, allerdings weniger stark, von der Laune und Geistigkeit der mit ihm im Raum Anwesenden beeinflußt. Die Parallele in Träumen lag, wie Cayce betonte, im Einfluß der intimsten persönlichen Beziehungen auf den Träumer. Verband Mann und Frau wirkliche Liebe, kamen dank dieses Bandes und dieser Polarität, die oft in den Träumen erschien, die Träume leichter. Die Beziehung zwischen zwei Brüdern oder zwischen Kind und Vater oder Mutter beeinflußten die Stabilität und Ausgewogenheit des Träumers und daher die Form und Qualität seiner Träume. Solche Bande, erklärte Cayce, seien keine Frage des netten Benehmens oder der Pflicht, sie seien von schwerwiegender Bedeutung für die Seele.

Häufig ließ Cayces Quelle verlauten, die Haltungen der bei ihm um Information und Führung nachsuchenden Menschen würden sich auf das auswirken, was sie erhielten. Jene, die nach Neuigkeiten strebten, nach der Ausbeutung anderer, nach einem gottähnlichen Garanten für ihr Leben, nach Rechtfertigung vergangener Fehler oder nach etwas anderem als echter Hilfe und echtem Wachstum, erhielten knappe oder vage Antworten oder bekamen überraschend Vorträge über ihre Motive gehalten. Wer es unterließ, nach dem erhaltenen Rat zu handeln, bekam in Zukunft oft nur kurze oder gar keine Ratschläge.

Leichtgläubigkeit wurde ebenso abgelehnt wie Zynismus; mit Schmeicheleien erreichte man bei Cayce genausowenig wie wenn man ihn herabmachte oder beleidigte. „Das wirkliche Wunder", hieß es in einem Reading, „findet im Suchenden statt."

Ähnliche Faktoren, erklärte er, steuerten das Ausmaß, bis zu welchem die Träumer Trauminformationen produzierten, die den Menschen ihrer Umgebung nützten. Oft vermag ein Träumer Fakten, die einem ihm Nahestehenden unzugänglich sind, dank seines größeren Abstands zu dem betreffenden Bedürfnis oder Problem aufzuspüren. Oft zeigt auch unbewußte Telepathie von einem Bruder, einer Schwester oder einem Kind den Träumern, wie sie gegen die schlechte Laune, den übermäßigen Alkoholkonsum, die Verzweiflung oder den herrischen Stolz des anderen angehen können.

Gesetzmäßige Muster in der Traumdeutung

Genau wie jedem Reading Cayces und jedem Traum eines jeden Träumers gesetzmäßige Prozesse zugrunde lagen, gab es bei der Traumdeutung gesetzmäßige Prozesse.

Fast alle der siebenhundert Traumreadings, die Cayce gab, begannen mit einem kurzen Überblick über die Entwicklung des Träumers. Das Reading untersuchte, wie gut er sich an seine Träume erinnerte, inwiefern es zu der im Wachzustand erlebten Führung und Entfaltung in seinen Träumen Parallelen gab, welches

Gefühl der Träumer über seinen Fortschritt hatte, wie weit er Zugang zu seinem besten Selbst besaß, welche neuen Gaben sich in seinen Träumen offenbarten, wie er seine alten Schwächen meisterte, wo er weiterstudieren oder sich mit Eifer einsetzen mußte und wie gut er seine Träume ohne Cayces Hilfe deutete.

Alle diese Aspekte der Entwicklung des Träumers lassen sich laut Cayce in den eigenen Träumen überprüfen. Tatsächlich ist einer der häufigsten Typen längerer Träume der Prüftraum, in welchem ein Aspekt oder mehrere Aspekte von Psyche oder Leben des Träumers untersucht werden. Solche Träume kehren oft zur Kindheit zurück, wie ihre Szenerie zeigt. Gewöhnlich treten darin viele Menschen auf, da Identität und Gewohnheiten des Träumers mit gewissen ihm wichtigen Menschen verbunden sind. Ein Träumer kann aber auch einen ganzen Traumzyklus haben, d. h. alle paar Nächte einen Traum über ein bestimmtes Thema – vielleicht Sex oder Glaube oder Mut zur Gegnerschaft oder die Frage, was er aus seinen Talenten machen solle. Im allgemeinen zeigte sich bei der Deutung solcher Prüfträume durch Cayce, wie ein Mensch seine Sache machte. Ein düsterer Schluß und trübe Stimmung am Ende des Traumes bedeuteten eine Warnung, während Abenteuer oder Entdeckungen oder schöne Örtlichkeiten ein Versprechen enthielten.

Griff Cayce in einem typischen Traumreading einen Traum auf, bestimmte er als erstes, welche Ebenen der Psyche diesen besonderen Traum hervorgebracht hatten. Der Träumer könne auch durch seine Träume die Ebenen in sich selbst kennenlernen, sagte er, welche die verschiedenen Träume hervorbrachten.

Spreche in einem Traum eine Stimme, zeige dem Träumer eine „Aura" der Gefühle und Gedanken, ob die Stimme sein bestes Selbst oder einfach seine Imagination sei. Wenn im Schlaf eine Szene aus dem vergangenen Tag durch seinen Geist ziehe, zeigten ihm die Nuancen, ob die Szene einfach Sorgen des Tages darstelle oder vielmehr eine Einleitung zu hilfreichen Kommentaren vom Unterbewußten. Wenn seltsames oder greuliches Material erscheine, werde ihn sein Unterbewußtes unterscheiden lehren, was davon lediglich eine Traumkarikatur seines eigenen greulichen Verhaltens und was eine radikale Herausforderung an sein Wesen darstelle.

Cayce sagte, die Träumer sollten in einem Traum oder unmittelbar danach immer wieder darum bitten, gezeigt zu bekommen, welcher Teil ihrer Mentalität in dem Traum am Werk gewesen sei und warum. Manche von Cayces Träumern waren erstaunt über die Unterhaltungen, die sie in ihrem Inneren verfolgen konnten. Andere waren begeistert, weil sie sich in der Lage fühlten, ihre eigene innere Stimme von den Beiträgen Körperloser in Träumen zu unterscheiden.

Es war charakteristisch für Cayces Traumdeutungen, daß eine kleine Traumhandlung in einen größeren Bedeutungsrahmen gestellt wurde, wenn der Traum Cayces Ansicht nach eine solche Bedeutung hatte. Ein Mann, der vom Tod seines Bruders träumte und deswegen zutiefst bekümmert war, bekam die religiösen Untertöne des Traums gezeigt, die diesen von einer vorausschauenden Warnung unterschieden. Cayce sagte, der Träumer sehe von seinem eigenen Überbewußtsein her die Bedeutung des Todes Christi, den er als „älteren Bruder“ bezeichnete, für seine Mitmenschen. Ein Träumer, der sich selbst sah, wie er eine fremde junge Dame von einem Tanz nach Hause brachte, wurde aufgefordert zu bedenken, daß der Dienst für andere ein erfülltes Leben bedeute. Ein Geschäftsmann, der von einer Zugreise träumte, bekam gesagt, diese beziehe sich sowohl auf die Börsenkurse als auch auf die Frage der Reise der Seele, die der Mann damals studierte. Cayces Ansicht nach waren die Träume auf mehreren Ebenen gleichzeitig bedeutsam und mußten entsprechend ausgelegt werden.

Die Kunst des Traumdeutens beruhte laut Cayce teilweise in der alten Kunst des „Urim“ oder Erkennens von Symbolen mit relativ universeller Bedeutung. Er betonte, ein großer Teil des Trauminhalts habe rein persönliche Bedeutung, angefangen von Kleidungsstücken bis zu Kriegsszenen. Doch er forderte die Träumer auch auf, in bestimmten poetischen und an etwas erinnernden Träumen die Symbole zu beachten, die in Mythos und Kunst weite Verbreitung hatten. Feuer bedeute oft Ärger. Licht bedeute oft Einblick und Hilfe vom Göttlichen, ebenso eine Aufwärtsbewegung. Ein Kind bedeute oft nützlichen Anfang, der weiterer Unterstützung durch den Träumer bedürfe. Ein Pferd und Reiter bedeuteten oft eine Botschaft aus höheren Bewußtseinsbereichen. Spitze Gegenstände, in die Öffnungen eingeführt würden, könnten sehr wohl Sexsymbole sein – doch ein Schlüssel in einem Schlüsselloch sei viel typischer dafür, daß im Träumer etwas aufgeschlossen werde.

Cayce wandte diese Art der Deutung bei weniger als zwanzig Prozent der Träume an, die er für das Gros seiner Traum-Ratsuchenden auslegte; häufiger bediente er sich ihrer allerdings bei der Deutung von Träumen seiner Frau und einiger anderer. Die Entscheidung für eine Traumdeutung durch Urim, sagte er, hänge von der Art des Träumens ab, die dem Träumer angeboren sei.

Cayce legte den Ausdruck „Urim“ als Führung durch Deutung universeller Symbole in Traum und Vision aus und löste damit ein Problem, das Bibelgelehrte durch Generationen hindurch nicht zu lösen vermochten, da sie sich nie einigten, welche Art Divination des Alten Testaments Urim sei.

Einen Aspekt in Cayces Traumdeutung konnten die Träumer schwer selbst wiederholen: die Zeiten des Auftretens von Träumen vorherzusagen, sogar die Nacht und die Stunde in der Nacht. In der seltsamen, unbeständigen Welt der Träume schien diese kleine Fähigkeit unglaublich – sogar wenn man die Kraft von Cayces Suggestion im Unbewußten des Träumers berücksichtigte. Aber er sagte, er könne es, weil er Faktoren in der Psyche des Träumers sehe, die Träume unausweichlich machten, genau wie jemand auf einem hohen Gebäude den Zusammenstoß schleudernder Autos auf zwei ineinandermündenden Straßen voraussagen könne. Er fügte hinzu, Träumer würden auch erkennen lernen, wann bestimmte Träume Signale für ein neues Thema oder eine Traumserie wären, und selbst voraussagen lernen, wie viele weitere

Träume folgen würden – was seinen Träumern bis zu einem gewissen Grad wirklich gelang.

Es gehörte zu Cayces Fähigkeiten auf dem Gebiet der Traumdeutung, Vergleiche und Erläuterungen zu dem Punkt zu finden, welchen der Traum seiner Meinung nach herauszustellen wünschte. Eine Traumszene über die gleichzeitige Aktion von Bewußtseinsebenen sei etwa so, sagte er, als sehe man einen Pianisten, der sich dem Notenlesen hingebe und gleichzeitig spiele. Die Individualität der Seele im Rahmen ihres weiteren Schicksals sei wie die Individualität eines Baumes, der aus einem Samen komme und einen hinterlasse – dem Modell treu und doch in sich selbst ein einmaliger Baum. Kranke Zellen in einem Körper seien wie Menschen, die Verbündete um sich scharten und eine Bewegung mit eigenem Verstand in Gang setzten.

Doch dieses Geschick mit Vergleichsbildern, ein köstlicher Teil von Cayces Traumdeutung, sei auch dem Träumer angeboren, behauptete er. Es habe dazu geführt, daß Frances in einer Zeit, da sie die Hilfe ihrer Mutter von der nächsten Existenzebene aus zu begreifen versuchte, den Traum hatte, sie verzichte auf eine Reise, um bei ihrem Kind zu bleiben. Es führte dazu, daß ein anderer Träumer 1925 das religiöse Denken als großen Schiffsrumpf sah, der an einer Küste unterging – schön gebaut war, aber nirgends hingelangte.

Nach Cayces Meinung war die Ermittlung des Zwecks eines Traumes ein Hauptschritt bei der Deutung. Er erklärte, die Psyche oder das Gesamtwesen würden das zu liefern versuchen, was immer der Träumer am dringendsten benötige. Brauchte der Träumer Einsichtigkeit und Verständnis, erteilten sie ihm Lektionen oder hielten Diskurse. Mußte er aufgerüttelt werden, bescherten sie ihm Erlebnisse – schöne oder schreckliche. Benötigte er Informationen, besorgten sie ihm die Fakten. Die Träume waren Teil eines Programms der Selbststeuerung, Selbsterhöhung und des Selbsttrainings, das die Seele des Träumers immer überwachte.

Ein weiterer wichtiger Schritt bei der Traumdeutung sei anschließend zu benennen, was der Traum beim Träumer erreichen solle – und das könne der Träumer selbst erkennen lernen, wie Cayce erklärte. Die Erörterung einer Aktie durch einen Bekannten in einem Traum sei ein Wink, auf die Aktie zu achten und sie zu prüfen. Sehe man aber eine Aktie in Aktion, in tatsächlichen Zahlen, oder gebe eine besondere Art Stimme im Traum Instruktionen darüber, dann sei das für den Träumer ein Signal zu handeln und nicht länger zu prüfen.

Bei seinem Training lehrte Cayce seine Träumer, nach einem lebhaften Traum zu erwachen, ihn in ihrem Geist durchzugehen, damit sie sich später daran erinnerten, und dann mit der Absicht wieder einzuschlafen, eine Deutung des Traums zu erlangen – die sie nicht selten auch bekamen, sei es durch weitere Episoden, durch essayartige Passagen oder durch die Stimme eines Interpreten oder „Interviewers", wie sich ein Träumer ausdrückte.

Es überrascht nicht, daß jene, die mit Edgar Cayce Hunderte von Träumen studierten, im täglichen Leben starken Belastungen ausgesetzt waren, daß es sogar zu ehelichen oder beruflichen Krisen kam. Cayce zeigte ihnen atemberaubende Möglichkeiten in ihren Träumen, Fähigkeiten zum Schöpfertum, die sie verblüfft haben mußten und ihre Ichkraft erschütterten. Er zeigte ihnen, daß sie alles, was er tat, ebenfalls tun konnten.

Nach den ersten paar Träumern trainierte Cayce keine mehr. Er lehrte die Menschen statt dessen eine ausgesprochen geistige Lebensweise, in der die Träume zwar eine Rolle spielten, aber noch größeres Gewicht auf die Meditation, das Gebet und den täglichen Dienst für andere gelegt wurde. Außerdem unterwies er die Menschen nur in Gruppen, wo sie einander täglich bei den Studien durch Liebe und gegenseitige Fürbitte, überhaupt in einer Art und Weise helfen konnten, die seine wichtigsten Traumschüler kaum erlebt hatten.

Doch wenn im Rahmen dieses umfassenden Trainings die Träume oder die Traumdeutung zur Sprache kamen, erklärte er immer wieder nachdrücklich, die Träumer könnten in der Nacht – und manchmal auch in Erlebnissen des Wachzustands – das wiederholen, was er in den Readings mache.

Das Rätsel der Reichweite in Träumen

Cayce wunderte sich im Wachzustand selbst über die phantastische Reichweite seiner Readings und seiner Träume. Deshalb träumte er über diese Frage.

Dieser Traum trat – wie auch eine Reihe anderer – während eines Readings auf, als er sich in Trance befand, sich auf die Not eines Menschen konzentrierte und darüber sprach. Ein Teil seines Geistes war sogar während des Readings für einen Traum frei.

Kurz nach dem Verlust seines Krankenhauses, als ihm Zweifel über die Anwendung seiner Gabe kamen, berichtete er folgendes:

Sah mich selbst bei der Vorbereitung zu einem Reading und den Prozeß, durch welchen ein Reading erhalten wurde. Jemand beschrieb ihn mir.

Es war da ein Zeitraum oder Punkt, von dem aus ich nach dem Versinken in den Trancezustand aufwärts ausstrahlte. Es begann als Spirale, nur waren da Ringe ganz rundum – sie begannen sehr klein, und während sie hochstiegen, wurden sie immer größer. Die Räume zwischen den Ringen waren die verschiedenen Stellen der Entwicklung, welche die Menschen erreicht hatten, von denen ich Informationen zu erhalten versuchen wollte. Deshalb konnte ein sehr wenig entwickelter Körper [Mensch] so niedrigstehend sein, daß keiner, auch wenn er [außersinnliche] Informationen gab, etwas zu enthüllen vermochte, was dafürstand.

Bestimmte Bereiche des Landes brachten eigene Strahlung hervor. Beispielsweise wäre es viel leichter, ein Reading für einen Menschen zu geben, der sich in der Strahlung befand, die mit Gesundheit zu tun hatte oder mit dem Heilen – nicht unbedingt einem Krankenhaus, sondern in einer Heilstrahlung –, als für einen Menschen, der sich in einer reinen Geschäftsstrahlung befand. Ich wäre in der Lage, ein besseres Reading (wie erläutert wurde) für eine Person in Rochester, New York, als für eine in Chicago, Illinois, zu geben, weil die Vibrationen von Rochester viel höher waren als die Vibrationen in Chicago. Je näher der Mensch einem der Ringe war, desto leichter wäre es, Informationen zu bekommen. Ein Mensch konnte aus jedem Punkt dazwischen durch eigenen Wunsch zu dem Ring gehen. War er einfach neugierig (bei dem Ersuchen um ein Reading), dann würde er natürlich nach unten ziehen zum Zentrum, weg von dem Ring, oder in die Räume zwischen den Ringen.

Cayce machte dieses Material zum Gegenstand eines Readings, in dem er gesagt bekam, es sei eine echte Vision vom Zustandekommen seiner Ratschläge gewesen.

Die Vision habe richtigerweise damit begonnen, Cayce als „einen winzigen Fleck, sozusagen als bloßes Sandkorn" darzustellen, denn „in den Angelegenheiten der Welt" war Cayce nichts anderes. Doch als er Readings gab, erhob er sich selbst – oder wurde erhoben – in einer Art Trichter, der sich nach außen und nach oben dehnte, bis sein riesiger Umfang alles umschloß. Er wurde „direkt in das, was durch menschliches Erleben als der Himmel selbst empfunden wird" gerückt. Wenn er seine körperliche Aktivität in der Trance auf „Null" reduzierte, bediente er sich nur, „wie die Dinge lagen (und wie in dem Konus zu sehen), der Trompete des Universums – die nach dem Gesuchten ausgriff". Die Antwort kam dann von dem entsprechenden Wesen, irgendeinem Punkt, den er in dessen respektiver Sphäre gesehen hatte; und dieses Wesen „sandte seine Nachricht, wie eine Laute Töne aussendet", in Erfüllung seiner Bitte um Informationen.

Das Reading war ziemlich abstrakt, doch Cayce erfaßte seinen Sinn. Es ging weiter, indem es Cayce versicherte, er habe richtig gesehen, daß jedes Individuum, jede Gruppe, jede Klasse oder Masse oder Nation auf irgendeinem Punkt der weiten Spirale zu finden sei, dort, wo ihre Bemühungen sie auf dem „von einer allwissenden Schöpfungsenergie" errichteten Netzwerk hingestellt hätten. Jeder Fleck sei mit den anderen verbunden, erklärte das Reading, wie Nerven jeden Teil eines lebenden Organismus mit seinem

Zentrum verbänden. Jeder könne im Zentrum sofort wahrgenommen oder gehört werden.

Er habe auch richtigerweise gezeigt bekommen, daß die Kraft der Readings, die Bittstellern aus Rochester oder Chicago gegeben wurden, unterschiedlich sei. Der Unterschied liege jedoch nicht im medizinischen Rat, denn dieser könne für den einen Ort genauso frei gegeben werden wie für den anderen. Er liege vielmehr in der Resonanz, zu der es im betreffenden Individuum – in seiner Örtlichkeit – komme, wenn dieses von Cayce Informationen und Hilfe erhalte. Jedermann höre und reagiere, wie es ihm seine Lebenslage und sein Entwicklungsstand erlaubten.

Seit dieser Zeit murmelte Cayce oft am Beginn eines Readings, besonders eines Lebensreadings: „Hoch auf der Vibrationsspirale", oder: „Niedrigstehend auf der Zeitspirale", oder: „Diese Stadt nimmt dieselbe Stelle auf der Spirale ein wie Allentown, Pennsylvanien." Zu seinen Lebzeiten waren die Menschen in seiner Umgebung nicht in der Lage, die Struktur zu erkennen, auf welche diese Kommentare hindeuteten; für den schlafenden Edgar Cayce aber war sie Wirklichkeit.

Er nahm das obige Reading als Versicherung dafür, daß es einem Menschen mit allen menschlichen Einengungen und Schwächen (deren es viele gab, wie ihn seine Readings wissen ließen) möglich war, einen Bewußtseinszustand zu erreichen, in welchem viel mehr als nur er selbst ins Spiel kam, wenn es die Nöte eines anderen zu beheben galt.

Cayces Readings schlugen dieselbe Richtung ein, als sie die Reichweite im Traum einem von Cayces Haupt-Traumschülern erklärten, der über ein unvergeßliches Traumerlebnis mit einem geliebten nahestehenden Menschen berichtete. Cayce versicherte dem Mann, sein Erlebnis sei eine tatsächliche Begegnung gewesen. Dann hörte er geduldig zu, während der Träumer eine Zeichnung erläuterte, die er für sich selbst angefertigt hatte, um darzustellen, wie Menschen von verschiedenen Ebenen einander begegneten und wo sich die Ebenen überschnitten. Obwohl bewußtlos, folgte Cayce der Erläuterung, als sehe er die Zeichnung, und ging anschließend daran, sie zu ändern.

Der Mann solle einen Stern zeichnen, sagte er. Die Dreiecksspitzen, die nach außen reichten, seien wie die Gesamtpsyche jedes Individuums. Außen an der Spitze befinde sich das Bewußtsein, das den Körper des Menschen berühre und darauf ruhe – zum Teil sogar aus dem körperlichen Netzwerk der Sinne und Triebe hervorgehe. Doch wenn man sich von der Spitze wegbewege, werde die Psyche breiter. Und wenn man sich dem Teil des Kreises nähere, wo die Dreiecksschenkel ihre Nachbarn berühren, habe man eine Sichtbarmachung der Telepathie oder der Einstimmung auf jene, die einem gedanklich nahestanden oder an denen man Anteil nahm. Und an jener Stelle, wo sich jede spitze Struktur ins Zentrum des Sternkörpers öffne, sei die Seele des betreffenden Menschen, einzig und allein auf ihre eigene Spitze hin orientiert, doch auch stets gegenwärtig im Sternzentrum. Cayce sagte (und hier ähnelte sein Vergleich jenem von der Spirale), der Träumer solle überlegen, wie jeder Mensch sich bewußt von seinem eigenen einzigen Punkt weg zum Hauptkörper des Sterns hin und in dessen Zentrum bewegen könne. Je näher er zum eigentlichen Zentrum gelange, desto vollständiger vermöge er ins Bewußtsein und die Seele jedes anderen Menschen einzudringen oder in jene Bewußtseinsebene, die von den anderen Zackenspitzen der Sterne dargestellt würden.

Es gebe im Universum ein Zentrum, sagte Cayce. Ja, ein Zentrum. Jeder Mensch, jedes Wesen, jedes Geschöpf und jede Schöpfung sei diesem Zentrum bekannt und erhalte ständig Hilfe von ihm.

Er selbst, der sich im Traum oder in Trance dem Zentrum nähere, komme auch jedem anderen nahe, der ihn brauche oder der Hilfe leisten könne.

Dies sei die Lösung des Rätsels von der Reichweite im Traum, so verwoben die hereinspielenden Gesetze und Prozesse sein mochten.

Für Edgar Cayce schien klar, obwohl andere ernstzunehmende Männer seiner Zeit daran zweifelten, daß der Mensch im Universum nicht allein war. Und ihm schien klar, daß die Kernwahrheit, die hell leuchtete wie das Zentrum eines Sterns, in Träumen als Wirklichkeit erlebt werden konnte.

Wie man sich an Träume erinnert

Edgar Cayces Readings waren auf jene Menschen zugeschnitten, die darum ansuchten. Besonders galt dies für seine Traumreadings, in denen er jede Traumperson und Traumaktivität unter dem Gesichtspunkt ihrer Bedeutung für den Träumer aufgriff.

Der Traum eines Menschen von seinem Bruder konnte eine unentwickelte Seite in ihm selbst darstellen, die einem ihm nicht genehmen Zug seines Bruders entsprach. Träumte jedoch dieser Bruder von *ihm,* konnte es sich durchaus um eine wörtlich zu verstehende Warnung vor einem Gesundheitsproblem handeln, das *ihn* gefährdete, und keineswegs um eine symbolische Darstellung.

Träumte eine Frau von einem Arzt, so deutete dies möglicherweise darauf hin, daß ihr Körper bereit zur Empfängnis war. Träumte ihr Mann von demselben Arzt, war es unter Umständen eine unterbewußte Bewertung der Zielstrebigkeit eines in seinem Beruf aufgehenden Arztes.

Wies Cayce, der die Träume als stark persönlichkeitsabhängig ansah, auch auf Prozesse hin, die heutige Träumer lernen könnten?

Es ist eine Frage der Forschung, inwieweit man den Rat verallgemeinern darf, den Cayce seinen Träumern gab. Nur wenn wir die von ihm bei bestimmten Träumern beschriebenen Prozesse ganz begreifen, wenn wir sie nachvollziehen und variieren können, finden wir heraus, in welchem Maß Cayces Träumer und die ihnen erteilten Ratschläge heutigen Träumern und den von ihnen benötigten Ratschlägen ähneln.

Diese Forschung steckt noch in den Anfängen. Erst Mitte der sechziger Jahre wurden Cayces Readings mit Inhaltsverzeichnis versehen und vervielfältigt, damit man jene, die Träume behandelten, aussondern und zusammen mit der dazugehörigen Korrespondenz und den Unterlagen über die betreffenden Fälle studieren konnte. Seine Traumtheorien waren jedoch in Umrissen bereits 1920 seinen engsten Anhängern bekannt, die seit damals ihre eigenen Träume aufzeichneten, sie gemäß Cayces Traum-Richtlinien untersuchten und auch andere dazu ermutigten.

Cayces Sohn Hugh Lynn vor allem förderte die Entwicklung Dutzender von Studiengruppen, die oft ihre Träume verwerteten, in der „Association for Research and Enlightenment". Dieser Landesverband war vor Edgar Cayces Tod zur Erforschung jener Phänomene und Prozesse gegründet worden, denen sich seine Readings widmeten. Hugh Lynn Cayce und andere, die er schulte (darunter Elsie Sechrist, Verfasserin von *Dreams, Your Magic Mirror* – Träume, dein Zauberspiegel), lehren seit mehr als dreißig Jahren Hunderten gewöhnlicher Sterblicher, mit ihren Träumen zu arbeiten. Diese Amateur-Erforscher der inneren Welt des Unbewußten führten keine Laboruntersuchungen durch, sondern waren Naturforscher im Land der Träume. Sie entdeckten unter anderem Beweise für eine Reihe von Cayces Behauptungen über die Träume: daß sie ASW vieler Arten enthalten, daß sie Material darbieten, welches auf die Reinkarnation hinweist, daß sie von Gebetsmustern beeinflußt werden, daß sie mystische Erlebnisse des Göttlichen von hohem Niveau bescheren können, daß der Traumstil eines jeden Menschen einmalig ist und daß Träume von Laien zur Basis einer Selbstanalyse gemacht werden können.

Cayces Traummaterial wird jedoch auch systematisch erforscht. Zumindest ein Psychotherapeut prüfte Dutzende von Patiententräumen daraufhin, ob sich in ihnen Prozesse wie die von Cayce geschilderten abspielten. Und Studenten in einem Psychologiekurs für Fortgeschrittene, in dem Träume behandelt wurden, begannen Cayces Traumdeutungen mit denen von Jung und Freud zu vergleichen. Hugh Lynn Cayce machte Experimente, um die Wirkung von gewissen in den Readings beschriebenen Reizmitteln zu ergründen: Drogen, Arzneimitteln, Fasten, Meditation, bestimmten farbigen Lichtern, telepathischem Senden von Signalen und systematischer Selbstanalyse.

Die gesamte geleistete Vorarbeit deutet darauf hin, daß die heutigen Träumer in den von Cayce gegebenen Richtlinien tatsächlich eine Führung zum Sicherinnern an Traummaterial, zur Deutung und praktischen Nutzung finden können.

Wie lernt man sich an Träume erinnern?

Viele Menschen erinnern sich Jahre hindurch nicht an einen Traum, und einige erinnern sich überhaupt nicht, je geträumt zu haben. Bedeutet dies, daß sie nicht träumen, oder erinnern sie sich nur nicht an ihre Träume?

Cayce unterschied sorgfältig zwischen Träumen normaler, gesunder, sich entwickelnder Menschen und Träumen von Menschen mit Schädigungen des Hirns oder Teilen des Nerven- oder des endokrinen Systems. Für ihn stand außer Frage, daß normale Menschen regelmäßig träumen, ob sie sich nun an ihre Träume erinnern oder nicht.

Lange vor Errichtung der modernen Schlaflaboratorien, wo man angebliche Nichtträumer beim Zucken ihrer Augenmuskeln weckt und ihnen hilft, sich sofort an Träume zu erinnern, erinnerte sich Cayce für andere Menschen auf Verlangen nicht nur an einzelne Träume, sondern an ganze Traumnächte. Er lieferte solche Einzelheiten, daß dem Träumer die Erinnerung kam. Nach derartigen Erlebnissen wußte der Betreffende, daß er träumte, und zwar viel träumte (wie die moderne Traumforschung bei normalen Menschen bewies).

Den Träumern, die Cayce schulte, bereitete es keine große Mühe, sich an Träume zu erinnern, wenn sie erst einmal dazu entschlossen waren. Sie mußten die Gewißheit haben, daß sie in der Lage waren, mit allem fertigzuwerden, was ihre Träume auftischten, und etwas damit anzufangen. Sie mußten ihr Unterbewußtes irgendwie wissen lassen, daß sie lebhafte Träume wünschten, die sie aufweckten oder ihnen am Morgen noch bewußt waren.

Manche taten dies, indem sie sich vor dem Einschlafen sagten, sie würden träumen und sich daran erinnern – ähnlich wie man sich sagt, man werde um fünf Uhr aufwachen, um eine Reise anzutreten. Andere taten es, indem sie um Führung durch ihre Träume beteten. Wieder andere erlangten den erforderlichen ersten Anreiz zur Traumerinnerung, indem sie darüber lasen und sprachen.

Cayce wies in einem Reading über sein eigenes Träumen darauf hin, daß der Körper beim Sicherinnern eine Rolle spielt. Man behält Träume besser, wenn man sie sich ins Gedächtnis ruft und sie registriert, bevor man nach dem Erwachen am Morgen oder während der Nacht den Körper irgendwie bewegt. Offenbar ist auch ausreichende Ruhe wichtig, denn Cayce schrieb seinen Traumschülern immer wieder Ruhe vor – nicht nur genügend Ruhestunden, sondern auch die Erholung, die durch Entspannung, körperliches Training, Spaß oder eine Rhythmusveränderung bewirkt wird und indem man sein Leben Gott befiehlt.

Bei einigen Träumern bestand er darauf, daß sie ihre Träume, damit sie sich daran erinnerten, aufzeichneten und die Aufzeichnung häufig durchgingen. Als er selbst es unterließ, seine Träume aufzuschreiben, wurde er in seinen Readings getadelt, weil er seinen Geist nicht für seine Träume einsetzte. (Ein Teil der Suggestion, die ihm zur Erlangung einer Traumdeutung gegeben wurde, sprach vom „wißbegierigen Geist" des Träumers; in einem Reading bekam Cayce am Beginn gesagt, er sei hinsichtlich seiner Träume nicht „wißbegierig" genug.) Gegen Ende seines Lebens hatte es sich Cayce zur Gewohnheit gemacht, seine lebhafteren Träume mit seiner Familie zu erörtern, auch wenn er sie nicht aufschrieb.

Cayce ermutigte die Träumer, einfach mit dem zu beginnen, an das sie sich erinnerten, und seien es nur Fragmente. Wenn sie eine verschwommene Traumschilderung gaben, korrigierte er sie. Seine systematischen Träumer korrigierte er jedoch weniger als einen Anfänger, denn die Träumer lernten bald, daß in Zweifelsfällen gewöhnlich ihre eigenen Erinnerungstendenzen richtig waren.

Es könne nützlich sein, mit der Stimmung beim Erwachen zu beginnen, sagte Cayce. Seiner Ansicht nach wurden die Handlungen des Menschen vom vergangenen Tag und aus seiner gegenwärtigen Lebensperiode jede Nacht im Schlaf für ihn mit seinen innersten Idealen verglichen. Demgemäß sollte jemand, der mürrisch und unausgeschlafen erwacht, sein Leben und auch seine Träume unter die Lupe nehmen. Und jemand, der in frischer, friedlicher Stimmung erwacht, kann sicher sein, daß ihn seine Träume, so er sich daran erinnert, in keinem ernsten inneren Konflikt zeigen.

Cayce zufolge unterscheiden sich die Prozesse des Träumens nicht grundsätzlich von jenen des Wachlebens. Ein Traum kann die ASW anwenden, um die Zukunft, das Ferne oder das Unbekannte zu enthüllen; im Wachleben kann dies eine Ahnung, eine Impression oder eine innere Stimme tun. Ein Traum kann die Charakterschwächen des Träumers offenbaren; tiefe Introspektion vermag dies ebenso. Ein Traum kann einen Essay über die Gesetze des Bewußtseins bieten; hartes Studium und Sichversenken in diese Gesetze vermögen dasselbe.

Ein Traum kann ein vielsagendes Bild aus der Vergangenheit des Träumers verwenden, um eine Botschaft zu übermitteln; das tun aber auch Erinnerungsbilder und Assoziationen des Wachlebens sowie die übliche Wortwahl und Versprecher eines Menschen. Deshalb drängte Cayce seine Träumer, ihm nicht nur ihre Träume vorzulegen, sondern auch jene Geschehnisse des täglichen Lebens, in denen das Unterbewußte die Oberhand zu haben schien. Er half ihnen mit diesen Geschehnissen und drängte sie gleichzeitig, sich selbst zu helfen, indem sie solche Produkte des Wachlebens zusammen mit ihren Träumen studierten.

Schließlich sah er es als wichtig für den Prozeß der Traumerinnerung an, daß Träumer mit den Träumen, an die sie sich erinnerten, etwas anfingen, daß sie handelten. Allein schon die Bewußtmachung der unterbewußten Aktivität, die Träume produziert, setzt im Gesamtsystem des Geistes Strömungen in Gang, dank denen man sich leichter an die nächsten Träume erinnert und die möglicherweise eine Hilfe bei der Deutung aller Träume sind.

Die einfachste Handlung ist, einen Traum aufzuschreiben oder zu erzählen. Ausweiten kann man sie, indem man sich hervorstechende Punkte des Traums im Geiste mehrmals vorsagt, ob man sie nun zu deuten weiß oder nicht. Denn wenn der Traum überhaupt das Bewußtsein erreicht, hat er höchstwahrscheinlich mit dem Bewußtsein etwas zu tun und profitiert von bewußter Aufmerksamkeit. Ist der Traum eine Warnung, verstärkt das wiederholte Durchgehen den Warneffekt, so fein dieser auch ist. Will der Traum zur Wachsamkeit mahnen, werden die Aufmerksamkeit und Empfindsamkeit des Träumers gesteigert. Ist der Traum eine Lektion, dient die Wiederholung der Schulung.

Der Traum, an den man sich erinnert, soll dann nach Möglichkeit genutzt werden. Natürlich nicht krampfhaft. Aber das Unterbewußte ist wie eine Waldquelle, die befreit wird und ständig fließt, wenn man sie gut nutzt. Der Träumer kann sich auf einen Traumteil konzentrieren, der ihn stark anspricht, vorausgesetzt dieser stimmt mit seinem innersten Ideal überein. „Träume", so sagte Cayce, „sind Visionen, die sich kristallisieren lassen." In Träumen wird echten Hoffnungen und Wünschen, nicht nur eitlen Sehnsüchten, Gestalt und Kraft verliehen.

Noch besser ist es jedoch, eine Deutung des Traums zu versuchen, denn nichts erleichtert das Sicherinnern mehr als eine direkte bewußte Verbindung mit einem wichtigen Trauminhalt.

Die Deutung, so erklärte Cayce, beruhe im „Abwägen" des Trauminhalts gegen vertrautere Aspekte aus dem Leben und Denken des Träumers. Verständnis erlange man immer durch Vergleich. Die zwei Hauptschritte bei der Deutung von Trauminhalten seien das Erfassen dessen, worauf sich der Traum *beziehe,* und das Erspüren dessen, wohin der Traum *tendiere* – was er zu verändern oder mit neuer Bedeutung zu versehen suche. Um einen Traum zu deuten, müsse man ihn mit den eigenen äußeren Angelegenheiten sowie den inneren Gedanken, Gefühlen und Absichten vergleichen.

Manchmal beziehe sich ein und dieselbe Traumhandlung auf beides. Wer seine Fähigkeit zur Traumdeutung entwickle, werde gleichzeitig die Fähigkeit entwickeln, Vergleiche mit Träumen zu assoziieren, den Sinn des Traumbezugs und die Tendenz der Botschaft oder des Reizes zu erfassen; ein großer Teil von Cayces Schulung war genau diesem Prozeß gewidmet.

Außer durch die Traumdeutung erlangt man eine bessere Traumerinnerung auch dadurch, daß man der unbewußten Aktion des Traums vom Bewußtsein aus noch stärker nachhilft. Ein Weg dazu ist das Studium der Gesetze und Prozesse, die in einem Traum oder einer Traumserie am Werk sind und ebenso im Träumer und in seinen Angelegenheiten wirken. Genau wie man zwei Sterne des Großen Bären benutzt, um den Polarstern ausfindig zu machen, kann man zwei oder drei ähnliche Träume und vielleicht einige Überlegungen und Geschehnisse des Wachlebens verbinden, um wichtige Dinge über das Leben klar zu sehen: wie die Geistesebenen ineinandergreifen, wie Liebe Liebe weckt, wie Angst und Zweifel den Menschen schwächen, wie Konzentration die ASW entfaltet, wie Aufgaben anspruchsvollen Dienens die Hilfe der Lebenden und der Toten auslösen, wie das Gebet einem Zentrum Wissen zuführt, das dieses selbst nicht hat. Bücher könnten eine Hilfe sein, erklärte Cayce; er empfahl seinen Träumern einige wenige und erklärte schwierige Passagen, die sie in Werken wie Ouspenskys *Tertium Organum* oder William James' *Varieties of Religious Experience* („Die religiöse Erfahrung in ihrer Mannigfaltigkeit") studierten. Das wesentliche Studium habe jedoch nicht Büchern zu gelten, sondern der Erfahrung und vor allem der stetigen, langsamen Entfaltung der Psyche des Träumers – in der man durch sorgfältige Vergleiche (nicht durch morbide Introspektion) alle schöpferischen Patterns am Werk sehen könne, die auch die Natur und die Geistesreiche ihrer Umgebung beherrschten. Cayce behauptete, man dürfe sogar sagen, alles, was ein Mensch vom Wirken Gottes zu begreifen vermöge, könne er in sich selbst finden, es wirke, wenn er auf die übrige Schöpfung reagiere.

Deutung und Studium waren zwar ein Hauptschritt bei der Bewußtmachung von Träumen und deshalb wichtig für die Anregung zu klarerem Träumen und deutlicheren Erinnerungen, aber sie allein genügten nicht. Eine aktivere Reaktion auf den Traum oder eine Traumserie war ebenso entscheidend für die Verbesserung der Traumerinnerung. Cayce bezeichnete eine solche Aktion als „Nutzanwendung" und widmete ihr in jedem Traumreading einen Abschnitt. Natürlich war das Studium eine Art der Nutzanwendung, doch oft hatte Cayce etwas Bestimmteres im Sinn. Der Träumer müsse seine Traumeinblicke, -tips und -entwicklungen mit Muskeln und Nerven in Bewegung umsetzen und Wahrheiten durch das Experiment erproben, um das Verständnis und die Führung, die ihm von den Träumen angeboten würden, ganz zu erlangen. Immer wieder hämmerte Cayce seinen Träumern ein: „Handeln, handeln, handeln."

Als entscheidende Nutzanwendung von Träumen benannte Cayce zwei Arten der Aktion: Einstimmung und Dienen. Man könne Traumzustände und -erlebnisse als Führung bei der Einstimmung auf das höchste Selbst verwenden, das in Träumen berührt werde, und bei der Einstimmung auf Gott, wie sie in Träumen zu finden sei. Oder man könne sich von Traum-Impressionen zur Einstimmung auf seine Gefährten und sogar auf die herrschende Tendenz bei Aktien und auf Märkten hinarbeiten. Diese Form der Nutzanwendung solle man täglich mit dem Traummaterial praktizieren, das man gedeutet habe.

Die zweite Hauptart der Nutzanwendung sei das Geben, das Dienen. Das Sorgen für sich selbst und die eigene Familie sei wichtig, ob man nun Matrose oder Philosoph sei. Noch wichtiger aber sei nach Erfüllung der grundlegenden Bedürfnisse, daß man weniger Glücklichen helfe. Cayces Ansicht nach war das Dienen weder eine Annehmlichkeit des Lebens noch eine beschwerliche Pflicht. Es sei ein Kennzeichen der Wirklichkeit, die Art und Weise einer Seele, die gemäß ihres Geburtsrechts zu leben versuche, anstatt sich einfach durch ihre Tage treiben zu lassen. Das Universum sei so konstruiert, daß das Dienen der Hauptzweck des Menschen während seines Erdenlebens sei – er müsse in Mitmenschen, so gut er könne, etwas von deren besten Möglichkeiten zur Verherrlichung Gottes wecken. Mache der Mensch dies richtig, unter der Führung einer vor jedem neuen Schritt neu vorgenommenen Einstimmung (darauf bestand Cayce), brauche er sich nicht in immer bessere Modelle hineinzuarbeiten. Die nächsten Entwicklungen kämen genau nach Plan, ob sie nun den Umgang mit Reichtum, mit der Medizin, mit Ideen oder Erfindungen, Familienangehörigen oder Feinden, der Schönheit oder der Gerechtigkeit umfaßten.

Schließlich glaubte Cayce, man könne die Traumerinnerung außer durch Studium und geplante Aktion noch dadurch fördern, daß man die von einem Traum ausgelöste Reaktion wiederhole. Ein von Gebetsandacht gekennzeichneter Traumzustand kann durch systematische Gebete hervorgebracht werden – manchmal schrieben die Readings den Träumern (einschließlich Cayce selbst) kleine Gebete oder Erklärungen vor, die im Lauf des Tages wiederholt und oft gesprochen werden mußten. Löst ein Traum eine liebevollere Haltung des Mannes zu seiner Frau aus, sollte dieser nicht nur ihr Bedürfnis nach solcher Liebe begreifen und Entschlüsse fassen, sondern zur Aktion übergehen, indem er beispielsweise mit seiner Frau jeden Tag einen Spaziergang macht. Eine Lobpreisung der ganzen Kraft des Traums, ein Ausgreifen nach ihr und Hineinwachsen in sie sind weitere Schritte zur Bewußtmachung von Träumen.

Jeder dieser Schritte steigert die Traumerinnerung. Sie alle fördern auch die Tiefe und Klarheit der Träume, denn sie dienen dem Wachstum des Träumers.

Die Alternative zur Traumerinnerung und -deutung sei nicht immer angenehm, sagte Cayce. Die Menschen dürften nicht erwarten, daß sie sich ewig treiben lassen könnten. Wenn sie nicht mit Hilfe ihrer Träume ihre Identität und ihre Lebensrichtung herausfänden (was laut Cayce jeder normale Mensch zu tun versuchen sollte), könnten sie durch die schonungslose Aktion ihrer eingepferchten Seelen in eine Krise gebracht werden, die sie zwinge, sich mit sich selbst zu einigen. Es konnte sich um eine medizinische Krise handeln, um das Ende einer Ehe oder einer Anstellung, um eine Depression oder eine Abwendung. Es gibt Gesetze in dieser strengen Erziehung, die Cayce als Teil des „Karmas" bezeichnete, als Prozeß des Säens und des Einbringens der Ernte der Taten und Gedanken eines Menschen in einem einzigen oder auch in vielen Leben.

Was wird aus Träumen, an die man sich nicht erinnert?

Cayce stellte klar, daß sogar seine beharrlichsten Traumstudenten sich nicht an alle ihre Träume erinnerten und dies auch nicht erwarten dürften. Viele Träume sollen nur das Gesamtwachstum des Träumers voranbringen, ohne daß sie das Bewußtsein erreichen – nächtliche Übungen, denen sich die Psyche aus der weiteren Perspektive des Unterbewußten oder der noch weiteren Perspektive der Seele und der Universalkräfte unterzieht. Solche Träume tun ihre Arbeit und gehen weiter.

Andere Träume prägen sich dem Bewußtsein teilweise ein und werden nur teilweise in Erinnerung behalten. Arbeitet der Träumer daran, sich an seine Träume zu erinnern und sie zu nutzen, braucht er wegen dieser Fragmente nicht beunruhigt zu sein, denn einige davon sind reine Kummerträume, die sich auf das Bewußtsein und die mit ihm am engsten verbundenen Geistesschichten beschränken und keine aus dem Unterbewußten hervorgehenden nützlichen Antworten enthalten. Wieder andere Fragmente, verhältnismäßig wenige, dienen zur Verschleierung von Lärm oder Körperrhythmen und erlauben dem Träumer weiterzuschlafen, während andere genau das Gegenteil tun – ihn aufwecken, wenn er aufwachen soll, ohne daß sie einen geheimnisvollen Inhalt haben. Außerdem gibt es Essensträume, an die man sich nicht leicht erinnert, weil sie, obwohl manchmal sehr lebhaft, keine ausgeprägten Charakteristika besitzen; sie sind verschlungene Alpträume und haben nichts zu tun mit jenen heftigen Alpträumen, die ihre Absicht klarmachen und den Träumer damit wecken. Im allgemeinen, so sagte Cayce seinen Träumern, trete ein Traum, an den man sich nicht ganz erinnere, erneut auf, mit Variationen, die am Traumbezug oder an der Absicht des Traums nichts änderten.

Cayce betonte die „Zensur" nicht besonders, auf die Freud so großes Gewicht legte. In vielen der Träume, die er deutete, wirkte sie zweifellos, besonders in Träumen aus der Frühzeit des Traumstudiums eines Menschen, wenn dieser seine unangenehmen oder gesellschaftlich untragbaren Seiten noch nicht akzeptiert hatte. Cayce unterstrich statt dessen, daß die Launenhaftigkeit oder sinnliche Begierde oder Anmaßung, die im Traum oft ein anderer Mensch zeigte, in Wirklichkeit im Träumer selbst seien und nur auf andere projiziert würden. Eine Form der Zensur, die oft vorkam, erwähnte er jedoch: Seine Träumer neigten dazu, unangenehme oder aufschlußreiche Traumteile häufiger zu vergessen oder auszulassen als die übrigen; und sie neigten dazu, glückliche Ausgänge zu vergessen, wenn diese die Wirkung haben sollten, ihr Verantwortungsgefühl zu steigern.

Cayce äußerte sich nicht nur über Träume, die ins Vergessen versanken, sondern auch über Träume, von denen der Träumer mehr durch ihre Auswirkungen auf seinen Körper und seine Gefühle als auf seinen Geist weiß. Wenn ein Träumer im Schlaf weine, schreie oder rufe, wenn er gehe oder um sich schlage, müsse er sich Sorgen um sein Allgemeinbefinden machen, ebenso wenn seine Träume ständig sehr unwirklich und unangenehm seien. In solchen Fällen, erklärte Cayce, würden wahrscheinlich auch andere Imaginationsprozesse beeinflußt: die Phantasie, das Tagträumen und sogar die normale Vorstellung von Speisen, Getränken oder Gesellschaft. Eine derartige Verzerrung sei die Folge einer psychologischen Schädigung im Sinnesnetz des Nervensystems oder im autonomen Nervensystem, das die Körpergefühle steuere, oder in beidem. Außerdem sei, so erklärte er in einem Dutzend Readings über solche Träume, fast immer die Funktion der endokrinen Drüsen beeinträchtigt und benötige Fürsorge durch das Einwirken auf Gifte im Körper, auf Schäden in der Zirkulation und auf osteopathische Verletzungen.

Der Versuch, sich an Träume des kranken oder fiebernden oder geschädigten Körpers zu erinnern und sie zu deuten, stehe nicht dafür, sagte Cayce. Doch bei den meisten Träumen, die ins Bewußtsein gelangten und dort ein klares Handlungs-, Formen- und Stimmungsbild hinterließen, lohne sich der Zeitaufwand der Deutung. Cayce behauptete bereits 1924, als die Traumdeutung nur von Ärzten für psychiatrische Zwecke oder von Okkultisten zur Divination angewandt wurde, die Träume seien normale Hilfen, vermittels derer Persönlichkeit und Körper sich selbst regulierten und die Angelegenheiten des Träumers voranbrächten. Sie müßten in den Aktivitäten „der Menschenfamilie" größeren Raum erhalten.

Bergen Traumerinnerung und Traumnutzung Gefahren?

Edgar Cayce sah Gefahren darin, daß man sich *nicht* an Träume erinnerte und sie *nicht* nutzte. Dieses Versäumnis könne die Psyche zwingen, durch eine Krise oder Krankheit mit sich selbst in Verbindung zu treten.

Er sah aber auch Gefahren in der Nutzung von Träumen.

Die Grundgefahr liege in den mächtigen Energien des Geistes. Diese Kräfte würden höchstwahrscheinlich in einem Traumneuling nicht entfesselt und auch nicht in einem Menschen, der die gegenseitige Beeinflussung der Schichten seines Inneren durch Nicht-Traum-Prozesse, wie gesundes Gebet, künstlerisches Schaffen, aufrichtiges Lieben, harte Arbeit und Spiel aufrechterhalte.

Doch ein Mensch, der durch Träume die kraftvollen Energien des Unterbewußten zu wecken und zu zähmen versuche, ohne dabei ein gesundes, ausgewogenes, abgerundetes Leben zu führen, bringe sich selbst in Gefahr.

Immer wieder sagte Cayce seinen Träumern warnend, sie sollten bei der Erforschung des Traumlandes Vernunft wahren. Sie müßten weiterhin im Wachleben verantwortungsvolle Entscheidungen treffen und dürften sich nicht zu sehr auf ihn oder auf Träume verlassen; dies forderte er nachdrücklich. Die Träumer müßten weiterhin Fertigkeiten und Wissen erwerben, den Geschäften des Bewußtseins in gleichem Maß nachgehen, wie sie das Unterbewußte erschlossen. Ein Mann müsse sich ständig seiner Arbeit und seinem Denken widmen und eine Frau ihrer Liebe und ihren Beziehungen, auch wenn Träume sie zu neuer Entwicklung aufforderten.

Als sich seinen Träumern die weiteren Bereiche der Traumerfahrung mit Erlebnissen von ASW, Schönheit und Heiligkeit erschlossen, sagte Cayce ihnen, sie benötigten nun ein noch größeres „Gleichgewicht", „Ausgeglichenheit" und müßten Extreme aller Art meiden: in der Ernährung ebenso wie im Denken und sogar im Traumstudium. Andernfalls würden die Kräfte, die sich als so nützlich erwiesen, für den Träumer verderblich.

Die Träumer könnten dann nicht nur ihre Fähigkeit der Lenkung und des Wachstums durch Träume verlieren – diese Möglichkeit besteht immer bei Narzißmus, Wirklichkeitsflucht, Fanatismus, Hypochondrie oder Messianismus –, sondern in sich selbst dynamische Energien entfalten, die nicht leicht verschwänden und den Träumer ernstlich beeinträchtigen oder schädigen würden, wenn er sie ignoriere oder unrichtig handhabe. In einem aufschlußreichen Satz sagte Cayce warnend zu einem Träumer, sein selbstsüchtiger Mißbrauch von Traumerlebnissen werde, wenn diese in seiner Psyche erst einmal eine gewisse Stufe und Stoßkraft erlangt hätten, „jene uninteressierten Kräfte" freisetzen, die ihm schaden könnten. Cayce meinte keine körperlosen Wesen, sondern natürliche Kräfte in der Psyche des Träumers – ebenso starke wie natürliche.

Im allgemeinen jedoch schneiden Träume ihren Inhalt auf ein Maß zu, das der Träumer meistert. Sie sind selbstregulierend und selbstkorrigierend. Widmet der Träumer dem Träumen zu große

Aufmerksamkeit, lenken sie sein Interesse auf Angelegenheiten des täglichen Lebens. Läßt er sich von einem bestimmten Traumaspekt faszinieren, wie Traumexkursionen ins Land des Todes, wird er in genau solchen Traumszenerien solange zum Narren gehalten, bis er begreift. Die Selbstregulierung in Träumen hat jedoch ihre Grenzen. Bringt der Träumer seinen Körper aus dem Gleichgewicht oder stört er die Ausgewogenheit seiner Psyche, beeinträchtigt er die Regelfunktion der Träume, und diese verlaufen unlogisch. Er kann ihre Regelfunktion auch durch eifrige Suggestion stören, die er sich vor dem Einschlafen und während halbwacher Perioden gibt.

Cayce warnte nachdrücklich davor, Traumerlebnisse eines bestimmten Typs zu „erzwingen". Man solle nicht zu rennen versuchen, bevor man gehen könne, sagte er einem Traumenthusiasten. Man solle darauf vertrauen, daß die eigene Seele und der Schöpfer das lieferten, was man in der Nacht brauche, sagte er anderen Träumern. Verantwortungsvoll mit Träumen zu arbeiten, sei etwas ganz anderes, als die Träume zu zwingen, die Funktion eines Lebensersatzes zu übernehmen.

Trotz der Warnungen, die wie ein leuchtender Faden durch seine gesamte Traumberatung liefen, geriet einer von Cayces Haupt-Traumschülern aus dem Gleichgewicht und machte eine Periode der Geisteskrankheit durch, die zum Verlust seiner Anstellung und zum Scheitern seiner Ehe beitrug. Ein anderer verlor ebenfalls seinen Beruf und seine Familie. Beide büßten ihre Gaben ein und hörten mit der Nutzung ihrer Träume auf, die sie zu Millionären und eine Zeitlang zu glücklichen, produktiven Menschen gemacht hatte. Auch Frances hatte Schwierigkeiten, wie wir sahen. Doch alle waren gewarnt worden, wie der Mann, der nach einer Traumdarstellung seines Todes gefragt hatte: „Werde ich in der Lage sein, meinen eigenen Tod vorauszusagen?" Das Reading Cayces für jenen Mann hatte einen ungewöhnlich gehobenen Ton und enthielt neben Versprechungen großer Dienste durch den Träumer, wenn er treu bleibe, auch deutliche Warnungen:

„Dann binde deine Füße, mein Sohn; behalte deine Art bei, wissend, daß der Anwalt beim Vater ist . . . und wenn du zur Rechenschaft gezogen wirst für die im Körper getanen Taten, gesegnet werden jene sein, die unter die Leitung deiner Bemühungen gekommen sind! Bewahre – bewahre den Glauben, das Versprechen in dir selbst . . . bewahre in dir das führende Licht für manch eine Seele, die den Weg sucht."

Doch dann ging das Reading weiter:

„Werde nicht übermannt von zuviel Wissen. Werde nicht übermannt noch zugrundegerichtet von dem, das gegeben werden kann [in Träumen] . . . Nicht aus deiner eigenen Kraft können diese [prophezeienden] Kräfte wirken – denn es können Fleisch und Blut eine geistige Wahrheit offenbaren, nicht aber einen Geist in irgendeine Richtung weisen! Hilfe und Beistand können durch Fleisch und Blut erfolgen [in Träumen oder anderweitig], sogar für jene am Rande des Abgrunds – doch da ist diese unüberwindliche Kluft eingerichtet. Am ehesten wird jener, der seinen Willen eins mit jenem des Vaters macht, besonderer Fürsorge durch Seine Lenkung anvertraut werden. Bewahre dies . . . und irre nicht im Wohltun. Halte dich nahe an Ihn . . . denn der Stein, der zum Stolpern bringt, liegt immer in der Selbstverherrlichung der Kraft und Fähigkeit, die im eigenen Selbst gelagert sind, und im Mißbrauch des Selbst beim Verbinden des einen mit dem anderen. Bewahre den Glauben, mein Sohn, bewahre den Glauben."

Cayces Rat war vergebens. Der Träumer, der fast fünf Jahre lang alle Möglichkeiten der Träume ausgelotet und der gesagt bekommen hatte, seine Fähigkeiten könnten jene Cayces übersteigen, war binnen kurzem seiner Familie entfremdet und mußte Schmucksachen verkaufen, um leben zu können.

Das Arbeiten mit Träumen birgt ein Risiko, gleich allen Tätigkeiten, die eine Zeitlang sämtliche Schichten des Menschen beanspruchen – wie die Liebe und der Kampf und die Machtausübung, wie das Aufziehen von Kindern und das Eintreten für

Wahrheiten und das Malen von Bildern. Das Risiko besteht, weil es im menschlichen Wesen liegt. Den unermeßlichen Möglichkeiten des Menschen entspricht immer die unermeßliche Freiheit seines Willens. Dies ist das Bild der Gefahr in der Nutzung von Träumen, wie Cayce es zeichnete.

Der Ansatz zur Deutung von Träumen

Edgar Cayce, der in einem Zeitraum von zwei Jahrzehnten mehr als sechzig Menschen Traumberatung gewährte, ermutigte sie ausnahmslos, ihre Träume selbst zu deuten.

So seltsam das Traummaterial auch sein mag, es kommt nach Cayces Ansicht nicht aus einem fremden Geisteswesen. Sogar wenn die Produkte eines Träumers sich auf größere Weisheit stützen als seine eigene – auf körperlose oder die Universalkräfte –, erblickt der Träumer immer nur das, was er versteht und was er bereits zu leben begonnen hat. Dies bedeutet, daß der Träumer immer eine dunkle Ahnung über jeden Trauminhalt hat, eine leise Andeutung des Sinns, den er herausfindet, wenn er geduldig ist.

Zur Deutung der Träume anderer Menschen ermutigte Cayce allerdings selten jemanden. Er sagte den Träumern zwar, sie könnten ebenfalls tun, was er tat – und ein Teil seines Tuns umfaßte ja die Traumdeutung für andere; aber er behandelte sie als ungewöhnliche Fähigkeit und ermutigte nur einen seiner Hauptträumer dazu: einen Mann, der träumte, er deute Träume für andere! Seine Deutungen seien in einigen Fällen recht treffend, sagte Cayce, und könnten noch besser sein, wenn er mehr daran arbeite.

Die Traumdeutung, wie Cayce sie beschrieb, besteht nicht darin, daß man in einem handlichen Traumbuch ein Symbol nachschlägt und es auf einen Traum anwendet. Man deutet einen *Träumer*, nicht einen Traum. Deshalb gab sich Cayce in jedem Traumreading so große Mühe, aufzuzeigen, welcher Bereich der Psyche des Träumers von dem Traum ins Spiel gebracht wurde und was dieser Bereich zu erreichen suchte. Erfaßt man in einem Traum den Träumer, kann man den ersten wichtigen Schritt zur

Deutung machen: Man kann bestimmen, welche der beiden vorrangigsten Traumfunktionen in dem zu deutenden Traum im Vordergrund steht, a) die Problemlösung und Anpassung an äußere Angelegenheiten oder b) die Erweckung des Träumers für irgendeine neue Möglichkeit in ihm.

Die meisten Menschen erfassen nur einen einzigen Träumer ausreichend: sich selbst. Folglich muß der Mensch bei der Traumdeutung als erstes sich selbst auf allen Ebenen studieren. Er muß eine Bestandsaufnahme seiner bewußten Pläne, Ziele, Interessen, Haltungen, Entscheidungen machen. Auch das Unterbewußte sollte studiert werden, samt seiner verschleierten Gewohnheiten, Ängste, Sehnsüchte, Abhängigkeiten, Verteidigungen. Zwei weitere innere Bereiche verlangen ein Studium: der Körper mit seinen Kreisläufen, Bedürfnissen, Gewohnheiten und Beanspruchungen, die sich alle in Träumen widerspiegeln können; die Seele, die dem Träumer immer präsent ist und ihn genauso prägt wie der Körper, nur eben mit ihren Idealen, ihren bohrenden Fragen, ihren schwer lastenden und dem direkten Einblick verborgenen Erinnerungen. Außerhalb des Träumers, auf ihn jedoch wegen seines Selbststudiums und Wachstums einwirkend, liegt das Reich des Universalen mit seinen Energien und Mustern, die vom Überbewußten des Träumers erreicht werden.

„Studieren Sie das Selbst, studieren Sie das Selbst", war Cayces erster Rat bei der Schulung in Traumdeutung. Er forderte die Menschen auf, ihren Erinnerungen nachzuspüren, ihre Lebensideale in Rubriken aufzuteilen (gegliedert nach physischen, seelischen, geistigen), festzustellen, was sie bei anderen achteten, und dies mit sich selbst zu vergleichen, ihre Selbstwahrnehmung dem gegenüberzustellen, was andere in ihnen wahrnahmen. Er ließ die Träumer nach Gesetzen suchen, danach, wie X aussehen würde, wenn Y unter den Bedingungen Z aufträte.

Cayce förderte keineswegs den Narzißmus, wenn er zur Traumdeutung ermutigte. Denn in späteren Jahren, als er die Menschen gruppenweise trainierte, stellte er ihnen ausdrücklich die Aufgabe, ihre Träume und Visionen untereinander zu besprechen – und dann aufzuschreiben, welches Gefühl die Gruppe über das hatte, was sie entdeckte. Die Zusammenarbeit mit anderen, auch auf dem Gebiet der Träume, regte die Psyche zu sinnvollem Träumen und sinnvoller Traumdeutung an.

Bei diesen Gruppen legte er noch größeres Gewicht als früher auf die tägliche Meditation über eine Behauptung und auf tiefes Schweigen. Es gebe eine Gemütsverfassung, sagte er, in welcher die Traumdeutung rasch komme und wahr klinge. Diese Verfassung kann man erreichen, indem man einen Traum so weit austüftelt, wie das Bewußtsein reicht – indem man dann betet und sich von dem Traum abwendet; greift man ihn in ruhiger Gemütsverfassung wieder auf, stellt sich oft erstaunliche Klarheit ein.

Neben dem Gebet beruhigt auch das Bibelstudium und führt den Träumer zu einem „Einssein" mit sich selbst, in welchem die Bedeutungen eines Traums erkennbar werden. Auch das Vergleichen von Traumgeschehnissen mit bestimmten Bibelpassagen kann im Träumer ein Gefühl für die großen Symbole wecken, das „Urim" der Menschenfamilie, welches sich in Träumen und Mythen, in der Kunst und den Sagen aller Zeiten wiederholt. Eine der häufigsten Trainingsaufgaben Cayces war es, dem Träumer eine gewisse Bibelstelle zu nennen, die er zusammen mit seinem Traum studieren mußte. Cayce verglich Träume jedoch auch – freilich weniger häufig – mit Erfahrungen von Konfuzius, Moses, Buddha und Sokrates, denen er große Achtung zollte.

Ob ein Träumer Bücher über die Traumtheorie studieren sollte, schien für Cayce vom Träumer abzuhängen. Er riet nie davon ab und schrieb es manchmal ausdrücklich vor – besonders einem bestimmten wißbegierigen Träumer mit scharfem Verstand. Eines der seltsamsten Ereignisse in den gesamten Cayce-Readings trug sich zu, als dieser Träumer Rat über mehrere Buchpassagen suchte – und sofort Erklärungen bekam, obwohl Cayce die Bücher nie gelesen hatte. Dieses Erlebnis muß dem schlafenden Cayce irgendwie den Grundgedanken der Bücher vermittelt haben, denn später erläuterte er gelegentlich anderen Träumern Fragen, indem er sich auf Ideen derselben Bücher bezog – die er inzwischen keineswegs gelesen hatte.

Genau wie Cayce in physischen Readings die Namen medizinischer Spezialisten aus dem Nichts herholte, zapfte er auch – allerdings weniger häufig – Wissensgebiete an. Als er einem Träumer die Vererbung und den Umwelteinfluß erklärte, erwähnte er eine Studie über ein Dutzend Fälle, in denen die Erbketten verglichen worden waren, und empfahl ihm die Lektüre des Buches.

Auf alle die obengenannten Arten kann man sich für die Deutung der eigenen Träume trainieren.

Natürlich stellt sich hier noch die Frage, wie die Träume eines kranken Geistes – laut Cayce ist der Geist in einem kranken Körper immer auch krank – zu deuten sind. Kranken Träumern empfahl Cayce ohne Zögern professionelle Hilfe. Er unterstrich, daß die Hilfe durch Fachleute ihre Grenzen habe, besonders als er einem Träumer sagte, bei ihm sei durch die Suggestion seines Arztes der Ödipuskomplex zu einer fixen Idee geworden. Doch für andere Träumer verlangte er in mehr als einem Dutzend Readings sofort die Hilfe eines Fachmannes.

Warum sind Träume so verwirrend?

Edgar Cayce träumte einmal, eine Wassermelone fresse ein Schwein. Als er ein Reading über den Traum machte, bekam er gesagt, der lächerliche Anblick, der gerade das Umgekehrte des wirklichen Lebens zeigte, widerspiegle die lächerliche Art, in der er sich gegenwärtig betrage. Eine Handlung, die unsinnig schien, hatte einen ganz klaren satirischen Sinn, wenn ihr Zweck erst einmal ergründet war. Jede Rede und jeder Gedanke des Menschen enthält laut Cayce feine Assoziationsnuancen. Ein Fremder gleicht dunkel irgend jemandem. Eine unangenehme Lage ähnelt einer, an die man sich erinnert oder die man fürchtet. Eine Flagge birgt eine ganze Kette halbbewußter Gedanken über das eigene Land. Im Wachleben werden solche kleinen Assoziationen in den

Hintergrund gedrängt, damit sie sich dem Menschen mitteilen, ohne ihn abzulenken. In Träumen treten die Assoziationen in die Mitte der Bühne.

Cayce sagte einem Makler, dieser habe von seinem früheren College-Freund geträumt, weil der Freund „helle" und fleißig gewesen sei – genau jene Qualitäten gehabt habe, die der Träumer nun besitze und bei seiner Arbeit brauche, da er eine neue Phase des Marktes studiere. Einer schwangeren Frau sagte Cayce, sie habe von einer College-Freundin geträumt, weil die Hochnäsigkeit und der Stolz des Mädchens ihr eigenes Gehabe im Hinblick auf ihr kommendes Kind darstellten.

Im Wachleben rufen die Tatsachen Assoziationen hervor. In Träumen diktieren Assoziationen die Tatsachen. Betrachtet man die Träume unter diesem Gesichtspunkt, sind sie gar nicht so verwirrend.

Träume, die im Unterbewußtsein entstehen, wenn es auf die Tagessorgen des Träumers reagiert, gestalten ihre Handlungen und Charaktere so, daß diese zwei Dinge gleichzeitig bewirken. Sie formulieren für den Träumer noch einmal irgendeine bewußte Sorge oder ein bewußtes Interesse, irgendeine Entscheidung oder einen Plan, die er auf der Basis seines gesamten Wissens „deduktiv" auszuknobeln versucht. Gleichzeitig zeigen sie ihm, wie dieselbe Situation „induktiv" aussieht, wenn sie von der ASW des Unterbewußten auf Fakten untersucht wird. Angesichts dieser komplizierten zweifachen Aufgabe ist es verwunderlich, daß die Träume nicht noch verwirrender sind. Manchmal freilich sagte sogar Cayce von einer Traumepisode: „Lassen Sie es lieber sein; sie wird wiederkommen", und zwar in verständlicherer Version.

Ein Traum von einer sprechenden Spinne am Haus eines Mannes klingt ziemlich absurd. Freilich nur, bis man weiß, was Cayce sofort sah, was aber die Frau des Mannes nicht wußte und was der Mann sich nicht einmal selbst eingestanden hatte: daß eine außereheliche Beziehung, die als Belanglosigkeit begonnen hatte, sein Heim bedrohte. Gleich einer Spinne spann die Geliebte

Netze, die immer stärker wurden. Und ihre unterminierenden Kommentare vollbrachten ein todbringendes Werk, wie die sprechende Spinne. Cayce sagte dem Träumer, die einzige Lösung sei die im Traum gezeigte: Er müsse die ganze Sache aus seinem Leben schneiden, mit chirurgischer Gründlichkeit und rasch. Der Traumbericht lautete folgendermaßen:

Ich stand auf dem Hof hinter meinem Haus, hatte den Mantel an. Ich fühlte etwas im Stoff, am Aufschlag des linken Ärmels. Ich versuchte es herauszubekommen, aber es hing am Stoff fest und riß ab, als ich es herauszog; ein Teil blieb drin. Es war ein Kokon, und aus der Bruchstelle kroch eine kleine schwarze Spinne. Der Kokon war schwarz, aus ihm fielen zahllose Eier – kleine – auf meinen Mantelärmel, den ich abstreifte. Die Spinne wuchs rasch und lief weg; während sie das tat, sprach sie in klarem Englisch, aber was sie sagte, weiß ich nicht mehr, ich erinnere mich nur, daß es etwas über meine Mutter war.

Das nächste Mal sah ich sie als große schwarze Spinne; ich wußte, daß es dieselbe war, nur ausgewachsen, fast so groß wie meine Faust – sie hatte einen roten Fleck und war sonst tiefschwarz. Sie saß jetzt in meinem Haus, hatte innen über die ganze Rückseite ein Netz gesponnen und beobachtete mich gemütlich. Ich holte einen Besen, fegte sie herunter und zum Haus hinaus. Ich glaubte sie getötet zu haben, doch wieder sprach sie. Ich erinnere mich, daß ich den Fuß auf sie stellte und dachte, sie sei tot.

Als ich sie das dritte Mal sah, hatte sie im Hinterhof ein großes Netz vom Boden bis zum Dach gebaut, in der Nähe der Stelle, wo ich sie aus meinem Ärmel geholt hatte. Als sie mich gewahrte, rannte sie schnell zur Dachrinne. Ich konnte sie nicht erreichen, warf aber meinen Strohhut, der zerriß das Netz, und die Spinne fiel auf den Boden; wieder sprach sie, und dieses Mal zerhackte ich sie mit meinem Messer.

Cayce schloß sein Reading über diesen Traum mit der Warnung: „Diese Beziehung hat ein solches Ausmaß angenommen, daß sie eine Gefahr für Herz und Seele . . . darstellt . . . Hüten Sie sich!

Hüten Sie sich!" Die Warnung war vergebens. Der Träumer fuhr nach Hause und kam nie wieder.

Ein solcher Traum ist verwirrend, versucht man ihn isoliert zu deuten. Er ist nicht verwirrend, kennt und deutet man den Träumer, dessen Situation durch irgend etwas Hinterhältiges, Selbstzufriedenes, Geschwätziges und Abstoßendes symbolisiert werden muß.

Eine ganz andere Situation führte bei Cayce selbst zu einem Spinnentraum. Er sah einen Betrunkenen, der ins Vergessen versank und sich in eine bedrohliche Spinne verwandelte. Als er ein Reading über den Traum machte, bekam er gesagt, der Traum gehöre zu einer Serie über die Behandlung der Kritik jener Menschen, denen seine Readings als das Werk des Teufels erschienen. Cayces Impuls war, so herzhaft zurückzuschlagen, wie es der Traum darstellte. Doch die Folge der Vergeltung ist immer ein Anwachsen der Opposition, die dadurch tödlicher wird; das stellte der Traum in dem verantwortungslosen Betrunkenen dar, der zu einem Giftträger wurde.

Cayce wußte, daß die Traumdeutung keine einfache Sache war, eben weil die Menschen nicht einfach sind. In seinen Hunderten von Traumreadings zeigte er auf, daß es vier Arten Traumbilder gibt: unsinnige, wahrheitsgetreue, symbolische und visionäre.

Wie unterscheiden sich Traumbilder?

Unsinnige oder bedeutungslose Traumbilder – wie sie u. a. mit Fieber einhergehen – treten auf, wenn der Körper auf eigene Belastungen reagiert, statt Bilder zur Selbstregulierung und Selbststärkung zu benutzen. Für Cayce entstand solches Traummaterial auf chemischem Weg, durch den Blutstrom: entweder aus Alkohol, den zu viele Süßigkeiten erzeugten, oder aus Sekreten endokriner Drüsen, woraus beispielsweise ein Sextraum als Begleitung eines nächtlichen Samenergusses entstehen konnte. Die Bilder eines solchen Traums waren selten mit bedeutsamen Bildern durchsetzt; diese erschienen vielmehr in eigenen Träumen oder Traumfragmenten. Als ein sinnlicher Träumer ein Traumfragment berichtete, in dem die Haare eines Mädchens angenehm über sein Gesicht strichen, sagte Cayce, das Fragment sei „lediglich physisch" und brauche nicht gedeutet zu werden oder dem Träumer Angst zu machen. Als jedoch derselbe Träumer einen vollständigen Traum mit einer Traumszene schilderte, in der ihm Mädchen unanständige Lieder ins Ohr sangen, bezeichnete Cayce diese Traumszene als wichtig – sie zeige, wie kleine Gedanken erotischer Phantasie ins Ohr des Unterbewußten gelangten und schwer steuerbare Tendenzen aufbauten.

An zweiter Stelle in Cayces Erklärung der Traumwelt rangierte eine Bildkategorie, die in Träumen häufiger auftrat als die unsinnigen Bilder: das wahrheitsgetreue Bild. Nach Cayces Auffassung von der Funktion der Träume bei normalen, unter keinem starken Streß stehenden Menschen dient ein großer Teil der Träume denselben Zielen wie das bewußte Denken: der Lösung von Problemen, die durch äußere Umstände entstanden. Befaßt sich der Träumer damit, Maschinen zu bedienen, wird er von der Handhabung dieser Maschinen träumen. Verlangt seine Stellung von ihm, daß er Verkäufer engagiert, wird er von den Qualifikationen der Verkäufer träumen. Macht sich eine Frau Sorgen, weil ihr Kind nicht läuft, wird sie träumen, wie sie es zum Gehen bringen kann. Fühlt sie sich durch das selbstüberhebliche Gebaren ihres Mannes in den Schatten gedrängt, träumt sie von seinem Gebaren. Überlegt sie, wie sie ihm in seinem Geschäft helfen kann, träumt sie vielleicht von einer schönen Dinner-Party für seine Partner oder davon, daß sie in seine Firma eintrete – einfach von etwas, das sich für sie eignet.

Die wahrheitsgetreuen Bilder stehen jedoch selten allein. Bei Cayces Träumern ging beispielsweise ein genaues Bild vom Tod der Mutter der Freundin mit symbolischem Material einher, das aufzeigte, wie man den Tod sehen solle und wie der Freundin zu helfen sei, wenn er käme. Ein wahrheitsgetreues Bild von den Notierungen einer bestimmten Aktie am nächsten Morgen wurde oft von einer Szene wie einem nach oben fahrenden Aufzug begleitet, worin sich der bevorstehende Kursanstieg ausdrückte, aber auch die Gefahr, daß man bei dieser Aktie den Boden unter den Füßen verliere. Das Wahrheitsgetreue und das Dramatische waren in Träumen, wie Cayce sie deutete, miteinander verwoben.

Wie erkennt man nun das Wahrheitsgetreue unter den phantastischen Elementen? Ebenfalls durch Deutung des Träumers und nicht des Traums allein. Man muß die bewußten Gedanken und Unternehmungen des Träumers kennen, um wahrheitsgetreue Trauminhalte herauspicken zu können, die seine bewußten Sorgen widerspiegeln. Jemand, der sich um einen kranken Verwandten Sorgen macht, sollte einen Traum von diesem kranken Verwandten auf wahrheitsgetreue Elemente untersuchen. Offeriert jedoch der Traum dem Träumer einen imaginären Verwandten oder rührt im Traum die Krankheit eines Verwandten von einem exotischen Leiden her, hat der Träumer weniger Grund, nach wahrheitsgetreuen Gesundheitshinweisen auszuschauen. Ein Mann, der in Aktien investiert, kann mit wahrheitsgetreuen Traumkommentaren über Aktienbewegungen rechnen; doch jemand, der sein Geld durch den Pferdehandel verdient, sollte wahrheitsgetreues Traummaterial nur über Pferde und nicht über Aktien erwarten. Obwohl Cayce den wahrheitsgetreuen Bildern in Träumen überraschend großen Raum zumaß – unvergleichlich mehr als jeder Psychologe oder Analytiker des Jahrhunderts, das die Träume wiederentdeckte –, sah er das *meiste* des Trauminhalts als symbolisch oder „emblematisch“ an. Mit dieser Ansicht stand er den Fachleuten in den Laboratorien und an den Behandlungssofas wieder wesentlich näher.

Die Hauptbilder der Träume, wie Cayce sie sah, gleichen Redewendungen, die bildlich dargestellt und aufgeführt werden. Füße und Schuhe haben oft mit dem Stehvermögen oder Fundament eines Menschen in seinen Unternehmungen zu tun. Träume vom Mund und den Zähnen hängen oft mit der ärgerlichen Funktion des Mundes zusammen – mit der Rede. Der Traum von einem

Mann ohne Kopf war in einem Fall eine kleine Warnung des Unterbewußten, der Träumer solle nicht wegen seiner Sorgen über seine Stellung den Kopf verlieren.

Die Träume bestehen jedoch weniger aus herkömmlichen Redewendungen als aus persönlichen Sprachfiguren. Es verhält sich damit ähnlich wie mit irgendeiner gewöhnlichen Melodie, die der eine vergißt, die aber bei einem anderen durch die Erinnerung an einen geliebten Menschen und „unser Lied" den Puls beschleunigt. Jeder Träumer hat nach Cayces Ansicht sein eigenes Repertoire an persönlichen Symbolen oder Sinnbildern, und diese sind geladen mit Bedeutungsnuancen, die sich in Träumen offenbaren. Männer, die von Frauen mehr als nur ein bißchen fasziniert waren, erlebten es, daß ihre Talente und die Versuchungen, in die sie gerieten, als Frauen dargestellt wurden. Träumer, die das Radio in seiner Frühzeit begeisterte und verblüffte, fanden im Rundfunk Bilder für ihre messianistischen Neigungen und für ihre Einstimmung auf das unsichtbare Göttliche. Ein Mann, der sich beim Aufkommen des Tonfilms für Aktien der Filmgesellschaft Warner Brothers interessierte, fand heraus, daß ein Traumbild von einem „Vitaphone" nicht nur die ausgezeichneten Aussichten der Aktien darstellte, sondern auch die Notwendigkeit, daß er bei Aktiengeschäften auf seine innere Stimme hörte.

Warum verwenden die Träume sinnbildliches Material, statt dem Träumer eine klare Führung zu gewähren? Cayce erklärte, die Träume hätten mehr zu vollbringen, als einfach Informationen zu liefern und Führung zu gewähren. Immer wieder behauptete er, die Träume dienten dazu, dem Träumer eine „Erfahrung" zu vermitteln. Sie sollten sein Herz rascher schlagen, seine Knie zittern, seinen Geist singen lassen. Sie seien „Happenings" für den Träumer, nicht einfach eine Bildersprache. Sieht jemand im Traum einen störrischen Bullen, wie es Cayce einmal tat, soll ihm damit nicht nur gesagt werden, er sei dickköpfig, sondern es soll ihm auch geholfen werden, selbst die ganze blinde Energie zu fühlen, vor der er im Traum zurückschrak. Die Träume sollen den Träumer irgendwie *verändern* und ihn nicht nur informieren. Um beides zu erreichen, müssen sie Symbole verwenden – Material, das bedeutungsvoll ist und beeindruckt.

Ein Traum Cayces, in dem er den Boden eines Hauses einstürzen und darunter einen Friedhof zum Vorschein kommen sah, war nicht nur eine Botschaft, daß er ein augenblickliches Unternehmen auf einem schlechten Fundament aufbaute; er sollte das Fundament auch als ebenso abstoßend wie einen Friedhof empfinden, als ebenso tot und nutzlos für ihn. Ein Mann, der seine wesentlich jüngere Frau im Traum über einen großen See schwimmen sah, um einen Preis ans andere Ufer zu bringen, bekam damit gesagt, er solle sie achten, und außerdem wurde in ihm das Gefühl geweckt, er müsse sie wegen ihres Fortschritts im Reifeprozeß loben. Ein Flecken auf dem Hemd eines Mannes, der im Geschäft unehrlich war, erschien im Traum nicht nur, um ihn an sein unsauberes Verhalten zu erinnern, sondern sollte in ihm auch seine befleckte Selbstachtung wieder wecken.

Die vierte Art Traummaterial, die Cayce oft als „Vision" oder „visionär" bezeichnete, ist der Veränderung des Träumers gewidmet, und zwar in ähnlichem Maße, wie das wahrheitsgetreue Bild seiner Information dient. Gleich den Symbolen ist dieses Material sinnvoll und prägt den Träumer, doch letzteres steht hier im Vordergrund und ist oft radikal. Cayce erlebte immer wieder, daß einfachste Menschen Träume von großer poetischer Kraft hatten, wenn sie wirkliches Wachstum suchten. Zwischen den lebhaften Szenen, die unsere Nächte ausfüllen, stellt sich von Zeit zu Zeit ein Traum ein, der aus einem Sagenband oder einer religiösen Schrift zu stammen scheint.

Einen solchen Traum hatte auch Cayce. Er träumte ihn zwei Jahre nach dem Verlust seines Krankenhauses und seiner Universität, als er immer noch darum rang, die Bedeutung seiner Gabe zu erkennen und herauszufinden, wie er seinen Lebensunterhalt verdienen könne. Der Traum gehörte zu einer Serie, die sich über mehrere Jahre erstreckte und ihn veranlaßte, auf seinen Schöpfer zu vertrauen statt auf wohlhabende Stifter oder auf das Aufsehen, das seine Hellsichtigkeit erregte. Sie stellte auch sein inneres Empfinden über seine Lebensaufgabe in dem Konflikt von mehr als nur persönlichen Kräften richtig dar. Auf ihrem Höhepunkt aber brachte sie ihm eine sehr persönliche Bestätigung, die er mit anderen teilen konnte. Der Detailreichtum dieser Traumserie war treffender Ausdruck einer Psyche, die ihn nicht nur zu einem fähigen Photographen, sondern zu einem preisgekrönten Photokünstler gemacht hatte.

Ich war auf dem Weg in ein Lager; hatte einen Riemen über der Schulter mit einer kleinen Tasche, die mich an ein Futteral für Ferngläser erinnerte, aber ich wußte, ich hatte eine Botschaft darin, die ich demjenigen bringen sollte, der Befehlshaber der Armee war, zu welcher ich ging.

Der kleine Behälter mit der Botschaft war ein Symbol, das in seinen Träumen oft auftauchte und sein Gefühl darstellte, er habe den Menschen etwas Wichtiges mitzuteilen, wenn er sich der seltsamen, schwierigen Arbeit des Sprechens in Trance unterziehe. Sein Traum ging weiter:

Es war eine rauhe Kletterei über den Berg.

Auch dieses Symbol erschien bei ihm oft, und seine Readings bezeichneten es als den Sinn seiner Lebensreise: aufwärts zu besserer Einstimmung auf den Herrn zu klettern.

Ich kam sehr früh am Morgen zu dem Lager herunter; es wurde gerade hell. Als ich in die kleine Schlucht herunterkam, wußte ich, daß dort ein Wasserlauf war, nicht breiter, als daß ein Mensch drübersteigen konnte.

Das in seinen Träumen ebenfalls häufig wiederkehrende Symbol des frischen Wassers sah er bereitwillig als das an, als was seine Readings es bezeichneten – „das Lebenswasser" der Geistigkeit, welches den Menschen angeboten werden mußte, indem man ihnen nach Möglichkeit half, wo sie es brauchten.

Ich sah eine Menge Menschen, weiß gekleidet: weiße Schuhe, Hosen, Mantel und Helm. Jeder hatte zwei Riemen über der

Schulter, einen mit einem großen, wie ein Kochgeschirr aussehenden Behälter.

Weiß gekleidete Wesen symbolisierten für Cayce wie auch für andere die Reinen im Dienste des Göttlichen. Das Bild erschien ihm sogar mehrmals in Visionen des Wachzustands.

Und sie waren in Vierergruppen geteilt, in diesen hatten sie ein Feuer mit irgendeinem kleinen Tiegel darüber. Sie machten das Feuer aus etwas, das sie aus dem Kochgeschirr gossen; es sah wie Sägemehl aus, aber es war rot, grün und braun und könnte gemahlener Kork oder Sägemehl gewesen sein. Aus der anderen Büchse gossen sie etwas in die Pfanne, und als sie es zusammenrührten, sah es wie ein Omelett aus oder einfach wie etwas Gutes zu essen, aber ich wußte nicht, was es war. Ich sah keine Waffen, Gewehre, Schwerter oder etwas dieser Art, doch ich wußte, es war eine Armee.

Das Bild eines Kriegers für den Herrn war für Cayce so stark, daß es ihm mindestens einmal in einer Vision des Wachzustands erschien.

Ich kannte keinen, aber die ganze Schlucht hinauf und hinunter konnte ich die Menschen ihr Frühstück in Vierergruppen bereiten sehen. Und ich fragte sie, wo der verantwortliche Mann sei. Sein Zelt stand weiter oben oder unten in der Schlucht. Ich konnte in der Ferne ein großes weißes Zelt sehen.

Es war nicht das einzige Mal, daß er träumte, zu der unsichtbaren verantwortlichen Person geführt zu werden.

Hier und da gesellte sich einer dazu und zeigte mir den Weg. Nach einer Weile kam ich zu einer Stelle, wo rechts drüben eine weitere kleine Schlucht lag, die nach rechts abbog. Und als wir uns ihr genau gegenüber befanden (ich und jene, die mir gefolgt und mitgekommen waren), hörten wir aus der Dunkelheit jemand auf dem Reisig gehen. Wir hörten das Reisig brechen, und wir hielten inne, um zu lauschen.

Da erschien eine Menge Menschen, dunkel gekleidet; keine dunkle Haut, aber ihre Kleidung war dunkel, nicht schwarz, son-

dern dunkelgrau, Brauntöne und dergleichen. Alle ihre Hüllen waren dunkel.

Es war typisch für Cayce, daß er „die Heerscharen der Finsternis“ nicht als schwarz sah, sondern nur als dunkel gekleidet. Ob im Wachzustand oder im Schlaf, ob bewußt oder in Trance, er kämpfte immer mit Menschen, die seinem Gefühl nach unrecht hatten oder sich hatten irreführen lassen, doch sie waren für ihn keine Ungeheuer – befanden sich nur im Dunkel. Für ihn gab es keinen schwarzen und weißen, paranoiden Kosmos, so wirklich auch die Unterteilungen sein mochten.

Dann stand der Engel des Lichts zwischen uns, so daß wir die Menge oder Gruppe der dunklen Menschen nicht sehen konnten.

Das Engelsymbol war Cayce so vertraut wie die Bibel, in der er viel las. Es hatte für ihn jedoch nichts Abgedroschenes, einmal wegen einiger intensiver Visionen, zum anderen wegen der Ehrfurcht, die sogar seine Readings bei den wenigen Gelegenheiten erfüllte, wo das Thema Engel in den Vordergrund rückte.

Dann erschien der Engel der Finsternis. Die Gestalten der Engel waren sehr viel größer als unsere als Menschen – höher, schwerer: natürlich war ihr Gesichtsausdruck viel klüger. Als der Engel der Finsternis erschien, war er dunkel wie die Menschen, die er führte, aber viel größer. Seine Flügel waren etwa wie Fledermausflügel, doch ich wußte, daß sie weder Federn noch einfach Fleisch waren, sondern das Mittel, schnell dorthin zu gelangen, wohin er wollte.

Die Imagination eines Kunstphotographen war hier zweifellos gefesselt. Cayce hatte ein echtes Erlebnis, er erwog nicht einfach im Traum irgendeine Idee.

Die Flügel schienen von den Lenden zu den Schultern zu gehen, nicht bloß etwas zu sein, das aus dem Körper wuchs – sowohl beim Engel der Finsternis als auch beim Engel des Lichts. Der Engel des Lichts hatte Flügel etwa wie Taubenflügel, doch sie erstreckten sich von den Lenden zu den Schultern, ließen seine Arme und Beine frei.

Nun begann die Aktion.

Der Engel der Finsternis bestand darauf, daß er (der Engel des Lichts) nicht im Weg stehen solle, und verlangte, daß ein Kampf stattfinde zwischen jemandem, den er wähle, und einem, den der Engel der Finsternis wähle. Dann wurde zwischen den zwei Mengen ein Platz freigemacht, etwas wie eine Arena, und ich wurde als der eine gewählt, der mit dem Menschen aus der Finsternis kämpfen sollte. Und wir rangen.

Ich spürte deutlich, daß ich meine Botschaft nicht überbracht hatte, und ich wußte einfach nicht, was ich in diesem Punkt tun würde – daß ich so lange gewartet hatte und daß ich ihnen nicht gesagt hatte, weshalb ich gekommen war, und ich fragte mich, warum sie mich gewählt hatten.

Cayces quälende Ängste wegen seines Lebens, seiner Gabe, seiner Botschaft zeigten sich hier. Er konnte nicht ahnen, daß er weniger als zwei Jahre später in Detroit wegen Praktizierens der Medizin ohne Zulassung vorübergehend inhaftiert werden sollte. Zu der Zeit, als er den Traum hatte, galten die Ängste seines Wachlebens mehr den Geldfragen – nur für sich und seine Familie genug zum Leben zu bekommen, wie es ihm einige seiner Träume gezeigt hatten.

Ich spürte noch immer den Riemen und das kleine Paket. Ich hatte nur ein Paket und fragte mich, warum ich nicht hungrig gewesen war, da die andern anscheinend essen mußten, aber ich hatte nur die Botschaft zu überbringen.

Dann begann ich mich zu fragen, ob mich meine Kraft verlassen würde – ob der Sprößling oder das Kind der Finsternis mich in den Schmutz werfen würde. Es wäre entsetzlich.

Cayce machte unter Streß die Erfahrung, wie seine Träume zeigten, daß er u. a. eine Neigung zur Depression entwickelte, daneben aber auch eine Tendenz, auf die attraktiven Frauen zu reagieren, die ihn oft umgaben. Er bekämpfte diese Tendenz im vollen Bewußtsein ihrer Realität und ihrer Gefahr für seine Familie und seine Arbeit oder „Botschaft“.

Aber ich wußte, wenn ich mich an ein Wort erinnerte, das ich sagen mußte, konnte er es nicht; und ich versuchte und versuchte zu denken und fand es nicht. Ich konnte mich nicht erinnern, was in der Botschaft geschrieben stand, die ich überbringen sollte.

Schließlich kamen wie genau aus meiner Mitte die Worte, die ich laut sprach: „Und siehe, ich bin bei euch alle Tage bis an der Welt Ende." Als ich das sagte, wich jedermann aus der Finsternis zurück, und es war ein großes Rufen von den Menschen in Weiß, das die Schlucht hinauf- und hinunterklang. Und als sie zurückwichen, streckte der Führer oder Engel der Finsternis (als jener, mit dem ich rang, zurückwich) die linke Hand aus und schlug mich auf die linke Hüfte.

Das weckte mich; und ich hatte schreckliche Schmerzen in der Hüfte.

Der Schluß des Traums ähnelte unleugbar dem biblischen Traum Jakobs, in dem er mit dem Engel rang. Er enthüllte auch, daß Cayce wußte, er werde nie ein Mensch vollendeten Benehmens und vollkommener Tugend sein, sondern einer, den die Finsternis genauso berührte und schmerzhaft anfaßte wie andere – ein Urteil, das seine anderen Träume bestätigten.

Doch der Kernpunkt der Vision war das Bibelzitat, das aus dem Zentrum seines Wesens kam und seine Arbeit als etwas anderes denn eine mediale Neuheit definierte: als ein Mittel, die Menschen wach zu machen für die stete Gegenwart Gottes. Aber um das Bibelzitat aussprechen zu können, um „seine Botschaft zu überbringen", mußte er sich seines Zentralgedankens bewußt sein – auch inmitten der größten Verzweiflung und Nöte. Wenn seine Botschaft nicht einmal für ihn selbst in seiner Unsicherheit und seinen finanziellen Engpässen galt, wie wollte er sie dann an andere weitergeben?

Der Zentralgedanke der obigen Vision unterschied sich nicht wesentlich von jenem, den Cayce genau zwei Jahre früher im Wachzustand gehabt hatte: nach dem Verlust seines Krankenhauses, als er am liebsten gestorben wäre, wie seine Readings ihm sagten. Eines Tages berichtete er: „Als ich in der Kirche war, sprachen die Worte im Liederbuch zu mir und tanzten genau vor meinen Augen. Die Worte: ‚Meine Gnade reicht aus für dich' schienen mir eingehämmert zu werden."

Wenige Träume Cayces und der von ihm beratenen Menschen waren so stark wie sein symbolischer Traum von den Heerscharen des Lichts und der Finsternis, in dem sein klarer, aber fester Behälter den richtigen Gedanken für ihn und für die paar enthielt, die ihm gefolgt waren. Doch solche Träume kamen vor, und Cayce maß ihnen viel Gewicht bei.

Waren sie der Ausdruck von Geisteskrankheit?

Man mußte den Träumer deuten, nicht nur den Traum. Da Cayce sein Leben auf religiösen Motiven aufgebaut hatte und er sich beruflich in tiefster Verzweiflung befand, waren solche Symbole vermutlich passend und nicht krankhaft. Zu einer anderen Zeit, als er ein erfolgreicher Ölmann war und in den besten Hotels abstieg, hätten diese Symbole wohl eine andere, ominösere Qualität gehabt. Dann wäre er vielleicht von seinen Readings getadelt worden, wie einer seiner Träumer, der folgenden Traum berichtete:

„Kaufe oder verkaufe fünfhundert Aktien von General Motors. Ich bin der Herr, dein Gott."

Cayce sagte in seinem Reading, daß der Träumer hier keine göttliche Führung erhalte, sei aus der unklaren Anweisung zu ersehen, er solle kaufen oder verkaufen. Cayce warnte den Träumer und erklärte, ein solcher Traum verweise auf mangelndes Gleichgewicht im Verständnis und in den Aktionen des Träumers. Die Trennlinie zwischen göttlicher Hilfe und Geisteskrankheit ist vielleicht sehr dünn, aber sie besteht. Sie ist in Wirklichkeit „eine unüberwindliche Kluft", wie Cayce in dem bereits erwähnten Reading für den Mann sagte, der andere durch die Vorhersage seines eigenen Todes beeindrucken wollte. Nicht alle Symbolinhalte sind dazu gedacht, den Träumer zu ermutigen; sie stellen oft auch eine krasse Karikatur der Anmaßung des Träumers dar.

Kann man angesichts der Unsicherheit bei der Deutung jeder Art Trauminhalt jemals sicher sein, einen Traum richtig gedeutet zu haben?

Ist es möglich, der Traumdeutung sicher zu sein?

Cayces erste Antwort auf diese Frage entsprach seiner Beurteilung der Rolle der „Erfahrung" im Träumen. Es ist die Aufgabe vieler Träume, den Träumer in seinem Leben und Gesamtwachstum voranzubringen, und dieses Voranbringen hat auch in der Traumdeutung eine wichtige Funktion. Eine armselige Deutung, die den Sinn des Traums nur teilweise erfaßt, aber dazu führt, daß der Träumer über einen wichtigen Aspekt seines Lebens nachdenkt, ist letztlich gar keine so schlechte Deutung. Cayce legte mehr Wert auf Wachstum als auf Worte.

Doch jene Menschen, die ihre Träume mit seiner Hilfe zu deuten versuchten, wollten natürlich zuverlässige Mittel zur Beurteilung ihrer Deutungen haben. Er nannte ihnen drei.

Das erste ist der Vergleich der Traumaufzeichnungen als solcher. Gewöhnlich konzentrieren sich mehrere Träume einer Nacht auf dieselbe Frage, dasselbe Problem oder dieselbe Erweckung. Punkte, die in einem Traum klar sind, sollten eigentlich Licht auf die anderen Träume derselben Nacht werfen. Natürlich müssen die aufeinanderfolgenden Episoden eines Traums, so unlogisch sie an der Oberfläche auch verbunden sind, auf gleiche Motive untersucht werden, ob diese nun immer wieder auftreten oder sich nur in Teilen zeigen. Und die Deutung eines Traums muß mit vergangenen Deutungen ähnlicher Träume verglichen werden. Häufig verwendete Cayce in seinen Readings die Wendung: „. . . wie gesehen wurdę", um auf vorausgegangene Träume zu verweisen und den Träumer aufzufordern, einen Traum im Rahmen seiner gesamten aufgezeichneten Träume zu deuten, statt sich nur einen einzigen Traum vorzunehmen.

Traumdeutungen können und sollen zum Teil beurteilt werden, indem man sie mit früherem Traummaterial vergleicht und auf

Veränderungen untersucht. Wird ein Thema oft wiederholt, hat der Träumer höchstwahrscheinlich das Wesentliche noch nicht begriffen – oder nicht entsprechend gehandelt. Entwickelt sich jedoch ein Thema in aufeinanderfolgenden Träumen weiter – erfolgt beispielsweise eine Mäßigung der sexuellen Gier in bezug auf den Geliebten –, darf der Träumer daraus schließen, daß er das Traummaterial wirksam deutet und daß sich in ihm die Kräfte entwickeln, die Träume hervorbringen.

Als zweites kann der Träumer seine Deutungen beurteilen, indem er sie gegen die subjektiven Eindrücke abwägt, die er von ihnen hat. Ein Gefühl der Lösung innerer Panik signalisiert gewöhnlich eine richtige Deutung, so unangenehm auch die Deutung sein mag, welcher der Träumer ins Auge zu sehen hat. Ein Gefühl gesteigerter Wachsamkeit, erhöht durch übermäßige Angst, kann anzeigen, daß man eine Warnung über irgend etwas Bevorstehendes in den äußeren Angelegenheiten, das durch den Traum angekündigt wurde, richtig erfaßt hat. Relative Sicherheit in der Traumdeutung wird die Folge sein, wenn man erkannt hat, wie sich ein bestimmtes Thema in einer Traumserie wiederholt – denn psychologische Sicherheit rührt laut Cayce aus beständiger Wiederholung her, aus dem Aufspüren gesetzmäßiger Prozesse. Auch das Erwachen neuer Entschlußkraft, neuer Gefühle oder neuer Lebenshaltungen kann signalisieren, daß man die wesentliche Botschaft eines Traums erfaßt hat.

Cayce ermutigte seine Träumer, sich auf „die noch kleine Stimme innen“ zu verlassen, wenn sie erst einmal diese Stimme vom Lärm des Bewußtseins oder der Angst oder des Moralempfindens unterscheiden gelernt hätten. Es sei eine Stimme, die sie zur Führung in der Traumdeutung nutzen könnten und ebenso zur Führung beim Steuern eines Wagens, in einem Geschäft oder in einer Auseinandersetzung.

Als drittes nannte Cayce seinen Träumern einen umfassenderen Test zur Beurteilung ihrer Traumdeutungen. Er wies sie an, die Qualität ihres Lebens unter die Lupe zu nehmen. Wenn sie wuchsen, wenn sie sich in ihrem Lebensalltag wirksam einsetzten, bestand die Chance, daß sie den Hauptstrom ihrer Trauminhalte begriffen und in derselben Richtung arbeiteten statt dagegen.

Das Testen ihres Lebens konnte ganz einfach sein und beispielsweise darin bestehen, daß sie feststellten, wie reizbar sie waren. Doch besser als die Untersuchung des eigenen Lebens im Hinblick darauf, ob sie mit sich zufrieden oder unzufrieden sein sollten, war die Untersuchung der Qualität ihrer Beziehungen. Cayce wurde nie müde zu betonen, wie absolut wichtig „die Früchte des Geistes" für die Qualität der Vorwärtsentwicklung eines Lebens sei. Geduld, Freundlichkeit, Hilfsbereitschaft, Nachsicht – das sind laut Cayce keine Kennzeichen eines schwachen, femininen Charakters, sondern eines Charakters, der zu sich selbst und zu seinem Herrn gefunden hat und seine Ängste nicht auf andere projiziert. Ein Mensch, dessen nächste Umgebung – seine Familie, seine Verwandten und seine Geschäftspartner – ihm Tag für Tag ihre Zufriedenheit ausdrückt, zählt zu jenen Träumern, die den besten Gesamttest für die Richtigkeit ihrer Arbeit mit ihren Träumen kennen. Diese Menschen würden die meisten Träume begehren, sagte Cayce, einfach weil ihnen das Wesen und Verhalten eines Träumers am deutlichsten bekannt seien.

Praktische Fähigkeiten des täglichen Lebens dürfen bei dieser Beurteilungsart der Richtigkeit von Traumdeutungen nicht ignoriert werden. Arbeitete ein Träumer gut mit seinen Träumen, müßte er besser Golf spielen, wie Cayce über einen bestimmten Traum sagte. Er müßte bessere geschäftliche Entscheidungen treffen, bessere Reden halten, mehr Geld verdienen – und so sei es mit allen anderen Dingen. Eine Frau müßte in größerer Alarmbereitschaft hinsichtlich Gefahren und Krankheiten sein, die den ihr Anvertrauten drohten. Sie müßte sich geschmackvoller kleiden, eine bessere Gastgeberin sein, besser über Politik oder Religion diskutieren, besser einkaufen und Angestellte besser beaufsichtigen – alles Dinge, zu denen Träume verhalfen, wie Cayce seinen Träumern zeigte.

Bei dieser dritten Beurteilungsart ihrer Traumdeutungen, nämlich durch Prüfung des Schwungs und der Qualität ihres Lebens, konnten sich Cayces Träumer, wie er ihnen sagte, auch auf ihre Einschätzung durch jene Menschen verlassen, die mit ihnen in Gruppen für geistige Forschung zusammenarbeiteten (die Arbeit in solchen Gruppen empfahl Cayce allen seinen Träumern in der Zeit nach dem Verlust des Krankenhauses). Menschen, die mit dem Träumer Woche um Woche zusammenkamen, um aufrichtig und eingehend über ihren wirklichen Lebensaufbau zu sprechen, ließen sich von ihm nicht leicht oder nicht ganz täuschen, besonders wenn sie täglich füreinander beteten, wie sie sollten. Die Traumdeutungen konnten an ihnen erprobt werden, da Gruppenmitglieder das Leben des Träumers und nicht nur seinen Traum zu deuten vermochten.

Wie läßt sich die Nützlichkeit der Träume steigern?

Wenige Dinge, die Cayce zu den von ihm geschulten Träumern sagte, ließen sich besser nachprüfen als seine Behauptung, ihre Träume würden sich ändern, wenn sie daran arbeiteten.

Die Träume veränderten sich in der Länge. Zuerst waren es Bruchstücke. Dann hatte der Träumer eine gewisse Zeit weitschweifige, lange Träume, als gehe er über die Gefilde seines inneren Besitzes. Danach entwickelten die Träume schärfere Definitionen. Dies geschah zum Teil, weil die Träumer spürten, welche Träume wichtig waren, welche sie im Gedächtnis behalten und Cayce vorlegen mußten. Doch zum Teil schien auch ihre Psyche den gewünschten Trauminhalt und das gewünschte Traumerlebnis in schärferer Form, in knappen Kommentaren und in Szenen zu präsentieren, die bereits deutende Gedanken enthielten.

Die Träume vermittelten auch, wenn sie sich im Lauf der Jahre entwickelten, mehr religiöse Erlebnisse. In dieser Änderung widerspiegelte sich vielleicht zum Teil Cayces Lebensorientierung. Zum Teil dürfte sie aber auch eine Folge des Stresses gewesen sein, unter den ein Träumer durch die Entdeckung geriet, daß er von

Aktien träumen konnte oder von einer Begegnung mit Toten oder von vergangenem Leben oder von Krankheit und Heilbehandlungen. So zu träumen war in der amerikanischen Kultur etwas Befremdliches, anders als beispielsweise in Tibet, und es warf beim Träumer Fragen nach den letzten Dingen des Lebens auf. Doch teilweise mochte die Veränderung auch aus der eigenen geistigen Klarheit des Träumers herrühren, aus der Fähigkeit seiner Seele oder seines Überbewußten, zu ihm durchzudringen, nachdem er mit den Belastungen seitens des unmittelbarer drängenden unbewußten Materials fertig geworden war.

Die Träume zeigten eine Tendenz, über vertraute Themen hinauszugehen und zu immer tieferen Ebenen vorzudringen. Bei einem Mann, dessen frühe Sexträume großes Gewicht auf Beherrschung legten, trat das Thema Sex viele Monate später in einer Traumserie wieder auf, die neben der Leidenschaft Mitgefühl forderte. Dann, noch später, folgte auf mehrere Träume eine tiefschürfende Überprüfung seines gesamten Sexuallebens, in der eine Stimme zum Schluß erklärte, die Krönung der Männlichkeit sei es, anderen Samen zu geben, Samen für ihr Gesamtwachstum. Die griechische Vorstellung vom Logos spermatikos wurde hier in den Träumen eines Geschäftsmanns aus dem zwanzigsten Jahrhundert entwickelt, der keine klassische Bildung besaß (aber laut Cayce in einem früheren Leben Grieche gewesen war).

Die Träume zeigten Zyklen, wie sie auch die Analytiker feststellten. In diesen Zyklen wechselten Perioden von mehreren Wochen oder Monaten, in denen die Träume den Träumer aufbauten, mit Perioden ab, während derer sie ihn auseinandernahmen. Es war, als hebe ihn die Psyche systematisch auf neue Ebenen der Reife und schleife dann mitleidlos seine Unsauberkeiten ab, bis es wieder Zeit war, ihn emporzuheben.

Ein verblüffendes Merkmal in den Traumaufzeichnungen eines Mannes war das Auftauchen einer Stimme, die in Träumen zu ihm sprach, den Kernpunkt eines Traums andeutete und Kommentare zu Traumszenen gab oder einfach den Kernpunkt eines Traums veranschaulichte und Traumszenen erläuterte oder einfach den Träumer instruierte bzw. tadelte. Andere Träumer erlebten dasselbe Phänomen, aber nie in so dramatischer Weise.

Cayce behauptete, die Art des Träumens sei bei den Menschen genauso verschieden wie ihre Fingerabdrücke – oder wie die Kennzeichen der Seele auf ihrer langen Reise durch viele Leben.

Eine andere Form der Veränderung erfolgte durch die Ähnlichkeit zwischen Träumen und Impressionen des Wachlebens. Ein Mensch, der davon träumte, mit den Toten einer anderen Ebene zu sprechen, begann ihre Gegenwart und Gedanken während des Wachseins in Augenblicken der Ruhe zu spüren. Ein Mann, der von Aktienbewegungen träumte, bevor diese auftraten, begann beim hektischen Handel in der Börse zu spüren, was als nächstes mit bestimmten Aktien geschehen würde. Eine Mutter, die von den gesundheitlichen Bedürfnissen ihres Babys träumte, begann im Wachleben genau zu erkennen, wann es krank war und wann einfach launenhaft. Ein junger Mann, der Fremden gegenüber scheu und streitsüchtig war, träumte nicht nur, wie er mit jedem ihm Begegnenden in Verbindung treten sollte, sondern hatte auch spontane Eingebungen, wie er sich Menschen nähern und ihnen zuhören sollte.

Eine bemerkenswerte Veränderung der Träume im Lauf mehrerer Jahre des Traumstudiums war der Übergang zu Fragen, die über die persönlichen Angelegenheiten des Träumers hinausgingen. Politische Fragen, religiöse Tendenzen, die Bedürfnisse der Entwicklungsländer, der Konflikt zwischen modernen Werten, die lange Reise der Seele, die Kontrolle von Epidemien – diese Angelegenheiten rückten in den Brennpunkt der Träume. Es war, als bahne sich der Träumer seinen Weg durch seine eigenen Schichten bis hinunter zu jenen Schichten, die er mit anderen Menschen seiner Zeit teilte. Cayce sagte, die Probleme, die auf diese Weise auftauchten, seien natürlich von den Interessen des Träumers in vergangenen Leben gefärbt. Er hielt das transpersonale Träumen jedoch trotzdem für bedeutsam, vorausgesetzt der Träumer hatte sein eigenes Leben fest im Griff. Cayce widmete solchen Träumen sogar lebhafteste Aufmerksamkeit, denn sie stimmten mit seiner Behauptung überein, kein Leben sei voll gelebt, das nicht für andere gelebt werde.

Schließlich boten die Träume jenen Träumern, die Cayce schulte, im Lauf der Jahre völlig neue Erlebnisse. Einige davon waren sehr drastisch. Als ein Träumer zum erstenmal im Traum einem verstorbenen Verwandten begegnete, war er wochenlang erschüttert. Noch stärker war die Wirkung, wenn Träumer das seltene, aber entscheidende Erlebnis hatten, im Traume Christi zu begegnen. Doch auch schon das Erlebnis, die genauen Gedanken und Gefühle irgendeines lebenden Menschen zu untersuchen, prägte sie.

Andere neue Erlebnisse waren weniger verblüffend, dafür abenteuerlicher: ein kurzer Blick auf eine Szene aus einem vergangenen Leben; die Entgegennahme der Zeichnung einer Erfindung; das Betrachten einer traumhaften Meerlandschaft von strahlender Schönheit; die Entdeckung, daß zwei Menschen in derselben Nacht dasselbe geträumt hatten; das Träumen vom Standort und Aussehen einer Kiste, in der ein Schatz vergraben worden war; das Träumen von einem Freund, kurz bevor dieser überraschend eintraf.

Das Auftauchen eines „neuen Erlebnisses“ im Traum signalisierte eigentlich immer, daß dieser Traumtyp künftig zum ständigen Repertoire des Träumers gehören würde. Von nun an konnte er jederzeit in solcher Weise träumen. Wahrscheinlich tat er es auch. Hatte die Psyche einmal die Tür zu einem bestimmten Traumtyp geöffnet, schien sie eine Serie derartiger Träume zu programmieren, wie um den Träumer in dem neuen Traumtyp zu trainieren – vorausgesetzt der Träumer wollte so träumen. Der Wille scheint hier eine Rolle zu spielen. Cayce sagte einer Frau, die vor Angst schrie, als sie in einem Traum ihren toten Bruder sah, sie brauche keine Angst zu haben, solche Träume würden nicht mehr auftreten, wenn sie es nicht wolle und auch nicht –

wegen des Reizes der Neuheit und Spannung insgeheim in einem Winkel ihrer Seele – wünsche.

Wenn sich die Träume in den Zeiträumen, in welchen man sie studiert und praktisch nutzt, so stark verändern, können sie dann nicht auch ganz bewußt „gezüchtet" werden?

Cayces Antwort auf die Frage, wie man klarere und nützlichere Träume züchte, blieb immer dieselbe: Die Träume praktisch nutzen. Ein Photoamateur, der im Traum seine Dunkelkammer betrat und seine Sicherheitslampe zerschmettert auf dem Boden fand, bekam klipp und klar gesagt, sein inneres Führungslicht werde verlöschen, wenn er es nicht getreulicher gebrauche. Zu den Warnungen, die Cayce immer wieder voll Ernst wiederholte, gehörte folgende: „Zu wissen und nichts zu tun ist Sünde." Einem Träumer, der alte Krieger in voller Rüstung müßig köstliches Obst essen sah, wurde eröffnet, er schaue wegen seiner Tatenlosigkeit im Zusammenhang mit Traumerkenntnissen für sein höheres Selbst genauso lächerlich aus wie die Krieger für ihn.

Die Qualität der Träume wird jedoch, wie Cayce sagte, weder durch blinde Aktivität noch durch krampfhaftes Traumstudium verbessert. Jeder Mensch, der wachsen will, sei es in Träumen oder im Wachleben, muß seine eigenen, für ihn gangbaren Ideale finden. Worte allein genügen nicht. Cayce sagte, man könne ja seine Liebe zu Gott bekennen, in Wirklichkeit aber dem Herrn nur schmeicheln wollen. Er sagte dies in einem Reading, in dem er den Träumer aufforderte, zu unterscheiden zwischen dem aus tiefstem Herzen kommenden Ruf: „Wie der Hirsch schreit nach frischem Wasser, so schreit meine Seele, Gott, zu Dir", und der schlauen Behauptung: „Ich weiß, daß Du ein gerechter Gott bist und jene belohnst, die Dein Antlitz suchen." Der ganze Unterschied zwischen einem großen und einem schäbigen Ideal läßt sich aus diesen beiden Bibelzitaten ablesen. Die Ideale, auf die es ankommt, zeigen sich in den Ausnahmesituationen des Lebens – Macht, Reichtum, Ruhm, Tod und Sex. Was denkt der Träumer wirklich über diese Dinge, und warum denkt er es? Ist sein Ideal wirklich sein eigenes, geboren aus Nachdenken, Entscheidung und erneutem Nachdenken? Oder ist es lediglich Konvention?

Hat der Mensch einmal Klarheit über sein eigenes tiefstes Ideal gewonnen, so schwer dies auch in Worte zu kleiden und darzustellen ist, muß er beginnen, seine Psyche damit in Einklang zu bringen, oder seine Träume werden ihn in ständigem Konflikt mit sich selbst zeigen. Zur Herstellung der Harmonie zwischen der Psyche und ihrem Ideal sowie letztlich ihrem Schöpfer gehört es, daß man die Angst ablegt, die aus Fehlern der Vergangenheit herrührt. Es gibt natürlich eine gesunde Angst, die eine Seele haben sollte, wenn sie wiederholt dem Besten, das sie kennt, den Rücken zuwendet. Aber morbides Beharren bei Fehlern und Exzessen der Vergangenheit hat keinen Platz in einem Programm zur Verbesserung der Träume. Cayce war in diesem Punkt fest. Er lehnte die Selbstverurteilung ab, wo er ihr begegnete, und drängte darauf, Schuld durch Aktion in der Gegenwart gutzumachen. In einem seiner verblüffenden Aussprüche sagte er zu einem Träumer, der unangenehme Erinnerungen an sexuelle Befriedigung auf Kosten der Frauen in seinem Leben hatte, daß „kein Zustand jemals verlorengeht". Welchen Fehler der Träumer auch begangen habe, und sei es Grausamkeit, wenn er sein Leben offen in die Hände des Besten lege, das er kenne, werde er feststellen, daß sich seine bitteren Früchte im Lauf der Jahre in den Wein des Verständnisses für andere verwandelten. Was für einen Menschen „der Stein, über den man stolpert" gewesen sei, könne eine Stufe zur Liebe und Hilfe für andere werden, und zwar durch eine Aktion des tiefen Empfindlichmachens – vorausgesetzt die Psyche sei so ausgerichtet, daß sie diese Verwandlung erlaube.

Cayce lehrte seine Träumer noch andere umfassende Verfahren zur Verbesserung der Traumqualität. Sie sollten eine eigene Lebensphilosophie ausarbeiten, damit ihr gesamter Geist aus einer Überzeugung operieren könne, die bis ins Unterbewußte der Seele hinabreiche. Sie sollten den Sinn von Traumsymbolen auf die Symbole übertragen, die sie im Wachleben gebrauchten – angefangen vom

Dekor eines Büros bis zu den symbolischen „Lebenssiegeln", welche sie vielleicht für ihre Wände als eine Art seelischer Erhebung ersannen. Sie sollten neue Traumtypen studieren, große Symbole aus alten Kulturen in sich aufnehmen, um Führung hinsichtlich bestimmter Trauminhalte beten, ihre Impressionen des Tages aufzeichnen, an dem sie über ein bestimmtes Thema geträumt hatten. Er lehrte sie auch gewisse Kniffe der Deutung mittels Richtlinie und Beispiel. Sie sollten zuerst, genau wie er es machte, die Gesamttendenz eines Traums feststellen. Hatte er glücklich oder unangenehm geendet? Welches war die globale Haltung oder Stimmung, die der Traum im Träumer hervorrief, und warum könnte diese angebracht sein? Ein Träumer sah, wie ein jüdischer Freund seine Frau zwang, christliche Lieder zu singen. Cayce sagte ihm, er müßte in dem Traum eigentlich unschwer seine eigene Neigung erkennen, Familienmitgliedern Überzeugungen aufzuzwingen.

Welche Möglichkeit der Wahl ließen die Träume dem Menschen bzw. ließen sie ihm überhaupt eine? Ein Mann sah sich im Traum, wie er Feuerwerkskörper abschießen wollte, um die Mädchen am Strand zu unterhalten; doch die Feuerwerkskörper wurden ihm von einem anderen weggenommen, der sie zündete und von den Zuschauern mit Applaus bedacht wurde, während der Träumer traurig abseits stand. Als aber der Träumer das Feuerwerk beobachtete, wurde seine Aufmerksamkeit von der Schönheit der Funken gefesselt, die am Himmel standen und sich in dem alten Ozean spiegelten. Cayce sagte, die Möglichkeit der Wahl bestünde oft, nämlich der Wahl zwischen folgendem: einem Spiel um Applaus von den Mitmenschen und dem Belassen der Augen auf den Funken des Ewigen, das man in den Mitmenschen und in der gesamten Schöpfung aufspüren könne. Ein verheirateter Mann folgte im Traum einem hübschen Mädchen, das mit schwingenden Hüften in vielsagender Weise die Straße hinabging; doch er bemerkte, daß sie, als sie ein Taxi rief, genau wußte, wohin sie wollte, und er widerstand der Versuchung, ihr Avancen zu machen. Welchen Weg der Annäherung sollte der Träumer einschlagen, fragte Cayce. Den

Pfad der Verführung oder den Pfad eines solchen Wissens um die eigenen Ziele, daß er andere anzog statt beunruhigte?

Traumhinweise müssen nicht unbedingt kompliziert sein. Cayce träumte von Salomo und bekam in einem Reading prompt gesagt, er solle Salomos Weisheit anstreben, aber nicht dessen Vorliebe für Frauen. Einer Frau, die sich im Traum auf einem Schiff im Nebel sah, eröffnete das Reading, sie „schwimme" tatsächlich im wirklichen Leben. Einem Geschäftsmann, der im Traum zwei Gestalten sah, eine dicke und eine magere, wurde erklärt, er habe eine Karikatur zweier Haltungen gegenüber einer Situation in seiner Arbeit gesehen: einträglichen Optimismus und wenig lohnenden Pessimismus.

Diejenige Forderung aber, die sich wie ein Silberfaden durch Cayces siebenhundert Traumreadings zog und immer gestellt wurde, wenn er anderen erklärte, wie sie ihre Träume und ihre Traumdeutungen verbessern könnten, war auch ein vertrautes Kennzeichen aller anderen Readingtypen – der medizinischen, Lebens-, Geschäfts- und aktuellen Readings. Es war die Forderung zu dienen.

Für manche Träumer bedeutete das Dienen durch Träume, daß sie buchstäblich für Mitmenschen träumten und ihnen Hilfe und Rat gewährten. Doch solche Träumer waren selten unter denen, die Cayce konsultierten. Andere Träumer wurden ermutigt, Zeichnungen anzufertigen oder Geschichten zu schreiben, die auf ihren Träumen basierten. Oder sie sollten Aktientips aus ihren Träumen mit anderen teilen. Oder aus ihren Träumen die Gesetze menschlicher Entwicklung lernen und diese Gesetze Gruppen interessierter Erwachsener lehren. Oder andere lehren zu träumen. Oder für jene beten, die ihnen in ihren Träumen gezeigt wurden. Jeder hatte eine andere Gabe.

Wie diese Gabe auch immer sei, sagte Cayce, es gebe ein Gesetz über ihre Entwicklung, das für alle Gaben gelte. Als erstes müsse der Träumer sie bei jenen anwenden, die ihm am nächsten standen. Kann ein Mann nicht liebevoll zu seiner Frau sein, vermag ihm kein Traum zu helfen, in anderen Liebe zu wecken. Kann man seine Kinder nicht die Grundprinzipien des Lebens lehren, hat es keinen Sinn, sie anderen zu predigen. Kann man einen Partner in einer geschäftlichen Entscheidung nicht durch Träume führen, darf man nicht erwarten, die Regierung zu führen. Dergestalt geht das Wachstum vor sich. Zuerst muß sich der Träumer ändern und wachsen. Anschließend muß er einen Weg finden, durch bescheidenes Dienen jene Menschen an seinem Wachstum teilhaben zu lassen, die ihm im täglichen Leben am nächsten stehen. Nur dann ist es möglich, daß er Träume hat, die gelegentlich den führenden Persönlichkeiten in seiner Berufssparte oder seiner Gesellschaftsschicht oder seiner Kunstschule oder seiner Reformbewegung zu helfen vermögen – indem sie ihm helfen, ihnen zu helfen.

Auf dieses Gesetz verweist auch das Scheitern der ersten Träumer, die Cayce in der Nutzung der großen Möglichkeiten schulte, welche er für sie sah und welche sie von Zeit zu Zeit selbst in ihren Träumen und ihrem Leben erkannten. Sie lösten sich von ihren Familien. Das war ein Schlag, den ihre angespannte Psyche nicht überlebte, während sie nach den Höhepunkten des Träumens strebte. Bei seinen nächsten Träumern legte Cayce nicht auf die Fähigkeit des Träumens am meisten Wert, sondern auf Liebe und Produktivität. Beides konnte man in der Familie verwirklichen, ebenso in der täglichen Arbeit und in der Gemeinschaft, die zum Studium und Gebet zusammentraf. Cayce sagte, nur dieser Lebenswandel – der Lebenswandel des Gebens, Gebens, Gebens – werde den Strom der Träume rein halten und immer stärker fließen lassen.

Sein Urteil erwies sich als richtig. Bei einer so ausgerichteten Förderung durch ihn wurden Hausfrauen Schriftstellerinnen – und blieben gute Ehefrauen. Ein Kapitän wurde Verwalter einer Forschungsgesellschaft – und blieb ein guter Kapitän. Ein Schullehrer wurde Religionslehrer – und zugleich ein besserer Lehrer. Eine Stenographin wurde Kuratorin der ASW-Aufzeichnungen – und lernte, anderen vorzustehen. Eine Mutter wurde für übersinnliche Einflüsse empfänglich – und blieb eine gute Mutter. All diese Menschen arbeiteten mit ihren Träumen, sie arbeiteten jahrelang hart damit. Keiner von ihnen zerstörte die Struktur seines Lebens.

Wenn Cayces Träumer in Träumen wachsen wollten, mußten sie zusammenwachsen.

TEIL III

ASW IN TRÄUMEN

Träume von der Zukunft und der unbekannten Gegenwart

Das Jahrhundert der Wiederentdeckung der Träume ist auch das Jahrhundert der wissenschaftlichen Erforschung übersinnlicher Phänomene.

Zwei Forschungsrichtungen führten dazu, daß es in den Bibliotheken ganze Regale voller Bücher und Zeitschriften gibt über Telepathie, Hellsehen, Eigenschaften der Medien, Psychokinese, Fortleben nach dem Tode, Wünschelrutengehen, Visionen durch Rauschmittel und das Heimkehrvermögen von Tieren. Die eine Forschungsrichtung besteht im Sammeln spontaner Erlebnisse – sie ist das Werk von Naturalisten. Die andere Richtung widmet sich der Bestimmung gesetzmäßiger Abweichungen in den Phänomenen – das Werk von Laborforschern. Beide Richtungen erbrachten eine verblüffende Menge Unterlagen.

Dennoch kann das übersinnliche Erlebnis nicht als wissenschaftliche Tatsache bezeichnet werden. Der erste und wichtigste Grund dafür ist das Fehlen einer entsprechenden Theorie. Solange sich nicht genau aufzeigen läßt, wie übersinnliche Phänomene arbeiten, wie sie beginnen, sich verändern und aufhören, bleiben Feststellungen anfechtbar. Die Theorie ist auch notwendig für eine Konfrontierung übersinnlicher Geschehnisse mit besser bekannten Phänomenen des Geistes – dem Gedächtnis, der Emotion, der Wahrnehmung und dem Lernen.

Der zweite Grund für den derzeitigen umstrittenen Stand der übersinnlichen Phänomene ist, daß man sie oft mit einer Philosophie des Dualismus – der Annahme, das Weltgeschehen werde durch zwei gegensätzliche Prinzipien wie „Materie“ und „Geist“ bestimmt – in Verbindung bringt und diese Philosophie sich nicht mit dem modernen wissenschaftlichen Denken verträgt.

Der dritte Grund für ihren umstrittenen Stand ist die Tatsache, daß sie noch nicht genügend „gezähmt“ wurden, um praktisch nutzbar zu sein. Die Wissenschaft kann sich mit seltsamen Prozessen befassen, vorausgesetzt sie vermag Resultate vorzuweisen – wie sie beispielsweise die Geschichte der Psychoanalyse bietet.

Die kühle Aufnahme, die übersinnliche Phänomene in der heutigen Zeit finden, hat jedoch die Berichterstattung darüber nicht versiegen lassen. Edgar Cayce wurde seinerzeit von den Wissenschaftlern mit ziemlicher Verachtung behandelt, doch er gab weiter seine Readings. Und die Readings behaupteten unabänderlich, übersinnliche Phänomene seien gesetzmäßige natürliche Prozesse, die studiert, wiederholt und genutzt werden könnten. Besonders in Träumen.

Träume von der Zukunft

In den späten zwanziger Jahren dürfte kaum ein Zukunftstraum von einem Investor mehr geschätzt worden sein als eine Vorschau auf den großen Börsenkrach vom Oktober 1929, der die Depression einleitete und zahllose Vermögen verschlang. Da Cayces Hauptträumer in den Jahren vor dem Börsenkrach mit ihm arbeiteten, bot sich ihnen die großartige Möglichkeit, ihre Träume zu ihrem eigenen Schutz einzusetzen.

Der erste Hinweis auf den Krach von 1929 kam Ende 1927, als einer der Träumer Cayce einen Traum des Typs berichtete, der ihm mittlerweile vertraut geworden war: Eine Stimme oder ein „Interviewer“ aus seinem eigenen Unterbewußten oder Überbewußten sprach mit ihm.

Ein Interview, in dem mir gesagt wurde, daß beim Stahl etwas stattfinde oder stattfinden werde, das zu einer zweijährigen Baisse oder einem Liquidationsmarkt führen werde, in welchem die amerikanischen Stahlwerte am Ende oder im Lauf von zwei Jahren nur um fünf Punkte steigen würden.

Cayce sagte, die Ratschläge des Interviewers seien oft als wörtlich zu verstehen, Aktienhinweise könnten manchmal aber auch symbolisch sein – wie in diesem Traum. Was der Träumer für zwei Jahre voraus sehe, sei seine eigene Chance, durch die Führung seines „Interviewers" oder seiner inneren Stimme in dieser Periode „liquid" zu werden oder mit Aktien Geld zu verdienen. Doch gleichzeitig erhielte er die Warnung, wenn er seine Fähigkeit der ASW in den kommenden zwei Jahren nicht wirksam einsetze, werde er erst wieder Gelegenheit dazu bekommen, nachdem die „Fünfpunkte"- oder „Fünfjahres"-Periode verstrichen sei. Mit anderen Worten, der Träumer mußte bis 1929 durch Träume viel Geld im Aktiengeschäft verdienen oder bis 1932 warten, bevor er wieder bedeutende Gewinne erzielen konnte.

Einige Wochen später träumte der Mann erneut von diesem künftigen Zeitplan:

Interviewer: „Die Zustände werden eineinhalb Jahre bestehen bleiben." Meine Antwort: „Ich finde die Zustände nicht." Interviewer: „Nein, du siehst sie jetzt nicht, aber du wirst sie finden."

Bei der Deutung dieses Traums drängte Cayce den Träumer, an die großen Sorgen zu denken, welche er sich wegen der Beschaffung von Geldmitteln für die Errichtung des Cayce-Hospitals machte. Der Traum behandelte diese Sorgen. Das Wesentliche der Versicherung des Interviewers sei, sagte Cayce, daß der Träumer sich noch achtzehn Monate Sorgen wegen des Geldes mache und daß am Ende dieser Zeit (Anfang 1929) „der Eingang aus vielen Quellen groß sein wird", denn „in großer Zahl, in großen Mengen werden Mittel zum Weitermachen da sein". Cayce war sich jedoch im klaren, daß das Versprechen großer Geldeingänge nicht über diese Periode hinausreichte. Wie sich erwies, hatten der Träumer und Cayce recht. Nach achtzehn weiteren Monaten harter Arbeit begann Anfang 1929 Geld einzugehen. Die Träumer waren bald Millionäre, und Cayce hatte hohe Effektenkonten; das Krankenhaus wurde in diesem Jahr errichtet, Pläne für die Universität wurden gemacht. Es war die Zeit größten Wohlstands in Cayces Laufbahn.

Genau ein Jahr vor dem Krach bewog dann ein Traum über Montgomery-Wart-Aktien den Träumer, nach „dem allgemeinen Kurssturz“ zu fragen, der seinem Gefühl nach drohte. Cayce bestätigte, daß es einen „allgemeinen Zusammenbruch“ geben werde, der bei den Eisenbahnaktien einsetze; wenn jedoch der Träumer und seine Geschäftspartner an ihrer inneren Führung festhielten, hätten sie bis dahin „Macht und Reichtum“.

Im Januar 1929 veranlaßte einen Träumer sein Traum mit Aktientips von seinem toten Vater zu der Frage: „Bedeutet dies, daß wir alles verkaufen sollten? Welches wäre eine gute Zeit dafür?“ Cayce versicherte ihm, sein Vater habe ihm nur den Beginn des Zusammenbruchs gezeigt, der später im Jahr erfolgen werde. In derselben Nacht hatte der Träumer einen Warntraum wegen Botschaften, die er durch ein Medium suche. Diese Quelle wurde in Gegensatz gestellt zum Vater des Träumers, dessen Traumbotschaften er vertrauen gelernt hatte.

Ich saß mit meinem Bruder in der Schule. Der Lehrer war da. Er stellte uns einige Fragen. Ich beantwortete eine Frage und sagte: „Mein Bruder und ich sind Partner an der Börse.“ Mein Bruder unterbrach mich gereizt und sagte: „Das ist Paps.“ Dann zeigte mir der Lehrer ein sehr häßliches Individuum, eine ziemlich wild aussehende Person. Alle anderen verzogen sich. Der Lehrer gab mir einen umgedrehten Handschuh. In dem Handschuh war Schutz vor dem Individuum. Wir liefen auf den Gang, versuchten, davonzukommen. Es schien ein ziemlich hinterlistiges Individuum zu sein – versuchte, sich selbst falsch darzustellen.

Cayce zufolge hatte der Träumer eine Lektion – wie in der Schulszene angedeutet – richtig gesehen, nämlich daß es Körperlose gab, die durch ein Medium zweifelhafte Führung zuteil werden ließen, auch wenn sie mitunter brauchbare Hinweise gaben. Er sagte warnend, die beiden Brüder könnten „auseinandergebracht“ werden durch solche „falsche Darstellung der verschiedenen Phasen von Phänomenen“, und drängte sie, Schutz oder „Deckung innen“ – veranschaulicht durch den Handschuh – zu suchen, nämlich innere Einstimmung auf das Göttliche und nicht nur auf die Körperlosen.

Der Mediumismus brachte die Brüder schließlich bei ihren Aktiengeschäften in Schwierigkeiten, freilich erst eine ganze Weile nach dem Börsenkrach von 1929. Mit ihren Träumen jedoch war alles in Ordnung.

Im März 1929 hatte einer der Brüder folgenden lebhaften Traum:

Bekam den Eindruck hinsichtlich des Marktes, daß wir alles verkaufen sollten, einschließlich der Fonds-Anteile. Traum betraf meine Frau und zwei Geschäftspartner. Ein Bulle schien meinem roten Gewand zu folgen. Ich versuchte den Bullen zu fangen. Irgendein besonderer Hinweis auf Westinghouse und Wright Airplane.

Der Träumer sehe ein „Gleichnis", sagte Cayce, in welchem der Bulle die „bulligen" Haltungen seiner Partner hinsichtlich des Markts darstelle und ihre kommenden Versuche bei ihm, den Markt zu stützen. Doch der Hinweis auf Westinghouse und Wright als Aktien eines der Geschäftspartner im Traum sei eine Warnung an den Träumer, die in seiner Verwaltung befindlichen einzelnen Konten genauso zu schützen, wie er seine Frau vor Gefahr beschützen würde. Denn bald werde es „Unruhe geben, wie sie kommen wird durch diese vielen Veränderungen, wie in einer langdauernden fallenden Tendenz zu sehen sein wird". Er drängte den Träumer, darauf zu achten, daß er „jenen Aktien, die dem Anschein nach *sehr* sicher sind, nicht zuviel Spielraum" gewähre; und er fügte hinzu, der Eindruck des Träumers, „der Körper solle sich von allen jenen in seinem Besitz – einschließlich der in Fonds – trennen, zeigt den großen Umfang der Veränderung auf, wie sie kommen wird".

In mehr als vier Jahren der Traumarbeit hatte der Träumer nie eine derartige Warnung erhalten.

In einem Kontrollreading, das er am selben Tag gab, fügte Cayce hinzu, das Rot des Gewandes im Traum habe die Gefahr des Haussemarktes angedeutet; und er erklärte, daß „hier eine erwartete langdauernde fallende Tendenz ist“. Er führte jedoch aus, es werde nicht sofort „einen wirklichen Baissemarkt“ geben, weil „in den letzten Monaten eine viel größere Tendenz zu umfassenden Zusammenschlüssen besteht als *je* zuvor“. Dies werde die Abwärtsbewegung bremsen. Es werde auch eine große Unterteilung in Finanzkreise geben, und „dieser Kampf hat kaum begonnen. Wenn dies zu einem Problem wird, können wir einen beträchtlichen Zusammenbruch und einen Baissemarkt erleben, sehen Sie? Dieses (fiskalische) Problem besteht zwischen jenen (die glauben an den Einsatz) der Nationenreserve gegen Einzelpersonen. Und es wird – falls nicht eine andere der stabileren Bankbedingungen Erleichterung bringt – eine große Störung in Finanzkreisen geben“.

Cayce spürte die Merkmale des bevorstehenden finanziellen Zusammenbruchs auf und wies auf die entscheidende Schlacht hin, die sich zwischen den Vertretern zweier unterschiedlicher Geldpolitiker anbahnte: jenen, die der Überzeugung waren, daß sich die Regierungsvertreter einschalten sollten, und jenen, die meinten, private Finanzunternehmungen könnten die Rettung bringen.

Ende März erläuterte Cayce Traummaterial über Macys; er sagte, Macys und gewisse andere Aktien würden einen Höhepunkt erreichen, aber es käme „eine langdauernde fallende Tendenz“, und diese werde beschleunigt durch den Regierungsvorschlag, „Bank-, Bundes- und Marktspekulationen zu untersuchen“. Er legte den beiden träumenden Brüdern dringend nahe, einen überzähligen Börsensitz abzugeben, den sie innehatten, denn „diese stehen für viele Tage in Spitzennähe“.

Nur wenige Tage später bekam Cayce einen seltsamen Traum vorgelegt, der ihn zu ausführlichen Kommentaren über den Aktienmarkt veranlaßte. Der Träumer berichtete, er sei eingeschlafen, nachdem er das Buch Hesekiel gelesen und „Hilfe vom Göttlichen gesucht“ habe. In dem Traum wurde ihm ein Mord vorgeworfen, den er nicht begangen hatte; er befand sich in einer verzweifelten Lage, war aber nicht sonderlich ängstlich – ein ziemlich genaues Bild darüber, wie ihn der bevorstehende Krach treffen sollte. Ausdrücklich erwähnte der Träumer die Verabreichung subkutaner Injektionen in dem Traum. Cayce bezeichnete diese als vorausschauende Sinnbilder der Spritzen jener Finanziers, die eine Stützung des Marktes versuchen würden. Er fuhr fort:

„Materiell sind diese geteilt in jene, welche die Bundesreservebank als Kriterium für Aktivität aufrechterhalten wollen, und in jene, welche die Gelder in den verschiedenen Zentren für Aktivität hinsichtlich des Marktes verwenden wollen. Als Einzelpersonen sind diese nicht so sehr Mitglieder der Bank – denn die Bundesreservebank ist in der Frage selbst gespalten: Einzelpersonen, die ein Ideal bezüglich der Funktion der Bank hatten, stehen auf der einen Seite und jene, welche die Fähigkeiten der Bank nutzen würden, auf der anderen. Und diese werden – beide Seiten – durch Geldmächte gefördert. Aber wenn man ihnen erlaubt, unkontrolliert in irgendeine Richtung zu laufen, muß zweifellos ein Krach kommen, der Panik in den Finanzzentren nicht nur der Wallstreet verursacht, sondern eine Schließung der Banken in vielen Zentren und eine Wiederanpassung der gegenwärtigen Geldwährung in diesen Zentren."

Cayce und der Träumer deuteten mit prophetischer Genauigkeit die Details des tödlichen Kampfs, den der Traum gezeigt hatte. Sie sahen den bevorstehenden Abbau des Goldstandards, die Schließung der Börsen und die Panik, zu der es im Oktober und November kam.

Im Juli 1929 berichtete einer der Träumer:

Stimme: „Behalte nur das, wofür du ganz zu bezahlen vermagst." Sah Fleischman, 82, 83, 82. Großer Bankkonkurs, der den Markt in beträchtliche Schwierigkeiten stürzte. Sah Western Union bei 160 . . .

Cayce versicherte ihm, er erhalte korrekte Eingebungen, die ihn für die kommenden Schwierigkeiten auf dem Markt rüsteten, einschließlich einer genauen Vorschau auf einen Bankkonkurs. Doch wenn der Träumer es fertigbringe, weiter ruhig und ohne Angst auf seine innere Stimme zu hören – Cayce betonte, es sei ungeheuer wichtig, daß man ohne Angst, aber in „Einfachheit des Glaubens“ handle –, werde er jedwede Führung erhalten, die er benötige.

Diese Träumer und ihre engsten Partner überstanden den Krach vom Oktober 1929 unversehrt. Einige Tage danach ermutigte Cayce seine Hauptträumer sogar, Urlaub zu machen. Er sagte, sie würden weiterhin präzise Führung „in keiner unsicheren Weise“ darüber erhalten, wie sie bei jeder wesentlichen Aktienentscheidung handeln sollten. „Laßt euren Geist nicht beunruhigt sein. Laßt euren Körper nicht übermäßig müde werden. Laßt das Seelische nicht aus dem Gleichgewicht geraten durch den Tumult oder die Unbeständigkeit, wie sie dieser Tage bestehen.“

Er drängte sie, die nächsten paar Tage frei zu nehmen, „damit sie fähig sind, in sich selbst diese zielbewußte Stille zu erlangen, die aus dem konstanten Gebet erwächst, durch jene, die ihnen zu dieser Zeit helfen oder sie führen“. Wenn sie dann in die Börse zurückkehrten, würden sie wieder Hilfe finden für „jene, die Rat bei der Bank suchen, Hilfe zu Seinen Füßen“.

Die Träumer trotzten ohne ernste Verluste den schlimmsten finanziellen Stürmen der modernen Zeit. Ihre Träume informierten sie weiterhin im voraus über jede wichtige Aktienbewegung. Wie Cayce einem von ihnen fünf Jahre früher gesagt hatte, als er ihm erstmals nahelegte, seine Träume aufzuzeichnen, war der Mann fähig, Geschäftsbedingungen in seiner Umgebung zu sehen, „bevor sie sich zu offenbaren beginnen“.

Träume von der eigenen Zukunft

Cayces Ansicht nach präsentierten sich dem Träumer nicht nur geschäftliche Einzelheiten im voraus. Zu Frances hatte er am Beginn ihrer Traumaufzeichnungen gesagt: „Jeder Zustand wird zuerst geträumt, bevor er sich verwirklicht." Er meinte natürlich größere Entwicklungen, die eine natürliche Folge der Richtungen und Gewohnheiten eines Lebens – oder mehrerer Leben – waren.

Er sagte dies zu Frances, als sie knapp eine Woche nach ihrer Heirat von einem schwachsinnigen Jungen oder Kind träumte. Cayce riet ihr eindringlich, nicht bei solchen Gedanken und Ängsten zu verharren. Doch der Traum verwirklichte sich für sie fünfundzwanzig Jahre später, als ihr einziger Sohn geisteskrank wurde.

Frances träumte am Beginn ihrer Ehe auch von der Auflösung ihres Heims, die eines Tages kommen würde. Nicht nur sie träumte davon. Am Morgen vor seiner Hochzeit schrieb ihr Bräutigam mehrere Träume auf. Einer, in dem ihn eine Stimme zu größter Aufmerksamkeit aufforderte, zeigte ihn bei der Auswahl von sechs Gesichtsschleiern in einem Geschäft. Die Stimme sagte ihm, die Schleier seien Hindernisse gegen besseres Verständnis und Weiterentwicklung. Cayce bestätigte dies und erklärte dem Träumer, er sehe sechs wesentliche Punkte, in denen er sich ändern müsse; er müsse entweder etwas ablegen oder etwas mit größerer Hilfe als seiner eigenen zudecken, da er nun heirate (übrigens trotz seiner Dreißig in jüngerem Alter, als Cayce ihm geraten hatte). In derselben Nacht träumte er, er sei mit seiner jungen Frau wieder in New York, und diese sei sehr ernst und bitte, eine Chance zu erhalten, sich auf Cayce und die Studien ihres Mannes auf dem Gebiet des Übersinnlichen einzustellen. Cayce warnte den frischgebackenen Ehemann vor übermäßigem Ernst bei seiner jungen Frau – einem Ernst, den spätere Träume als Dogmatismus darstellten.

Eine Woche später träumte der Jungvermählte, er und seine Frau betrachteten eine schöne Berglehne, als sie plötzlich wegging, um sich die Lehne auf der anderen Seite anzusehen, und ihn mit einem kleinen Notizbuch zurückließ, in das sie geschrieben hatte: „Damit sage ich Lebwohl." Der Träumer war von panischem Schrecken erfüllt.

Cayce führte aus, auch hier sehe er die Gefahr, die sein *eigenes* Vorauseilen vor seiner Frau darstelle – er gebe ihr mehr, als sie verdauen könne, und laufe weiter, um die andere Seite des Berges seiner Interessen zu sehen. (Später zerbrach die Ehe wegen persönlicher Schwierigkeiten.) Doch der Warntraum enthielt noch mehr, denn das Notizbuch war das Notizbuch eines Börsenmaklers gewesen; Cayce warnte den Träumer und seine Frau vor kommenden Versuchungen, Geld, Position und kostbare Besitztümer über das wirkliche Reich Gottes zu stellen, das sie suchen und dessen sie teilhaftig werden müßten.

Die ehelichen Beziehungen behandelte auch der Traum eines anderen jungen Mannes, der sich einige Jahre später von seiner Frau scheiden ließ:

Sah meinen Schwiegervater und mich selbst im Hof der Wohnung in der Park Avenue gehen. Betont schien die Tatsache, daß mein Schwiegervater und ich dort ohne unsere Frauen waren. Wir schienen völlig allein, und die Aktionen der Schwiegermutter und meiner Frau schienen gleich spürbar.

Bei der Deutung dieses Traums sagte Cayce dem Träumer, er vermöge die Dinge nicht vom Standpunkt seiner Frau und seiner Schwiegermutter zu sehen – ein Mangel, der später kritisch wurde, als die Schwiegermutter bei ihm und seiner Frau lebte.

Ein Mann, dem Verwandte wegen seiner Arbeit mit Cayce schwere Vorwürfe machten, hatte einen Traum, worin ihn seine Onkeln vor einem tödlich giftigen Skorpion warnten. Dann nahmen jedoch der Träumer und ein Gehilfe dem Skorpion eine Flüssigkeit ab, welche die Krankheit eines der Onkeln heilte; alle freuten sich. Cayce sagte, der Traum zeige dem Träumer eine künftige Situation, in welcher der Onkel bei einem schweren Leiden Cayces Hilfe benötigen und erhalten werde – wie es dann auch war.

Ein Geschäftsmann träumte von einer Frau, die seit Jahren seine erbitterte Feindin war. Er saß neben ihr im Theater, auf Plätzen, die mehr als dreizehn Dollar gekostet hatten, und sie waren beste Freunde. Cayce erklärte, die Freundschaft sei in erster Linie wegen der Aktionen eines Wichtigtuers zerbrochen; im dreizehnten Jahr ihrer Entfremdung hätten sie jedoch die Chance, sich zu versöhnen, und der Träumer solle diese Chance ergreifen.

Träume von der eigenen Zukunft behandelten auch die Gesundheit und das Wohlergehen des Träumers oder irgend etwas anderes für ihn Wichtiges.

Cayces Frau, die oft von der Zukunft träumte und poetischere Träume hatte als die meisten Menschen, berichtete ihrem Mann einen Traum von einer Verwandten und bat um ein Reading:

Ich war in ihrem Haus, eine andere Verwandte führte mich durch das Haus. Besonders bemerkte ich die weißen Vorhänge an allen Fenstern, dann gingen wir durch einen unterirdischen Gang . . .

Der schlafende Cayce unterbrach sie und sagte: „Jemand wird hier begraben, siehst du, und zwar bald.“ Sie fuhr fort: „Wasser kam, und ich versuchte . . .“ Wieder schaltete er sich ein und sagte (wie oft in Readings), Wasser sei das Element, aus dem alles Leben hervorgehe, und deshalb befreie der Tod die Person für die nächste Ebene, wobei der Körper in das erste Element zurückkehre, aus dem er gekommen sei – was man in dem fließenden Wasser sehen könne. Frau Cayce sprach weiter: „Ich versuchte zu helfen, die Kinder zu . . .“ Cayce unterbrach erneut und erklärte, die Seele kehre in den Zustand eines Kindes zurück, mache auf ihrer langen Reise einen neuen Anfang, indem sie sterbe. Dann schloß Frau Cayce: „Suchten einen Kanister mit irgendeinem Sprengstoff und hatten Angst davor.“ Cayce sagte, sie habe von der Angst der Frau vor dem Tod geträumt. Er erinnerte sie jedoch daran, daß in dem Traum sie beide vor dem Sprengstoff entkommen seien; dies stelle die richtige Haltung zu dem nahenden Tod dar: die Frau habe nichts zu fürchten, denn „es ist wie der Anfang“. Die Frau starb drei Wochen später. Sie starb ohne die Bürde der grundlosen Angst ihrer nahen Verwandten Gertrude Cayce.

Nicht alle Zukunftsblicke von Cayces Träumern waren so ernst. Ein werdender Vater träumte kurz während eines Gebets, als er in einen losgelösten Zustand geraten war. Eine Stimme sprach zu ihm: „Siebenundzwanzigster bis neunter.“ Obwohl man erst Februar schrieb, sagte Cayce dem Träumer, die Stimme beruhige ihn in der Sorge, deretwegen er gebetet habe – dem Wohlergehen seiner Frau und des erwarteten Kindes. Die fraglichen Daten seien 27. März bis 9. April, und in dieser Zeit werde sein Kind gut und glücklich geboren. Fast zwei Monate später kam das Kind an dem vom Traum genannten Termin zur Welt: am 4. April.

Nicht wenige Träume von der persönlichen Zukunft mußten laut Cayce als Träume von den eigenen Talenten gedeutet werden, die einem Mann oft in weiblicher Form erschienen. Ein Träumer, der selbst beachtliche mediale Fähigkeiten entwickelt hatte, aber versucht war, sie (ebenso wie auch Cayces Readings) rein für persönliche Vorteile einzusetzen, berichtete folgenden Traum:

Jemand war durch einen Schlaganfall gelähmt. Es schien mein Bruder zu sein, aber als ich den Körper aufhob, um ihn an einen anderen Platz zu tragen, verwandelte er sich in ein Mädchen oder eine Frau – eine Freundin meiner Mutter. Ich trug den Körper umher, bemerkte, wie steif die gelähmte Seite war – auch der Kopf fiel seltsam über meinen Arm. Ich versuchte ihn zurechtzurücken, während ich ein Gespräch begann.

Cayces Ansicht nach war dieser Traum eine ernste Warnung; er widmete ihm zwei Readings. An den Träumer erging die Warnung, er könne seine mediale Fähigkeit verlieren, was ihn genauso entsetzen würde wie eine Lähmung seines Bruders oder der Freundin seiner Mutter. Außerdem bekam er die Warnung, wenn er aus persönlicher Gewinnsucht von Edgar Cayce Readings erbitte, dringe etwas dieser selbstsüchtigen Haltung durch und habe physische Auswirkungen auf Nervensystem und Kreislauf des schlafenden Cayce. Für Cayce bestünde keine Gefahr, hieß es in dem Reading, wenn er sich im Rahmen der Traumschulung mit Aktien befasse. Aber wenn ein Träumer Aktienberatung nur wegen des Dollargewinns suche, um den anderen auf dem Markt voraus zu sein, dann erwachse Gefahr für Cayce.

Der Träumer beachtete die Warnung nur teilweise, wie spätere Träume zeigten. Tatsächlich verlor er seine mediale Fähigkeit im Lauf von sieben Jahren. Und Cayce, der sich zwei Jahrzehnte später übermäßig antrieb, um für alle Ratsuchenden Hunderte von Readings zu geben, starb nach Veröffentlichung seiner Biographie an einem Schlag mit Lähmung, ähnlich wie in dem Warntraum dargestellt.

Schließlich gab es Träume von der persönlichen Zukunft, die den Träumer lediglich zu größeren Abenteuern verlocken wollten. Es gab Träume von künftigen Besuchern, von einer künftigen Schiffsreise, von der künftigen Reinkarnation eines Freundes, von künftigem Reichtum, von künftiger öffentlicher Anerkennung. Als sich Cayce und seine Familie auf den Umzug von Dayton, Ohio, nach Virginia Beach, Virginia, vorbereiteten, um eine alte Anweisung aus den Readings zu erfüllen, hatte er eine Traumserie, in welcher er das fertige Hospital sah, das eines Tages dort gebaut werden sollte – und auch tatsächlich entstand. Außerdem hatte er einen Traum über die familiären Unruhen des Umzugs:

Sah einen Zug mit Gertrude als Lokführer in ein Auto fahren, Federn flogen und Truthähne waren im Werkzeugkasten.

Das Reading versicherte ihm, alle diese Dinge verhießen Gutes für den Umzug; wie in früheren Träumen, in denen Nahrungsmittel die Hauptrolle spielten, wurde die Lösung des Essensproblems der Familie durch Truthähne symbolisiert. Und das „Werkzeug" für die tägliche Arbeit werde sich auch finden. Viele Familienangelegenheiten würden durch den Umzug scheinbar in Stücke gerissen, wie in den fliegenden Federn zu sehen sei. Aber Gertrude werde die nötige Triebkraft für das Packen und die Reise haben, und ihr Mann solle auf sie hören – vorausgesetzt sie versuche ihn nicht zu „überfahren", was der Traum als möglich angedeutet hatte.

Träume von der Zukunft in der Arbeit und den öffentlichen Dingen

Die Träume über die Zukunft in der täglichen Arbeit, die Cayce vorgelegt wurden, gingen in die Hunderte. Viele handelten von Aktiennotierungen, von Gewinn- oder Verlustpunkten der Aktien und von den Gesellschaften und Industrien, die sie repräsentierten. Alle Aspekte der täglichen Arbeit eines Maklers tauchten in den Träumen auf, einschließlich der Angestellten, Buchhaltung, Telefonanrufe, Kunden, Konkurrenten, Erfolgsrezepte, Gerichtsverfahren und sogar der Tageszeiten für bestimmte Verkäufe.

Einer von Cayces Träumern hatte folgenden ersten Traum von der Zukunft seiner Arbeit:

Träumte, ein Mann versuche mir ein Radio zu verkaufen. Dann strich jemand Gift auf die Schnalle meiner Tür und drängte mich, zu kommen und sie zu berühren. Ich hatte schreckliche Angst. Er versuchte mich zu zwingen, die vergiftete Schnalle anzufassen. Ich rang mit ihm und erwachte, in kalten Schweiß gebadet.

Cayce beurteilte den Traum als vorausschauend. Dem Träumer würde bald ein Geschäft mit Rundfunkaktien oder -gesellschaften angeboten und als „wunderbarer Vorschlag" hingestellt. Das Gift sei eine anschauliche Darstellung des verderblichen Zustands, der die Folge wäre, wenn der Träumer das Geschäft mache. Für die nächsten sechzehn bis zwanzig Tage solle er sich von allen Aktien fernhalten, die mit dem Rundfunk zu tun hatten, riet ihm Cayce. Bei der Deutung des folgenden Traums dieses Maklers bezeichnete Cayce die Aussichten als günstiger. Der Mann berichtete:

Hörte L. M. in unserer Wohnung sprechen, aber beim Erwachen stellte ich fest, daß er nicht hier war, um uns zu besuchen. Es war so klar und wirklich gewesen, daß ich tatsächlich noch Stunden nach dem Erwachen glaubte, er sei hier gewesen.

Cayce zufolge hatten die beiden Geschäftspartner ein geistiges Treffen durch Telepathie erlebt, und zwar vor einem Geschäft, das dem Träumer ein anderer Mann vorschlagen wollte.

In einem anderen Traum über Geschäftspartner erhielt derselbe Träumer praktischen Rat:

Sah eine Feuerleiter, die für mich einen Ausweg bedeutete und sich auf Aktien der Pacific Gas and Electric zu beziehen schien, mit denen wir eingedeckt sind – die wir besitzen. Horace B. hatte mir den Auftrag erteilt, seine Aktien zu verkaufen, und ich erinnerte mich sehr gut daran. Die Feuerleiter schien unter großer Belastung zu stehen, wankte jedoch nicht unter dem Druck. Ein Mann, der mit Aktien dieser Pacific Gas eingedeckt war und auch Mitglied der New Yorker Börse ist, sprang auf die Feuerleiter, um ihre Stärke zu prüfen. Die Feuerleiter hielt der Prüfung stand.

Cayce versicherte dem Träumer, er habe von dieser bestimmten Aktie geträumt, und der Traum rate ihm, bei seinen eigenen Verkäufen der Führung der beiden Männer zu folgen. „Das heißt, wenn das Wesen feststellt, daß diese Verschiedenen, Mitglieder der Börse, eingedeckt sind, seien Sie es ebenfalls, sehen Sie? Und wenn sie mit dem Verkauf beginnen, tun Sie es ebenfalls, sehen Sie?" Dann fügte Cayce, wie so oft, hinzu, die fragliche Aktie werde sich zum Vorteil des Träumers um 1 5/6 Punkte bewegen, und zwar bald.

Die Vielfalt der geschäftlichen Zukunftsträume war verblüffend. Es gab eine genaue Vorschau auf den Bankrott einer Maklerfirma. Ein Träumer sah, wie ihn eine Angestellte verließ, und diese tat es kurz darauf wirklich. In einem Traum überblickte der Träumer einen Friedhof, während er in einem Autobus saß; Cayce sagte, dies bedeute ein Ansteigen von Aktien, die bewegungslos gewesen seien, aber keine Autobusaktien, sondern „Yellow Cab" – die dann tatsächlich um die im Traum angezeigten neun Punkte stiegen.

Cayce selbst hatte einen Angsttraum über seine eigene Arbeit, als er sehr knapp bei Kasse war. In dem Traum zerrte ihn seine Frau wegen geistiger Inkompetenz vor Gericht, und Cayce gab prompt Lebensreadings für alle im Gerichtssaal Anwesenden.

Cayces Reading über diesen Traum verwies auf einen bestimmten Freund, der in der Szene im Gerichtssaal vorgekommen war, und erklärte, dieser Freund könne die Nachfrage nach Lebensreadings von Cayce ankurbeln und ihm zu dem nötigen Einkommen verhelfen. Die Sache verlief wie in Cayces Traum, nachdem er sich mit dem Freund in Verbindung gesetzt hatte.

Doch nicht nur das Lebenswerk der Träumer kam nachts auf die Bühne, um unter der Regie von des Träumers Unterbewußtem Vorschauen auf die Zukunft zu geben. Der Träumer konnte beispielsweise auch Vorschauen auf die Sozialfürsorge und die Tätigkeit auf sozialen Gebieten, die ihn interessierten, geboten bekommen.

Cayces Träumer interessierten sich für das Krankenhaus und die Universität, die sie zu bauen versuchten, um sein Werk studieren zu können. Jede wichtige Entwicklung der beiden Institutionen sahen sie in ihren Träumen voraus. Zu ihren praktischen Problemen zählte die Wahl eines geeigneten Arztes als Chef des medizinischen Stabes; er mußte vielen medizinischen Schulen gegenüber aufgeschlossen, dabei sehr qualifiziert sein. Der Arzt, den sie als ersten mit dieser Aufgabe betrauten, war sehr bald unglücklich, wie ein Warntraum Cayces zwei Jahre zuvor schon angekündigt hatte:

Ich dachte, ich würde nach New York fahren, um mit den Leuten dort oben über die Institution zu sprechen, und sie sagten mir, der Arzt sei bereits hier unten, also fuhr ich zurück. Einige, die ich gut kannte, und einige andere Menschen, die ich nicht kannte, kamen mit mir, und wir fuhren zu diesem Ort herunter, wo sie die Institution hatten, wie sie sagten. Der Arzt hatte Gertrude und meine Sekretärin in einem großen Topf mit Wasser und kochte sie, aber es schien ihnen überhaupt nicht weh zu tun – sie schwammen einfach in dem Wasser umher, ohne irgendwelche Kleider anzuhaben. Ich versuchte sie herauszuziehen und verbrühte mir die Hand. Beim Erwachen bemerkte ich einen roten Strich oder Kratzer auf meiner Hand.

Das Reading sagte Cayce, er müsse mit den Menschen in New York zusammenarbeiten, um ein klares Einvernehmen über die Pflichten, Fähigkeiten und Aufsichtsaufgaben des Arztes zu erreichen – sonst würden sie alle in Teufels Küche kommen. Den Kratzer auf seiner Hand habe er vor dem Einschlafen unterbewußt wahrgenommen, und dieser stelle in seinem Körper einen Makel derselben Art dar wie die Pläne über den Arzt in seinem Geist.

Nicht alle Träume über das künftige Krankenhaus waren jedoch Warnträume. Einer von Cayces Träumern sah es eineinhalb Jahre vor dem tatsächlichen Bau in einem Traum, samt allen Freizeiteinrichtungen und Sterilisationsanlagen, die es später enthielt; er erfuhr sogar den Namen eines der ersten Patienten.

Derselbe Träumer sah aber auch die Natur des Bruchs voraus, zu dem es später unter den Förderern des Krankenhauses kam. Diesen Traum hatte er ein Jahr vor der Krankenhauseröffnung:

Sah Bilder von verschiedenen Dingen in Virginia Beach bezüglich des Krankenhauses. Sah zwei Züge; einer war der Sieger und hieß Pankhurst ...

Hier verbesserte ihn Cayce und erinnerte ihn, daß der *andere* Zug im Traum Pankhurst geheißen habe. Dann fuhr der Träumer fort: „Die Züge fuhren nach Chikago und New York." Cayce unterbrach erneut mit drängender Stimme, deshalb verlas der Träumer den Rest des Traums nicht mehr. Cayce sagte, der Traum spiele auf zwei Ebenen (ein Charakteristikum vieler Träume, wie er feststellte). Auf einer Ebene sei er ein Aktienmarkttraum und zeige, daß die Eisenbahnwerte das Kriterium für die kommenden Marktbewegungen seien, die dem großen Krach vorausgingen (welcher ein Jahr danach erfolgte), „der allgemeinen Baisse". Daneben beziehe sich der Traum auf den kommenden landesweiten Konflikt der Finanzkreise, in dem eine Seite versuchen werde, als Verfechter der Wahrheit „Sieger" zu werden, und die andere Seite störenden Einfluß ausübe; und er verweise auf die Notwendigkeit einer Zusammenarbeit zwischen den großen

Finanzkreisen in Chikago und New York, wie der Träumer gesehen habe.

Aber anschließend führte Cayce aus, der Traum behandle außerdem ein zweites Problem. Es werde noch eine andere Krise kommen, wenn man die „Bilder“ oder Ansichten darüber, wie man das Krankenhaus betreiben solle, der Allgemeinheit zur Prüfung vorlege. Dann werde das Problem auch darin bestehen, ob Menschen wie der Träumer wirkliche Verfechter von Wahrheit und Prinzipien seien, um diese zum „Sieger“ zu machen – oder ob sie Zwietracht säen würden durch ihre unnachgiebige Forderung, daß *andere* gemäß bestimmten Richtlinien lebten.

Das Krankenhaus schloß vier Jahre später in einem Klima der Bitterkeit; Mitglieder der Krankenhausleitung bezweifelten, daß die anderen nach den geforderten Prinzipien lebten, und sie zweifelten an Cayce. Nur wenige gingen in sich oder dienten ausschließlich als Verfechter von Wahrheit und Prinzipien – wie es der Traum gefordert hatte. Kein Wunder, daß Cayce den Träumer drängte, diesen Traum immer wieder durchzugehen, und daß er ihn bei der Erörterung späterer Träume immer wieder an diesen einen erinnerte!

Wie wird die Zukunft in Träumen symbolisch dargestellt?

Cayce behauptete, für das Unterbewußte, das die Fähigkeit der Zukunftsschau habe, seien Zeitwerte nicht so wirklich wie für das Bewußtsein. Das Unterbewußte sehe die Dinge endlos ausgebreitet, wie sie sich eben entwickelten, bis der Träumer seinen Willen einsetze, um sie zu verändern. Deshalb gebe es keine besonderen Symbole zur Darstellung der Zukunft, denn die bloße Idee Zukunft sei dem Unterbewußten fremd.

Es gebe jedoch verschiedene Arten, sagte Cayce, in Träumen nach der Zukunft Ausschau zu halten. Man könne etwas, um dessen Zukunft man sich bewußte Sorgen mache, mit Traummaterial vergleichen – es sollte dann eigentlich in Träumen zur Erläuterung aufgetischt werden.

Des weiteren gebe es dynamische Kräfte oder „Geister", die man in Träumen erläutert finden könne; sie seien das Material, aus dem die Zukunft gemacht werde. Beispielsweise sei der „Geist" einer Firma, die eine hohe Notierung ihrer Aktien wünsche, *ein* „Geist", während der „Geist" von Investoren, die vorübergehend die Kurse dieser Aktien zur Durchsetzung ihrer eigenen Ziele drücken wollten, ein *anderer* sei. Die beiden Kräfte müßten auf künftige Entwicklungen untersucht werden. Genauso gebe es in den persönlichen Angelegenheiten eines Menschen den „Geist" der eigenen Absichten und den „Geist" der Menschen und Institutionen, mit denen er verbunden sei. Eine gute eheliche oder berufliche Entscheidung ließe sich noch verbessern durch Blicke auf die „Geister" beider Art, die in die Zukunft ausgriffen. Cayce gebrauchte den Ausdruck „Geist" in der Bedeutung beispielsweise von „der Geist des Jahres 1976" oder „der Geist von St. Louis" oder „der Geist einer Versammlung"; er meinte damit keine Körperlosen.

Ein anderer Weg zur Zukunft liegt in der Betrachtung der Vergangenheit, in der die Probleme der Zukunft bereits verschlüsselt vorhanden sind. Einer von Cayces Träumern, ein Rebell, sollte eines Tages in einer Position landen, wo er damit fertigwerden mußte, daß er selbst Autorität besaß. Diese Entwicklung zeichnete sich ab, ob man seine Zukunft nun danach berechnete, daß er in der Kindheit ein Rebell gewesen war, oder danach, daß er in vergangenen Leben einer gewesen war.

Cayce selbst hatte einen Traum, der ihn vor seiner Zukunft warnte. Mehr als ein Jahr vor Eröffnung seines Krankenhauses sah er eine lebhafte Szene, in welcher ein Priester des alten Ägypten verbannt wurde. Menschenscharen waren auf die Straßen geströmt, ein Teil forderte lautstark die Verbannung des Priesters, ein anderer seine Freilassung, während Männer ihn und seine Verbündeten mit Peitschen vor sich hertrieben.

In seinem Reading bekam Cayce gesagt, er sehe sich selbst als den Priester, der er im alten Ägypten gewesen sei, wo man ihn trotz der echten geistigen Führung, die er seinem Volk eine Zeitlang bot, wegen ehelicher Untreue in die Verbannung geschickt habe. Als nächstes machte ihm das Reading die bedeutsame Eröffnung, einige der Menschen, mit denen er damals zu tun gehabt hätte, würden ihm im gegenwärtigen Leben ähnliche Erfahrungen bescheren: „Enttäuschungen, Ängste, Schmähungen." Wenn dies geschehe, solle er es besser machen als in Ägypten, indem er mit „keinem Groll" reagiere und nicht mit irgendeiner anderen Haltung, die seine beste Entwicklung als Seele beeinträchtige.

Nach fünf Jahren wurden sein Krankenhaus und seine Universität geschlossen. Er wurde in ein Haus verbannt, von dem er das Krankenhaus überblickte und dessen Verwandlung in einen Nachtklub mitansehen mußte. Er litt und kämpfte verzweifelt mit sich selbst. Aber er überwand die Bitterkeit wie nie zuvor in seinem Leben, was seine Träume zeigten. Als Folge davon scharte sich statt der New Yorker Förderer seiner untergegangenen Institutionen eine ganze neue Gruppe Menschen um ihn, größtenteils Virginier. Und er selbst entwickelte, wie ihm versprochen worden war, neue Gaben der Beratung, die es ihm ermöglichten, bei seinen Anhängern größeres Wachstum herbeizuführen als jemals.

Man kann also in die Zukunft schauen, indem man weit zurückblickt.

Unwahrscheinlicher als die Reinkarnation kam dem wachen Cayce die Zahlenkunde vor. Doch seine Readings beharrten dabei, daß Zahlen alte und vertraute Symbole für die menschliche Psyche seien, eine natürliche Art, die Zukunft darzustellen. Die Readings zeigten seinen Aktienträumern, daß ihnen die Zahlen in ihren Träumen nicht nur Aktienkurse mitteilten, sondern auch die Tage oder Wochen des Steigens und Fallens von Aktienkursen sowie die relative Festigkeit einer bestimmten Aktie (die Zahl Sechs beispielsweise war im allgemeinen schwächer als eine Fünf). Eine Zahl oder Zahlengruppe konnte alle diese Hinweise in einem einzigen Traumbild zusammenfassen, genau wie Träume das Gesicht eines Menschen benutzen, um eine Vielzahl Assoziationen zu vermitteln, die für das Traumerlebnis erforderlich sind. Wie zu erwarten stand, tat sich einer von Cayces Träumern bei der Handhabung der Zahlen in seinen Träumen leichter als die anderen; nach Cayces Meinung unterschied sich das Phänomen von einem Menschen zum anderen.

Trotz seiner relativen Gleichgültigkeit gegenüber bewußten Vorstellungen von Zeit und Raum kann das Unterbewußte, wie Cayce erklärte, Daten haargenau bestimmen, wo dies notwendig ist. Eine Aktienbewegung nach dem Erntedankfest beispielsweise wurde vermittels eines Restaurants und vieler essender Feiertagsgäste angezeigt. Ein Traum von einer Aktienentwicklung im Frühling wartete mit einem Blick auf Golfkleider auf, um als Zeitpunkt die Eröffnung der Golfsaison festzulegen, während ein anderer Traum einen Blick auf Atlantic City bot, um anzuzeigen, daß eine bestimmte Aktienbewegung mit einer Reise des Träumers in diese vielbesuchte Stadt zusammenfallen werde. Wieder ein anderer Traum zeigte Fähren in Betrieb, um auf eine Aktienbewegung nach dem Abtauen des winterlichen Eises hinzuweisen.

Interessant ist, daß wichtige künftige Entwicklungen, die dem Träumer bevorstanden, oft auch in Träumen seiner engen Partner oder seiner Familie erschienen. Wer mit ihm zu tun hatte und vor allem ohne allzu große Ichbezogenheit mit ihm verbunden war, konnte im Traum sehr wohl bedeutsame Blicke auf dieselben Ereignisse tun. Das legt den Schluß nahe, daß die Zukunft am besten durch eine Gegenüberstellung der Träume mehrerer Menschen bestimmt werden kann. Und Cayce demonstrierte es – nicht nur bei Träumen über geschäftliche Entwicklungen, sondern auch bei Träumen über Tod, Schwangerschaft, Geburt, Krankheit, Heirat, Streitigkeiten und Veränderungen der Lebensstellung.

Träume von der unbekannten Gegenwart

Sehr ähnliche Prozesse wie in den Zukunftsträumen sind laut Cayce in den Träumen von der unbekannten Gegenwart am Werk. Das Unterbewußte des Träumers nutzt seine angeborene ASW, bewegt sich aber dabei frei im Raum anstatt in der Zeit.

Einer von Cayces Geschäftsleuten träumte in derselben Nacht wie sein Bruder von unreiner Milch:

Wir waren alle mit unseren Frauen auf einer Party bei Freunden. Ich schlief am Tisch ein. Wir fuhren sehr spät nach Hause. Mein Bruder stieg aus dem Auto und ging zu Fuß heim. Wir machten beide halt, um uns eine Flasche Milch anzusehen, auf der „undestillierte Milch“ stand.

Cayce sagte dem Träumer, im ersten Teil des Traums sehe er, wie sehr Partys und langes Aufbleiben ihn ermüdeten, was das Einschlafen auf der Party veranschauliche. Die Lösung sei, daß man aus solchen Dingen „aussteige“, bis man sich erholt habe, genau wie sein Bruder in dem Traum „ausgestiegen“ sei. Was die Milch anbelange, von der sein Bruder und er geträumt hätten: sie sei gepanscht und solle untersucht werden, zum Wohle anderer ebenso wie zu dem der Träumer. Auf den Rat Cayces und ihrer Träume ließen die Brüder die Milch prüfen, mit dem Ergebnis, daß das Gesundheitsamt der Stadt die Milchverkaufsstelle schloß!

Wegen der geschäftlichen Interessen von Cayces Träumern betrafen viele ihrer Träume über unbekannte Tatsachen natürlich Aktien. Der wache Cayce hatte anfangs Zweifel, daß er genaue Aktieninformationen zu liefern vermöge. Da träumte er darüber. In dem Traum gab er ein medizinisches Reading, also eines jener Art, die er am besten kannte; er leistete nützliche Arbeit. Gleichzeitig sah er auch in den Körper des Jungen, den er medizinisch beschrieb, und bemerkte auf jedem Knochen eine Zahl. Es waren Aktiennotierungen der Eisenbahnaktien, die der erste Teil des Traums behandelt hatte. Die Notierungen erwiesen sich als richtig, was Cayce ermutigte und ihm Vertrauen zur Vielseitigkeit seiner Readings gab.

Eine Vielzahl von Symbolen unbekannter Aktien erschien in Träumen. Die Bewegungen der Aktien von American Express wurden bei einem Träumer durch Schecks von American Express symbolisiert. Eine Fahrt mit der Untergrundbahn bedeutete bei einem anderen Träumer U-Bahn-Aktien. Zwei Autos, deren Fahrer die Kontrolle verloren hatten, warnten den Träumer vor einem Geschäft mit Automobilaktien. Eine Reihe Pullman-Wagen verschiedener Eisenbahnlinien, alle gekennzeichnet, dienten zur Bewertung von Eisenbahnaktien. Ein Traum von einer Menschenmenge, die wegen eines verlorengegangenen Paars Gummistiefel in Aufruhr geraten war, bedeutete einen Tip über Kursbewegungen von Gummiaktien. Folgender kleiner Traum behandelte zwei Aktien gleichzeitig:

Ich zeichnete Linien auf den Gehsteig. Es schien eine Kombination von Sears Roebuck und Gimbel zu sein. Hatte den Eindruck, es sei jetzt hoch genug.

Cayce versicherte dem Träumer, beide Aktien hätten ihre höchste Notierung erreicht und sollten verkauft werden. Dann fügte er in seiner charakteristischen Art als Ermutigung für den gut arbeitenden Träumer Informationen über Aktien von Wabash Railroad und Missouri Pacific hinzu, die der Träumer besaß. Ein genauer Traum von einer Transaktion bei Havana Electric vor der öffentlichen Bekanntmachung brachte dem Träumer „eine Menge Geld" ein, wie er Cayce schrieb. Ein Traum von einer unbekannten Aktie, die von einem Geschäftspartner in die Höhe getrieben wurde, veranlaßte denselben Träumer, sich am nächsten Tag bei dem Geschäftspartner danach zu erkundigen; und wieder gelang ihm ein Spekulationserfolg.

In Dutzenden von Träumen wurden die genauen Details genannt. So erklangen in einem Traum beispielsweise langsam und deutlich folgende Worte: „Soo Railway vier Prozent notiert bei 99 oder 100." Hier sah der Träumer, daß er diese Schuldverschreibungen kaufen und behalten sollte, bis sie auf 99 oder 100 gestiegen waren. Derselbe Träumer hatte nach etwa dreihundert Traumreadings von Cayce ein verblüffendes Traumerlebnis:

Es schien, daß ich jede Frage über Aktien stellen konnte, die ich stellen wollte, und sie beantwortet bekam. Ich stand unter einer brennenden Lampe, etwa bei Einbruch der Dämmerung. Ein Mann kam heran, und ich fragte ihn, wie U. S. Steel bei Börsen-

schluß notiert worden sei. Er sagte: „Verrückt, bei 178." ... „Na", sagte ich, „dann wird der Stahl bis etwa 188 oder 190 steigen." ... Dann erschloß sich mir der ganze Markt. „Hat dieser Mann, der C und O kaufte, bei dem Kauf viel Geld verdient?" – „Nicht viel", lautete die Antwort. Bei den Lederaktien schien sich etwas anzubahnen, besonders bei Endicott Johnson. Dann die anderen, an die ich mich nicht erinnere – jedwedes, alles, was ich haben wollte, schien mir regelrecht zuzufließen oder in mein Bewußtsein zu kommen. Sogar als ich aufwachte, fragte ich noch nach Fleischman-Aktien, und die Stimme sagte: „Handle bei Fleischman nach deinem eigenen Ermessen."

Neben den faktischen Hinweisen enthielt dieser Traum nach Cayces Worten auch das Versprechen, daß der Träumer Führung bei jeder Aktie erhalten könne, die er wünsche, wenn er in seinem Leben und seinen Zielen aufrecht bleibe. Er hatte ein Erlebnis der Einstimmung gehabt, das Cayces Traum von der ansteigenden Spirale glich. Es überrascht nicht, daß der Träumer innerhalb von Monaten Millionär wurde.

Ein heimlicher Geschäftsabschluß wurde in einem Traum als Bruderschaft dargestellt, die eine Aufnahmezeremonie abhielt. Ein Bürojunge, der Aktien zu stehlen versuchte, wurde in einer Vision gezeigt, aber mit der Warnung, er solle behutsam behandelt werden – man solle ihm erkennen helfen, daß jedermann in solche Versuchungen geriete. Ein schlecht geplantes Geschäft wurde als krankes Kind präsentiert. Ein Traum von Banditen, die Reisende in einem Zug ausplünderten, war laut Cayce eine Warnung an einen Erfinder, daß ihm jemand sein neues Produkt zu stehlen versuche. Doch der Traum von einem Konkurrenten, der unter einem Tisch ein Feuer entfachte, bedeutete Cayce zufolge nur Grund zur Vorsicht, denn der Träumer habe ja gesehen, daß das Feuer die Tischplatte nicht erreichte. Ein Traum von einem Straßenüberfall durch einen Chauffeur bewog Cayce zu dem Rat, der Mann solle entlassen werden. Cayces eigener Traum von einem Schwein und einem Pfau verhalf ihm zu der Erkenntnis, daß jene, die aus seinem Werk mit unsauberen Hintergedanken eine Schau machten, genauso wertlos waren wie jene, die nur umherstolzierten und nichts taten.

Doch die Träume lieferten nicht nur Tatsachen über das Arbeitsleben, sondern genauso bereitwillig Angaben über persönliche Angelegenheiten.

Ein Vater erhielt rechtzeitig den Wink, daß das Kindermädchen seiner kleinen Tochter schreckliche Spiele mit dem Kind trieb; die Warnung kam in einem Traum von einem angsterregenden Käfer im Bett seiner Tochter. Einer jungen Frau, die im Traum ihren Freund in einer kompromittierenden Situation mit einem anderen Mädchen sah, wurde warnend gesagt, sie habe die Fakten richtig geträumt. Ein College-Student, der im Traum debattierte, bekam seine Beziehung zu den Menschen seiner engsten Umgebung durch das Handeln dieser Menschen in dem Traum veranschaulicht. Eine Frau, in deren Traum Verwandte über medizinische Hilfe für ihre leidende Mutter diskutierten, sah die wesentlichen Qualitäten jedes Verwandten bloßgelegt. Ein Geschäftsmann wurde durch einen Traum bewogen, Freundschaft mit zwei angesehenen Anwälten zu schließen, die seine Interessen am Übersinnlichen teilten, aber nie davon gesprochen hatten.

Was den Träumer im Wachleben beschäftigt, das beschäftigt ihn auch in der Nacht, doch die Träume liefern neue Tatsachen dazu.

Träume von den lebenden Toten

Nach der Auffassung, die aus Edgar Cayces Readings spricht, ist der Tod für die Seele ein ähnlicher Übergang wie die Geburt für den Körper. Er ist keineswegs ein Ende.

Cayce selbst gelangte zu der Ansicht, daß man den Tod persönlich in einem Traum sehen könne. Der Traum, den er während eines Readings hatte, untermauerte diesen Standpunkt mit einem Charme und einer Anmut, die kennzeichnend für Cayces Bewußtsein waren, wenn dies sich in seiner besten Verfassung befand.

Ich bereitete mich auf ein Reading vor. Als ich wegsank (aus dem Bewußtsein), erkannte ich, daß ich mit dem Tod Kontakt hatte – als Persönlichkeit, als einem Individuum oder als Wesen.

Als ich dies erkannte, bemerkte ich zum Tod: „Du bist nicht so, wie du gewöhnlich dargestellt wirst, mit einer schwarzen Maske oder Kapuze oder als Gerippe, mit Stundenglas und Sense. Statt dessen bist du hell, rotbackig, kräftig und hast eine Schere."

Ich mußte zweimal auf seine Füße oder Gliedmaßen oder auch auf den Körper schauen, um ihn Gestalt annehmen zu sehen.

Er antwortete: „Ja. Der Tod ist nicht, was viele zu glauben scheinen. Er ist nicht dieses Schreckliche, das so oft dargestellt wird. Einfach eine Veränderung. Einfach ein Besuch. Die Schere ist in der Tat das charakteristische Werkzeug des Menschen für Leben und Tod. Sie vereinigt sich tatsächlich, indem sie trennt, und sie trennt, indem sie sich vereinigt. Der Lebensfaden geht nicht, wie allgemein angenommen wird, vom Zentrum (des Körpers) aus, sondern wird am Kopf abgeschnitten, an der Stirn – jener weichen Stelle, die man beim Kleinkind pulsieren sieht.

Daher sehen wir alte Menschen, ohne daß sie es wissen, Kraft von Jugendlichen gewinnen, indem sie sie dort küssen, und die

Jugend gewinnt vom Alter durch solche Küsse Weisheit. Tatsächlich können die Vibrationen zu einem solchen Maß gesteigert werden, daß ein Wiederaufleben oder eine neue Verknüpfung des Fadens (dort) erfolgt, genau wie es der Herr beim Sohn der Witwe zu Naim getan hat. Denn Er nahm ihn nicht bei der Hand – die nach damaligem Brauch an den Körper gebunden war –, sondern strich ihm über den Kopf, und der Körper bekam wieder Leben. Du siehst also, der Silberfaden kann abgerissen werden, aber Vibrationen ...“

Hier endete das Erlebnis.

Ein Mittdreißiger, dessen verstorbener Vater starken Einfluß auf sein Leben ausgeübt hatte, fand in einer unvergeßlichen Traumfolge den Weg durch die Todesschranke. Der Traum begann mit Mädchen, die in seinem Leben eine wichtige Rolle spielten und Traumsymbole waren, und ging dann über zum Bett, in welchem der Träumer seinen Vater hatte sterben sehen:

Nun nahm ich eine Vision von vielen schönen Frauen wahr, alle in verschiedenen Farben gekleidet – aber es waren gar keine Frauen, sondern Lichter, schön gefärbte Lichter, die ich als Geisteswesen deutete. Sie erschienen in einer Reihe vor mir. Sie wirkten wie ein einziges scheinendes Licht, von dem ich wußte, daß es mein Vater war.

Cayce bestätigte, daß der Träumer die „Grenzebene“ betreten hatte.

Dann sagte mein Bruder: „Warum löschst du die Lichter nicht aus?“ Er meinte die elektrischen Lampen in unserem Zimmer. Dies tat ich, und siehe, mein Vater erschien bei mir im Bett. Nun war ich am Kopfende, er am Fußende des Bettes, und obwohl ich seine physische Gestalt zu erkennen glaubte, war sie nicht, wie ich sie früher gesehen hatte – statt dessen diese selbe Art Mann, Licht, dessen Farbe wie die Sonne war.

Das Licht, sagte Cayce, stelle die führende Kraft aus des Träumers eigenem überbewußtem Reich dar; es sei wie ein Altarlicht, und er könne dem trauen, was es ihm zeige.

Ich brach in Tränen aus, weinte bitterlich über die Nähe meines Vaters. Das Licht flackerte ein bißchen, und viele Dinge schossen mir gleichzeitig durch den Kopf. Wie dies: es hatte keinen Sinn zu weinen – das half meinem Vater nicht; und warum sprach ich nicht mit ihm, statt zu weinen.

Ich sagte zu ihm: „Ich liebe dich." Das Licht flackerte wieder, und ich dachte: „Vielleicht versteht er Worte nicht." Also legte ich meine Hände an die Lippen und schickte ihm einen Kuß wie ein Kind. Ich winkte und flüsterte: „Ich liebe dich." Dann nahm das Licht die Form des Kopfes meines Vaters an, und aus seinem Mund kamen die Worte: „Ich liebe dich auch, Sohn!"

Das Licht kam näher zu mir heran – herauf zu meinem Ende des Bettes, und wickelte ein Päckchen aus; innen auf dem Packpapier gewahrte ich die Handschrift meines Vaters. Ich konnte die Unterschrift unterscheiden, wie mein Vater sie schrieb, und wenn ich auch nichts von dem Inhalt auszumachen vermochte, so erkannte ich doch die Handschrift.

Darauf überwältigte mich die Emotion fast wieder – ich war meinem Vater wirklich sehr nahe.

Cayce bestätigte, daß der Träumer in die „vierte Dimension" der Existenz eingetreten sei, die jenseits des Todes lag und wo ihm sein Vater die Dinge verstehen helfen konnte, wie der nächste Traumteil anzeigte:

Dann kam die Schachtel in dem Päckchen in mein Blickfeld, und als mein Vater sie öffnete, enthielt sie vier Chiclets – Kaugummistücke. „Nimm eines", sagte mein Vater. Ich tat dies, und es schmeckte sehr gut, und als ich kaute, forderte er mich auf, noch eins zu nehmen. Ich tat dies. Es waren zwei weitere übrig.

Hier, in dieser gewissermaßen häuslichen Folge, bekam der Träumer laut Cayce gezeigt, daß er die Existenz der vierten Dimension mit Hilfe solcher Traumerlebnisse selbst schlucken und verdauen müsse, denn logisch durchdenken könne man sie nicht.

„Folge mir", sagte mein Vater. Und ich sah das Licht auf der Wand. Es war flach wie ein Spiegelbild, nicht vollkommen rund, wie ich zuerst dachte, aber es hatte Form. Ich kann mich jetzt, in meinen bewußten Augenblicken, nicht an die Symmetrie dieses Lichts auf der Wand erinnern, aber ich wollte, ich könnte es. Es hatte eine Form, aber wie soll ich sie beschreiben? Was für eine Form war es? Ich blieb im Bett, betrachtete das Licht, meines Vaters Geist.

Nun hörte der Träumer eine Stimme, die ihn beim Namen rief, eine Stimme, die er zuvor schon als den Ruf von seinem eigenen überbewußten Wesen oder besten Selbst gehört hatte:

„Folge deinem Vater." Ich stand auf und folgte dem Licht. Es wanderte an der Wand entlang, ging manchmal davon weg, nahm in der Luft Gestalt an – von Zimmer zu Zimmer, schließlich in die Küche. Dann verlor ich die Spur des Lichts. Ich blieb im Dunkeln zurück, suchte meinen Vater, suchte seinen Lichtgeist.

Der Träumer müsse die Wahrheiten über das Leben jenseits des Todes nach und nach lernen, sagte Cayce, indem er das „Selbst" ausströmen lasse. Aber dann werde die Erkenntnis kommen, denn: „Suchet, so werdet ihr finden." Der Traum ging weiter:

Ich kehrte dann von irgendeiner Party zurück – ich kam offenbar vom Rasen eines schönen Besitzes. Mein Bruder und seine Frau und andere waren auf der Party. Ich suche immer noch den Lichtgeist meines Vaters und seine Führung. Vor allem dachte ich an das, was im Traum meiner Frau angekündigt worden war, nämlich, daß mein Vater mir das Leben der vierten Dimension enthüllen werde. Das vor allem suchte ich und suche ich noch.

Hier verriet der Träumer, wie sehr ihn die Frage des Lebens nach dem Tod faszinierte – weshalb er später in Träumen getadelt und gedrängt wurde, ein abgerundetes Dasein und Erdenleben zu führen. Im Augenblick jedoch rückte etwas Naheliegenderes ins Blickfeld:

Dann leerte ich den Inhalt einer Flasche Whisky, die ich von der Party mitgebracht hatte, und ich roch die Alkoholdämpfe. Die Stimme: „In einer solchen Atmosphäre wirst du deinen Vater niemals finden." Wieder war ich in dem dunklen Zimmer und suchte meines Vaters Lichtgeist.

In dieser Episode erfahre der Träumer, erklärte Cayce, daß sein starkes Trinken seine außersinnliche Wahrnehmung töte und daß seine häufige Teilnahme an Partys seine schöpferischen Energien in eine andere Richtung als das Suchen im Traum lenke. Er müsse nach etwas Besserem ausschauen als der flüchtigen Anregung, die gesellschaftliche Ereignisse gewährten. Dies zeigte ihm der nächste Traumteil:

Aber dann geschah etwas. Gewahrte, daß ich nackt war und in anmutiger Weise durch die Luft fliegen konnte. Auch andere schienen es zu können. Erst beobachtete ich die anderen, die anmutig umherzogen, hier, dort, überall. „Es sind wirkliche Geisteswesen", dachte ich, „und ihr Flug stellt ihre universale Energie dar; aber mein physischer Geist muß sie als Menschen sehen, sonst begreift er nicht." Einer dieser Menschen fiel auf den Kopf, erhob sich sofort und flog wieder anmutig. „Siehe", sagte die Stimme, „kein Sinneswesen. Er hat sich überhaupt nicht wehgetan." Dann versuchte ich es und begann zu fliegen. Es war wunderbar, anmutig durch die Luft zu schweben. Aber ich hatte Arbeit zu leisten, irgendeinen Zweck zu erfüllen, genau wie die anderen.

Wie die Cayce-Readings oft betonten, war der vordringlichste Zweck des Traumkontakts mit Toten eine Verwandlung und Erweckung des Träumers.

Ich stieg durch das Dach eines Hauses hinab und stieß auf Männer, die einen Einbruch begingen. „Oh", rief ich ihnen zu, „das Leben hier oben ist so wunderbar – soviel wartet auf euch! Was ihr tut, lohnt sich nicht!" Dann wies ich von meiner Stellung auf einer Leiter mit dem Finger auf sie und sagte: „Du sollst nicht stehlen, du sollst nicht töten, du sollst nicht ehebrechen, du sollst nicht begehren deines Nächsten Weib, du sollst kein falsches

Zeugnis reden, du sollst deinen Nächsten lieben wie dich selbst."

Sie riefen mir „Heuchler!" zu. „Du hast alles dies getan", riefen sie und jagten mich aus dem Haus. Ich lief in wilder Panik zu einem anderen Haus, wo ich ein Gewehr fand, mich hinter einem Tisch verbarg und auf ihre Ankunft wartete. Jemand kam herein, und ich schoß mehrmals auf ihn. Der Eintretende war mein Freund, der vor kurzem gestorben ist. Er näherte sich mir, in seinen Smoking gekleidet, und sagte lachend: „Hier, versuche einen weiteren Schuß – triff mich hier."

Nun könne der Träumer sehen, sagte Cayce, daß ein nicht gut gelebtes Leben Angst verursache, die blind mache für die Realitäten des Lebens diesseits und jenseits des Grabes. Solche Angst würde dazu führen, daß ein Mann blind auf einen Toten schoß. Der Träumer müsse schießen, wie sein Freund in dem Traum lachend zeigte. Aber er müsse auf lohnende Ziele „zielen", die Energie seines ganzen Lebens darauf konzentrieren, nicht auf die Vernichtung anderer aus einer Panik heraus. Der Träumer begriff offenbar schon im Traum, da ihn die nächste Szene in anderer Stimmung zeigte:

Mein Freund im Smoking und ich setzten uns an einen Tisch, und er erzählte mir eine komische Geschichte, über die wir beide herzlich lachten.

Der Spaß veranschauliche, sagte Cayce, wie lächerlich so viele menschliche Taten – beispielsweise das Schießen auf ein Gespenst – erschienen, wenn man sie aus der Perspektive der Ewigkeit betrachtete. Es sei Zeit für den Träumer, ein bißchen zu lachen. Denn es sei notwendig, fügte Cayce hinzu, daß „Lachen, Fröhlichkeit die Botschaft eines jeden Wesens in jeder Weise ist – nicht der griesgrämige Kerl, der seinen Willen durchsetzt, sehen Sie?"

Die Reise ins Reich der Toten hatte den Träumer weit geführt. Sie hatte ihn auch wieder ins Alltagsleben zurückgebracht. Und die letzte Traumfolge wandte sich ganz diesem zu:

Wieder spürte ich die Gegenwart meines Vaters – sah nicht, wie zuvor – sondern spürte sie. Ich suchte immer noch. Die Stimme: „Chikago Milwaukee, 69-75.“

Eine sehr praktische Notierung von Eisenbahnaktien. Cayce sagte, der Träumer erhielte sie, damit er sehe, daß die Schöpferkraft in der täglichen Arbeit von keiner anderen Art sei als die Schöpferkraft, welche die Erforschung des Totenreichs steuere. Die Gesetze von Aktienbewegungen hatten letztlich denselben Ursprung wie das göttliche Recht, das Naturgesetz und das Sittengesetz. Alles kam aus derselben Quelle und vom selben Spender. Nicht von Körperlosen, sondern vom Herrn des Lebens selbst.

Diese Behauptung wiederholten die Cayce-Readings beharrlich.

Träume für die Toten

Im Gegensatz zur Vorstellung der Lebenden hat man nicht wenige Träume, in denen man den Toten begegnet, um der Toten willen.

Manchmal möchten die Toten einfach, daß man von ihnen weiß und sie als noch existierend erkennt. Der Träumer, der das obige starke Erlebnis mit seinem Vater berichtete, hatte bereits eine Traumbegegnung mit seiner toten Großmutter gehabt. Der Traum begann gleich vielen Träumen vom Kontakt über das Grab hinaus mit etwas Schönem:

Wir waren in einem Raum beisammen, viele von uns amüsierten sich und planten und versuchten etwas zu vollbringen. Ich hörte schöne Musik, und der Rest schien zu verschwinden, und da lag vor mir auf einer Truhe, die im Zimmer stand, meine Großmutter, die Mutter meiner Mutter, die einen Tag vor meinem Vater gestorben war. Glücklich kniete ich neben ihr nieder. Ich sah ihr Gesicht und ihren Hals und schlang die Arme um ihren Hals. Sie schien zu weinen, oder nicht gerade zu weinen, aber sehr verzweifelt zu sein. Sie sagte: „Keiner von euch will, daß ich lebe.“ – „Wie kannst du so etwas sagen, Großmama?“ antwortete ich und versuchte sie zu küssen. Aber sie wurde noch verzweifelter. „Deine Mutter will es nicht, oder es ist ihr gleichgültig, ob ich lebe“, sagte sie. Ich legte die Arme fester um sie und versuchte zu erklären, Mutter wolle es bestimmt, aber sie verstünde einfach nicht. Die Vision endete da.

Cayce bestätigte, daß dies ein echter Kontakt gewesen sei, und sagte – wie schon einmal – warnend zu dem Träumer, wenn man zu oft Kontakt mit einem Körperlosen suche, bringe man Verzweiflung über ihn, denn es halte den Toten von seiner eigenen weiten Reise zurück. Doch er fügte hinzu, man bringe auch Verzweiflung über Tote, „indem man den Ruf nicht versteht, nicht hört", genau wie es der Träumer gesehen hatte.

Noch bedrückender war der Traum eines jungen Mannes von seinem Schwiegervater, der sich kurz davor das Leben genommen hatte. In dem Traum erklärte eine Stimme: „Er ist der untröstlichste Gesell der Welt", und dann sah der Träumer sein eigenes Baby nach Nahrung schreien. Das Bild solle den Hunger des Toten nach Führung und geistiger Unterstützung vermitteln, sagte Cayce. In der nächsten Nacht hörte der Träumer die Stimme des Mannes selbst und bekam den „vagen Eindruck der Rastlosigkeit". Die Stimme sagte: „Ich suche Ruhe. Ich möchte weg und bei meiner Familie hier unten sein." Wieder bezeichnete Cayce den Traumkontakt als echt und sagte, der Träumer bekomme gezeigt, wie sehr seine Gebete für den Schwiegervater notwendig seien – der noch ein „erdengebundener" Körperloser war. Er fügte hinzu, der Grund, warum sich der Körperlose an Menschen des Erdenlebens wende, liege darin, daß „die Lektionen von dieser Ebene aus *gelernt werden,* sehen Sie?" Cayce vertrat den Standpunkt, daß Seelen, die einmal die Erde betreten hatten, ihre letzten Lektionen auf der Erde lernen müßten, wo der Wille anders zum Einsatz komme als bei der Existenz auf anderen Ebenen.

Der Kontakt zwischen den Toten und den Lebenden kann aber auch erfreulich sein. Manchmal findet er statt, weil die Toten den Lebenden zeigen wollen, wie der Tod ist, weil sie ihnen ihre Angst und ihren Kummer nehmen wollen. Als sie die Wirklichkeit solcher Kontakte erforschte, wurde eine Träumerin von einer körperlosen Freundin so fest in die Seite gezwickt, daß sie vor Angst schrie; ein Träumer wurde an der Zehe gezogen, als er darum ersuchte – was er künftig nicht mehr tat. Einen Mann führte sein Traum ins Innere des Gehirns einer an Krebs sterbenden Verwandten; er bekam genau gezeigt, welche Erlösung der Tod für sie war, als er schließlich eintrat. In einem späteren Traum erfuhr er, wie sich die Seele fühlt, wenn sie nach dem Tod zum Bewußtsein erwacht und entdeckt, daß sie mit dem Körper unter der Erde ist – und wie sie dann durch den Boden ans Licht steigt.

Eine verblüffende Tatsache, die alle diese Traumerlebnisse den Träumern klarmachten, war laut Cayce, daß der Todeszustand für die Seele weit eher ein Normalzustand ist als die irdische Existenz. Die übliche menschliche Frage, ob das irdische Bewußtsein den Tod überlebt, ist eigentlich falsch gestellt. Für eine Seele lautet die wichtige Frage, wieviel ihres normalen Bewußtseins, ihrer normalen Schöpferkraft und ihres Kontakts mit dem Göttlichen die Geburt in einen Körper überleben wird.

Die Normalität des Todeszustands erklärt, warum Cayce, wenn er für ein Reading in Trance sank – eine Trance, die dem Koma vor dem Tod sehr glich –, folgende Suggestion erhielt: „Nun erlangt der Körper seine normalen Kräfte“, damit er die für das Reading benötigte Information finde und geben könne. Doch auch unter diesem Gesichtspunkt ist das Erdenleben wertvoll. Es vermittelt der Seele Einblicke in die Schöpfung und den Schöpfer, die nirgends so erlangt werden können wie auf Erden. Es sind Einblicke, welche die „Engel“ – Cayce beschrieb sie als Wesen, die keine irdische Inkarnation unternahmen – nie kennenlernen.

Die Körperlosen werden durch Anerkennung von den Lebenden belohnt oder auch durch die Freude, die Lebenden etwas zu lehren. In verhältnismäßig seltenen Fällen können sie sogar mit den Lebenden zur Vollbringung lohnender Dinge zusammenarbeiten.

Weil bestimmte gut entwickelte Seelen nach dem Tod mehr sehen als die Lebenden (eine Ausnahme bilden nur die Träume der Lebenden), sind diese Körperlosen in der Lage, dem Träumer

Führung in vielen Dingen zu geben: Gesundheit, finanziellen Angelegenheiten, Gesellschaftsfragen, Sozialfürsorge, Beziehungen zu Lebenden. Aber sie bezahlen dafür, wie Cayce behauptete; und er sagte deshalb warnend, ein Träumer, der solche Hilfe finde, habe die besondere Pflicht, seine eigenen Talente im Wachleben zum absoluten Höchstmaß zu entfalten.

Cayce selbst erhielt manchmal Hilfe von Körperlosen. Ein solches Erlebnis trat bei ihm spontan wenige Monate vor Eröffnung des Krankenhauses auf: Ein Wesen, offenbar seine tote Mutter, sprach am Begin eines Readings für einen Ratsuchenden durch Cayce. Cayce erinnerte sich an den Kontakt später als Traum, aber die anderen im Zimmer hatten die laut gesprochenen Worte gehört. Seine Mutter, die ihn „Bruder" nannte, sprach zu ihm über einen Brunnen, den Cayce ihr zum Gedächtnis am Eingang des Krankenhauses geplant hatte. Sie meinte, er solle seine Schwestern helfen lassen, ebenso seinen Vater, der noch lebte (aber nicht mehr lange zu leben hatte, wie sie richtig kundtat). Der schlafende Cayce sagte lebhaft: „Mutter!" Dann wiederholte er ihre Worte laut:

„Mutter ist da. Und du hast Schwester noch nicht geschrieben und es ihr gesagt – der Schwester wird das nicht gefallen, Bruder, und sie wird gekränkt sein! Schreib an Schwester, sag es ihr und Sarah und Ola und Mary – sie werden alle mitmachen wollen, und sie werden genauso fühlen wie du. Und nach einer Zeitlang, wenn alles in Ordnung gebracht ist, wird es für euch alle so nett sein zu wissen, daß Mutter hier bei euch sein wird! Sei ein guter Junge. Schreib, Bruder! Sprich mit Mutter. Sei gut zu Papa. Er wird in Kürze nach Hause kommen. Aber schreib an Schwester – und sage den Kindern, Mutter liebt sie alle."

Cayce schrieb, und der Brunnen wurde gemeinsam gebaut. Er zählte natürlich zu jenen Dingen, deren Verlust besonders schmerzte, als das Krankenhaus den von der Depression getroffenen Gründern zurückgegeben wurde.

Die Begegnung mit der Mutter war nicht das einzige Erlebnis, in welchem Cayce aus dem Jenseits Hinweise erhielt, wie er das Geld für seine Arbeit aufbringen solle. Jahre später, als er an sein bescheidenes Heim ein feuerfestes Gewölbe anbauen lassen mußte, um einen sicheren Aufbewahrungsort für die Readings zu besitzen, hatte er folgendes Erlebnis, das er Freunden berichtete:

Am Abend des 4. November hatte ich diesen Traum, diese Vision oder dieses Erlebnis.

*Ich war in unserem Büro-„Leseraum" und diskutierte mit einigen der Familie über die Notwendigkeit, die Aufzeichnungen, welche wir bereits haben, zu schützen und zu bewahren, und über die Mittel, das zu tun. Plötzlich erschien ein „Herr" (der Herr, für mich) und sagte: „*Friede *sei mit dir! Bitte alle, denen du zu helfen versucht hast, dir zu* helfen, *diese Aufzeichnungen zu retten, denn es sind ihre Erlebnisse und ein Teil von* ihnen! *Ob sie eine Schindel beitragen, einen Balken, ein Fenster, eine Türe oder das ganze Gewölbe für die Aufzeichnungen, gib ihnen allen Gelegenheit, sich an der Arbeit zu beteiligen."*

Cayce schrieb an alle, die ein Reading hatten aufzeichnen lassen, und erklärte ihnen, wie sie einen Beitrag leisten könnten. Zwei Jahre später wurde der Anbau eingeweiht – und war bezahlt.

Träume wie jener von seiner Mutter und jener von Christus waren nach Cayces Erfahrung nicht ihm allein vorbehalten. Er erklärte den von ihm geschulten Träumern nachdrücklich, wo immer sich die Menschen fromm mit irgendeinem Plan oder Dienst befaßten, könnten sie Hilfe aus dem Jenseits erhalten.

Als ein Träumer dank seines körperlosen Vaters monatelang Traumhilfe in Aktienfragen erhielt, damit er Geld verdienen und das Cayce Hospital sowie die Atlantic University unterstützen konnte, hatte er folgenden bezaubernden Traum:

Mein Vater zeigte irgendwie irgend etwas bezüglich einer Zigarre auf, die ich rauchte.

Der Vater war leidenschaftlicher Zigarrenraucher, und Cayce äußerte sich über die „Freude, Befriedigung, Zufriedenheit", die in dem Traum erkennbar waren, als Vater und Sohn das Aroma guter Zigarren erörterten. Dies sei ein Hinweis auf das Einvernehmen, sagte Cayce, in welchem der Vater und die anderen Körperlosen mit dem Sohn zusammenarbeiteten – Teamwork von beiden Seiten des Grabes, um ein humanitäres Werk zu vollbringen.

Träume, worin man anderen von den lebenden Toten erzählt

Mehrere Monate später versammelte der Vater dieses Träumers offenbar ein Team körperloser Finanzexperten, die den Träumer im Schlaf und im Wachleben mit Tips unterstützten. Cayce bezeichnete das als eine tatsächliche Entwicklung und trug das Seine bei, indem er dem Träumer half, in dieser seltsamen Partnerschaft einen kühlen Kopf zu bewahren. Doch die Verwandten des Träumers waren skeptisch und feindselig, obwohl seine Anstrengungen ihn und seine Partner reich machten. Verletzt durch ihren Tadel, hatte er folgenden Traum:

Ich schien per Schiff an einen Ort zu reisen, und dort sah ich den Herrn – Jesus Christus.

Ich rief allen um mich zu, so laut ich konnte: „Wir können wie Er sein – ich habe es bewiesen! Wir können wie Er sein – ich habe es bewiesen!" Keiner wollte auf mich hören oder mir glauben.

Ich trat in ein Geschäft, offenbar ein Lebensmittelgeschäft, und sah dort einen Mann, der als Christus erschien – es mag Er gewesen sein oder nicht, aber er war gekleidet, wie Christus gekleidet gewesen wäre, nur jünger. Eine Frau sagte zu mir: „Ist Er nicht ein wunderbarer Gott?" – „Du kannst wie Er sein", antwortete ich. „Oh", erwiderte sie, „du bist nicht wie Er. Du bist ein weicher, kraftloser Mensch."

Ich wandte mich um, wollte ihr Christus zeigen, und es kann Sein Bild auf der Schachtel gewesen sein, die ich ihr zeigte. Aber da war Er, wie ich ihn von Bildern kannte, die ich gesehen hatte – ein älterer Mann, mitfühlend, doch unnachgiebig in Seinem Glauben an das Wahre und im Festhalten daran und seiner Verbreitung bei Seinen Mitmenschen.

Ich ging zur Ladentheke und setzte mich. Dort hinter der Theke sah ich den jüngeren Mann wie Christus im Gebet knien. Er dankte Seinem Vater für viel.

Ich stützte den Kopf in die Hände und weinte bitterlich. „Es schmerzt hier drinnen", sagte ich, auf mein Herz deutend, und es schien, als beziehe sich dies auf meine Unfähigkeit, in anderen Verständnis zu wecken – und auch darauf, daß Er genau in dieser Weise litt.

Ich sagte: „Was für einen Sinn hat das Wirkliche, das Wahre, wenn wir für alle hier auf Erden lächerlich sind?" – und ich sah mich selbst, wie ich lächerlich meine Botschaft schrie: „Wir können wie Er sein – ich habe es bewiesen." Dann sah ich Ihn wieder, in dankbarem Gebet kniend, und weinend sagte ich: „Es schmerzt mich in tiefster Seele."

Dann sprach die Stimme – es kann Seine Stimme gewesen sein – und sagte: „Sie werden wieder auf die Erde zurückkehren, um zu lernen; sie werden niederknien und anbeten . . ."

Es war ein Traum, der den Kern von Cayces Botschaft als Erlebnis des Träumers darbot. „Wir können wie Er sein." Cayce bezog sich später oft auf den entscheidenden Satz dieses Traums.

Doch der Traum verwies auch auf die tödliche Gefahr hochmütiger Selbstüberheblichkeit beim Träumer, die spätere Träume deutlich aufzeigten. Cayce deutete den Traum behutsam und erklärte nur am Ende seines Readings, man könne den Traum als Botschaft Christi ansehen. Er sagte, der Träumer sei fast in das „Allerheiligste eingetreten, Kraft und Weisheit von Ihm erlangend, der Kraft und Weisheit *ist*". Durch diesen Traum könne er allmählich den Ruf Christi beim Anblick der alten Hauptstadt Palästinas verstehen: „Jerusalem, Jerusalem, . . . wie oft habe ich deine Kinder versammeln wollen, wie eine Henne versammelt ihre Küchlein unter ihre Flügel; und ihr habt nicht gewollt!" Laut Cayce gab es nur einen einzigen Weg für jemanden, der entschlossen war, seinen Mitmenschen die obige Botschaft zu vermitteln: „Oft im Gebet" zu sein, denn „jene, die Ihn suchen, den

Herrn, können Ihn finden" sowie „Kraft und Ausdauer in Körper, Seele und Geist".

Die gewissermaßen härteste Lektion, die Cayce seinen Träumern einhämmern mußte, wenn sie einmal von der Wirklichkeit des Lebens jenseits des Grabes und von der Zusammenarbeit mit Körperlosen überzeugt waren, besagte: Sie sollten nicht versuchen, anderen ihre Ansicht durch übersinnliche Kunststücke zu beweisen. Ein solcher Beweis solle unter keinen Umständen angestrengt werden, warnte er immer wieder. Man solle vielmehr die Menschen auffordern, selbst zu forschen. Aber Demonstrationen kämen nicht in Frage, ebensowenig Ermahnungsreden. Genau wie Jesus es gelehrt habe, dürfe kein „Zeichen" gegeben werden. Geist und Herzen der Menschen müßten auf andere Weise gewonnen werden, durch die Qualität des Lebens, das man mit ihnen teile.

Dasselbe Problem ergab sich, wenn jemand anderen Menschen von Cayce erzählte. Cayce erklärte dies bei der Deutung eines späteren Traums, als er sich auf die Worte: „Ich habe es bewiesen", bezog. Der Träumer berichtete:

Ich betrat einen Raum, wo viele Menschen waren, und sah einen Mann schlafen – schlafend daliegen. Es kann Edgar Cayce gewesen sein.

Ich machte mir Sorgen wegen der Aktien von Pan Petroleum und wegen des Öls. Viele sahen mich gleichzeitig ratsuchend an. Dann sagte ich: „Hm, ich kann mich mit einem schlafenden Mann nicht so leicht unterhalten, als wenn ich (in der Weise wie mit meinem Vater) mit ihm sprechen könnte, obwohl kein Wort gesprochen wird – dort, wo ich meinen Rat erhalte, durch Führung."

Er prahlte in dem Traum mit den Ratschlägen über Aktien und andere Dinge von seinem körperlosen Vater, Ratschlägen, die er „direkt" erhalte, statt durch den schlafenden Cayce. Er ließ auch leichte Verachtung für jene Menschen erkennen, denen er von Rechts wegen helfen sollte. „Es scheint, die anderen verlangen nicht nach dem Verständnis, das man braucht, um solchen Rat zu erhalten."

Dann aber änderte sich der Traum rasch und drang zu seinen besseren Motiven durch:

Nun trat ein in Lumpen gekleideter kleiner Junge ein. Er tat mir leid, und ich sagte, indem ich ihm die Hand auf den Kopf legte: „Ich werde dich hereinholen und lieben." Dann kam ein Mann herein, offenbar der Vater des Kindes, und der Junge wies mich auf ihn hin. Ich sagte zu ihm: „Ich möchte Ihren Sohn nehmen und für ihn sorgen." Der Mann antwortete: „Ich kann ihn ernähren und aufziehen, wenn ich nur gesund wäre." Er zeigte mir einen gelähmten Arm. Ich hatte schreckliches Mitleid und dachte, ich würde gern meine Kraft (der Kommunikation mit meinem Führer) anwenden, um den Mann zu bekehren, wieder mit dem schlafenden Mann – und dann mit diesen Menschen sprechen und in einer Sprache, die sie verstanden, erklären, was sie tun könnten.

Dann sah ich den schlafenden Mann in etwas, das aussah wie ein Schaufenster, und Menschenmengen dort, die durch das Glas dieses Phänomen betrachteten.

Als Cayce den Traum erörterte, sagte er, der schlafende Mann stelle sowohl Cayce beim Geben der Readings dar – in einem Zustand, wo seelische, kosmische und geistige Kräfte kombiniert waren, um nützlich zu sein – *als auch* den Schlaf der Zuschauer, in welchem sie „durch den Traum seelische, geistige, kosmische Kräfte erreichen" könnten, die man sorgfältig mit Erlebnissen des Wachzustands in Verbindung bringen müsse, um „Wissen zu erlangen, durch welches das seelische, das materielle, das moralische, das *ganze* Wesen des Menschen Nutzen ziehen kann, sehen Sie?"

Er lenkte den Träumer von seinen Traumkunststücken ab und rückte die Frage in den Blickpunkt, was andere in ihren Träumen zu vollbringen lernen könnten.

Doch wie sollte man andere interessieren? Der Traum stellte zwei Arten dar, auf die man versuchen konnte, andere zu erreichen.

Die eine Art veranschaulichte der im Schaufenster schlafende Mann. Er sprach nur einen Teil des Geistes der Zuschauer an, nicht ihre Fähigkeit des vollkommenen Verstehens. Er bot das Element des „Geheimnisvollen", das „momentane Verständnis", das Gefühl des „Extravaganten".

Die andere Art lag in der Episode mit dem Kind und dem Vater, in welcher der Träumer den Drang zu Mitleid und Hilfsbereitschaft verspürt hatte. Es war der Weg der „Erziehung oder Wissensvermittlung an die Jungen; der Unterstützung jener, die körperlich oder geistig lahm, verkrüppelt oder in Verzweiflung sind", wodurch diese in Träumen und im Wachleben weit besser „Beziehung zu jenen Universalkräften, Beziehung zu Gott" aufzunehmen vermöchten.

Menschen, die aus irgendeinem Grund das Leben nach dem Tod verstehen mußten, fanden es auch in ihren eigenen Träumen, wenn sie danach Ausschau hielten.

Bei Cayces Träumern geschah dies oft. Einer Witwe erschien ihr toter Mann im Traum, um ihr zu helfen, von einem betrügerischen Verwalter ihren Grundbesitz zurückzuerhalten. Die Schwiegermutter eines Träumers sprach aus dem Totenreich, um ihn vor schlechter Gesellschaft zu warnen. Ein Vater, der seinen Sohn mittels Träumen geführt hatte, drohte, jedwede Hilfe von der nächsten Ebene einzustellen, wenn der Sohn weiter mit Frauen herumspiele. Einem Träumer, der von einem spielerischen Gerangel mit einem toten Onkel im Traum berichtete, sagte Cayce, er sei in diesem Traum unwissentlich ins „Grenzland" geschlüpft, wo er und der Onkel eine glückliche Zeit miteinander verbracht hätten.

Cayces Träumer bekamen in ihren Träumen gezeigt, was für einen „Träger" oder Körper sie nach dem Tod haben könnten, wie sie wüßten, daß sie tot seien, wie sie durch die verschiedenen Ebenen gehen und was für Helfer sie finden würden. Ihre Träume enthüllten viel über die Kommunikation mit den Toten: Daß deren Wahrnehmung ein einziger Sinn war, aber als mehrere Sinne erschien, daß sie Energie für Kontakte mit den Lebenden aufnahmen, daß sie sich versammelten, um zuzuhören, wenn die Lebenden über den Tod lehrten, daß sie sich danach sehnten, durch ein Medium zu sprechen, daß einige schlecht entwickelte versuchen würden, einen lebenden Menschen zu „übernehmen", der wegen seiner Haltungen oder Taten oder schwachen Gesundheit ihrem Einfluß zugänglich war.

Wann ist man bereit für Träume von den lebenden Toten?

Auf diese Frage gab Cayce bei der Erläuterung Hunderter derartiger Träume eine Reihe Antworten.

Erstens ist man für solche Träume bereit, wenn man sie hat. Das Unterbewußte beschert dem Menschen keine Erlebnisse, mit denen er nicht fertig wird, wenn er will.

Zweitens ist man für den Traumkontakt mit den Toten bereit, wenn man nicht leichtfertig über sie spricht. Cayces Ansicht nach konnten solche Träume auch eine gefährliche Wirklichkeitsflucht bedeuten.

Drittens ist man für Träume von den Toten bereit, wenn man die Lebenden in gesunder Weise liebt und ihnen dient; Träume dieser Art kommen immer aus einem persönlichen Grund, zur Förderung der persönlichen Entwicklung des Träumers oder wegen irgendeines konkreten Dienstes im regelmäßigen Ablauf des täglichen Lebens. Traumbotschaften, die sich scheinbar an die allgemeine Öffentlichkeit richten, sind höchst suspekt, denn gesunder Kontakt mit den Toten ist nicht dazu bestimmt, für die Lebenden in dieser Weise zu funktionieren.

Viertens ist man bereit für Träume von den Toten, wenn man gleichermaßen bereit ist, den Toten zu helfen, wie ihre Hilfe anzunehmen. Kommen Gebete für einen Körperlosen einem Menschen ganz frei und natürlich in den Sinn, können Visionen des Körperlosen folgen. Jede andere Art eines Kontaktversuchs wäre ausbeutend.

Fünftens ist man bereit für Träume von geliebten Verstorbenen, wenn man seinen Kummer und seine Schuldgefühle ihnen gegenüber verarbeitet und ihnen das verziehen hat, was sie einem selbst antaten. Ohne dies besteht eine fast unüberwindliche Barriere.

Sechstens schließlich kann man von den Toten träumen, wenn sich das eigene erfüllte Leben seinem natürlichen Ende zuneigt und es an der Zeit ist, sich auf die nächste Reise vorzubereiten.

Träume von der Reinkarnation

Einer der „Toten“, der lebt, sei der Träumer selbst, sagte Cayce. In Träumen könne er sich selbst so begegnen, wie er in vergangenen Leben war.

Solche Träume können auf zweierlei Art auftreten. Bei der einen, die verhältnismäßig selten ist, erinnert man sich an eine Szene aus einem vergangenen Leben genauso, wie sie einst geschah. Bei der anderen träumt man von einer gegenwärtigen Szene, aber die Handlung wird von Kräften eines vergangenen Lebens geliefert.

Cayces Ansicht nach läßt man vergangene Leben nicht einfach hinter sich; man lebt sie – in gewissen Graden und zu verschiedenen Lebenszeiten – alle in der Gegenwart. Folglich präsentieren Träume oft das Handeln der vergangenen Persönlichkeit, wie sie von Ereignissen des gegenwärtigen Lebens ins Spiel gebracht wird. Derartige Träume zeigen den Träumer und seine Partner in moderner Kleidung, wie Cayce ausdrücklich erklärte, tischen jedoch „Karma“ oder das Erbe von Themen, Traumata und Talenten vergangener Leben wieder auf, genau wie andere Träume ähnliche Motive aus der Kindheit des gegenwärtigen Lebens wieder auftischen; andere Träume kombinieren beides.

Cayces Meinung machte es seinen Träumern schwer, die im gegenwärtigen Leben wurzelnden Träume von den auf vergangenes Leben zurückgehenden zu unterscheiden. Für Cayce selbst war der Unterschied nicht sonderlich wichtig. Für ihn ging es darum, daß der Träumer auf den Traum hin handelte. Ob der Traum nun aus einem Leben stammte oder aus einem Dutzend, Selbstsüchtigkeit mußte einfach überwunden werden, Talent mit einigem Risiko eingesetzt, Liebe gegeben und verweigert und wieder gegeben werden. Im Gegensatz zu vielen, die vom Gedanken der Reinkarnation fasziniert waren, brachte der schlafende Cayce die Rede nur darauf, wenn dies einem Träumer besonders half, sich selbst oder jemand anderen zu verstehen. Ansonsten hielt er an den Wahlmöglichkeiten der Gegenwart fest, die sich dem Träumer boten.

Es gab jedoch Hinweise darauf, daß alle ernsthaften Träume ein gewisses Maß an Themen aus vergangenen Leben enthalten und entsprechend gedeutet werden können. Das Leben der Seele ist aus vielen Fäden gewoben, so modern auch das augenblickliche Muster sein mag.

Cayce träumte einmal, eine Freundin werde von Banditen als Schutzschild benützt, worauf er den bewaffneten Anführer erschoß und sie rettete. Im Reading bekam er gesagt, wegen einer Verbindung in einem vergangenen Leben solle er in der gegenwärtigen Beziehung als „Beschützer, Lehrer, Führer, Leiter" der Frau handeln. Die Tatsache, daß in dem Traum alle moderne Kleider getragen hätten, betone nur die Notwendigkeit einer „modernen Verteidigung" für das „Tun, Denken oder Ziel" der Frau. Als er träumte, er und einer seiner Söhne stritten, und der Sohn verlasse das Heim, bekam er gesagt, er sehe den Streß, unter dem sie irgendwann in der ägyptischen Geschichte zusammen gestanden hätten, und sie beide müßten ihr Temperament zügeln und ihre Zunge hüten.

Eine Frau, die in einem anderen Leben die Männer mit ihrer Schönheit beherrscht hatte, wetteiferte im Traum mit attraktiven Frauen, um ihren Mann in diesem Leben zu halten. Eine Frau, die in einer anderen Existenz ihr Volk als Kriegerin angeführt hatte, mußte in diesem Leben ihre Machttriebe beherrschen lernen, oder sie würde alle befremden, die sich ihr näherten. Ein Mann, der in einem früheren Leben die religiöse Mission seines Bruders in

Zweifel gezogen hatte, träumte immer wieder, daß sich sein gegenwärtiger Bruder gegen ihn wende. Ein junger Mann, der in einem anderen Leben König gewesen war, wurde vor seinen Allüren als Gentleman der Südstaaten in diesem Leben gewarnt. Eine kluge Frau, einst Tochter eines Philosophen, träumte, wie sie ihre Zunge ihrem Herzen gefügig machen könne. Ein Mann, der in einer früheren Existenz seine Macht zur Verbannung eines Anführers genutzt hatte, träumte ständig davon, was für ein Gefühl es sei, von den Mächtigen und Einflußreichen abgelehnt zu werden. Ein Geschäftsmann, der in einem nicht allzuweit zurückliegenden Leben ein wüster Schürzenjäger gewesen war, träumte wiederholt, er werde beim Liebesakt mit einer anderen Frau als seiner eigenen ertappt und arg gedemütigt. Eine einstige Künstlerin träumte von der Wahlmöglichkeit, eine echte Künstlerin oder eine Wichtigtuerin zu sein. Ein Mann, der seine militärische Macht zur Erniedrigung anderer mißbraucht hatte, wurde in seinen Träumen von Militärs herabgemacht.

Diese Dinge sah zumindest Cayce in den Handlungen und Verwicklungen ihrer Träume. Wie konnten die Träumer eine richtige Einschätzung solcher Dinge erlangen? Indem sie tatsächliche Erinnerungen aus vergangenem Leben träumten, sagte ihnen Cayce.

Und sie träumten wirklich. Sie träumten Worte, Namen, Sätze in alten hebräischen, ägyptischen und persischen Sprachen. Sie träumten von lebhaften fremdländischen Szenen: von einer Oase, von einem riesigen Mann in arabischem Gewand, der sich über den Träumer beugte und ihm ans Leben wollte, von Zelten der Israeliten, die nach ihrer Rückkehr aus Babylon auf einem Gelände bei Jerusalem lagerten, von Strahlen und Maschinen aus der alten Atlantis-Kultur, von Fischzügen auf dem See Genezareth zu Christi Zeiten, von der zeremoniellen Einweihung einer Pyramide in Ägypten durch Tausende Menschen, vom Tod beim Kampf in einer griechischen Arena, vom Landen mehrerer Schiffe im neuentdeckten Amerika, von den Auseinandersetzungen der Israeliten mit den Moabitern, von der römischen Herrschaft über die Mittelmeerländer, von der Verbreitung des hinduistischen Denkens außerhalb Indiens und von der sittlichen Kraft alter chinesischer Lehren.

Typischerweise waren solche Träume keine bloßen nächtlichen „Filmdarbietungen", sondern Episoden, die sich lebhaft auf ein gegenwärtiges Problem des Träumers konzentrierten.

Als Cayce infolge der Streitereien unter den Förderern seines Krankenhauses unter starkem Streß stand, kurz bevor das Krankenhaus geschlossen und verkauft wurde, träumte er während eines Readings:

Ich dachte, ich liefe mit Herrn und Frau Lot und ihren beiden Töchtern aus Sodom, als es Feuer und Schwefel regnete. Was genannt wurde: „sie ward zur Salzsäule", weil sie hinter sich sah, war in Wirklichkeit, daß sie durch die Hitze gingen – die von dem himmlischen Feuer ausstrahlte –, und alle wurden dadurch erprobt. Ich kam durch das Feuer.

Zu seiner Überraschung machte Cayces eigene Readingquelle ihm die Eröffnung, er sei bei Lot gewesen, als einer, der ausgesandt war, um vor dem Kommenden zu warnen. Er habe die Familie tatsächlich in ihrem furchterregenden Erlebnis begleitet, das ihm nun wieder gezeigt werde, weil er selbst durch eine Art „Feuer" müsse, da er mit seinen Partnern litt. Ob er wiederum durchkomme, hänge von seinen „Haltungen und Handlungen" ab. Als Vorbereitung solle er das Leben aller in dieser Bibelszene genannten Menschen studieren.

Ein sehr praktisch denkender jüdischer Geschäftsmann, der nicht recht wußte, was er von der Gestalt Christi halten sollte, hatte eine verblüffende Traumvision:

Ich habe Angst zu schreiben – bzw. während ich dies schreibe, bin ich noch immer geängstigt von dieser Vision. Aber sie muß ihren Sinn für mein Leben haben und ist das, was ich suche.

Ich sah etwas, das sich auf den Tod des allmächtigen Herrn bezog, und dann geschah etwas genau eineinhalb Jahre später.

Was geschah und wie bezieht es sich auf mein gegenwärtiges Leben?

Der Tod des Herrn und dieses Geschehen eineinhalb Jahre später erinnerten mich an den Tod des neunzehnjährigen Königs Tut-anch-amon. Welche Verbindung besteht zwischen dem Tod des Herrn und einem nachfolgenden Ereignis (was war es für ein Ereignis?) und dem Tod des neunzehnjährigen Pharaos?

Bei der Erörterung dieses Traums sagte Cayce dem Träumer – wie oft auch anderen, die von Material träumten, das seines Empfindens aus vergangenen Leben stammte –, er könnte das Rätsel dieses Traums selbst lösen, indem er seinen Geist nach innen wende. Man müsse nicht schlafen, um solche Erinnerungen aufzuspüren.

Der Träumer sei Jesus einst sehr nahegestanden, sogar in seinem Haushalt gewesen, und habe den ungeheuren Schock seines Todes erlebt. Er sei damals noch jung gewesen und habe eineinhalb Jahre gebraucht, bis er sich entschloß, Jesus den Platz als seinem „Herrn" zuzuerkennen. Dies sei nach seinem neunzehnten Geburtstag geschehen. Danach sei er „ein tiefer Denker" geworden, ein Student alter Kulturen, auf den die nützliche Herrschaft des jungen Tut-anch-amon starken Eindruck gemacht habe, besonders die Art, in welcher dieser getrennte Haushalte aneinanderband. Der junge Mann aus Palästina habe sich als Neunzehnjähriger mit dem jungen Monarchen identifiziert, und als dem Träumer die traumatischen Ereignisse und Entscheidungen seines palästinensischen Lebens wiederkehrten, seien eben auch die Assoziationen zu Ägypten wiedergekehrt, die damals in seinen Gedanken gewesen seien. Gegenwärtig lebe er in einer Familie, die durch den Streit über die Bedeutung Christi für die Juden geteilt sei, und er müsse hinter äußerem Auftreten und äußerer Loyalität nach den tieferen Realitäten Ausschau halten, die gültig seien. Deshalb habe ihn der Traum durch die Jahrhunderte zurückgeführt.

Cayce eröffnete den von ihm beratenen Träumern, das Studium der Reinkarnation sei genauso wichtig wie das Studium des

Lebens nach dem Tod. Einer Frau erklärte er es so: „Denn wenn die Menschen genauso auf das achten würden, was sie gewesen sind, wie auf das, was sie sein werden, würde dies ein viel interessanteres und ein sinnvolles Erlebnis; denn wie Er zu verstehen gab, jene, die auf der Hut sind, lassen nicht zu, daß ihre Häuser, ihre Selbst oder ihre geistigen Fähigkeiten zerbrochen werden."

TEIL IV

SELBSTENTWICKLUNG DURCH TRÄUME

Mit Träumen zu einem gesunden Körper

Cayce verwies immer wieder nachdrücklich auf die Macht der „Seele als Erbauer“ bei der Gestaltung des Lebens eines jeden Menschen, sagte aber gleichzeitig, man müsse in jeder Wachstumsphase auch mit dem Körper rechnen. Nach seiner Auffassung von der menschlichen Entwicklung liegt die Seele geborgen im Körper, die Funktion der endokrinen Drüsen wirkt sich zutiefst auf sie aus, und indirekt wird sie beeinflußt durch Ernährung, körperliches Training, Ausscheidungen, Lebenseinstellung und andere Dinge. Mit dieser Auffassung kam Cayce ziemlich nahe an jene der modernen Psychiatrie heran.

Historisch gesehen, stand er mit seiner Ansicht über die Rolle des Körpers im menschlichen Wachstum dem Judaismus und der Bibel näher als dem griechischen und dem gnostischen Denken, die zwischen Verehrung der menschlichen Form und Behandlung des Körpers als Gefängnis des Geistes hin und her schwankten. Cayce äußerte einmal in einem Reading, beim Menschenwesen sei der Körper für die Seele eine genauso natürliche, vertraute Struktur wie der Fingernagel für den Finger.

So gesehen, ist es ganz natürlich, daß die Träume Belange der physischen Gesundheit behandeln. Cayce stellte jedoch klar, daß viele Träume selbstverständlich gleichzeitig mit der physischen Gesundheit andere Probleme aufgriffen.

Ein Gesellschafter, der mit seinen Zahlungen für das Cayce-Hospital in Verzug war, träumte, er habe Verstopfung. Cayce erklärte, der Traum beziehe sich sowohl auf eine physische Verstopfung, die behandelt werden müsse, als auch auf eine „Verstopfung“ des Geldstroms, der aufgehalten wurde, weil der Träumer zuviel seines Unternehmungsgeistes auf eigene Dinge verwendete. Ein anderer Träumer fiel im Traum in den nassen Schnee einer Straße, wo er seine Handschuhe und die Spur seines Bruders verlor. Er sehe, sagte Cayce, daß er vermeiden müsse, sich den Unbilden des winterlichen Wetters zu sehr auszusetzen; und gleichzeitig sehe er, daß er seines Bruders Ratschläge besser befolgen solle, in gesundheitlichen Fragen ebenso wie in Geschäftsdingen.

Träume vom Körper

Ein Geschäftsmann träumte lebhaft von einer Verwandten, die gerade nach einer größeren Operation aus dem Krankenhaus zurückkehrte.

Wir waren alle im Farmhaus draußen, und sie kam vom Arzt heim, kam allein heim. Als sie ins Zimmer trat, versteckte ich mich hinter der Tür, damit sie mich nicht sehe. Sie war sehr blaß und zittrig und äußerte etwas über eine weitere Operation. Jemand in der Schar sagte, sie sei fast hysterisch.

Diesen Traum bezeichnete Cayce als ernste Warnung an die Verwandte, sich in der postoperativen Zeit zu schonen. Der Traum habe in einem Farmhaus gespielt, weil er zum Unterschied von einem Traum über geistige Aktivitäten „ganz Gefühl" gewesen sei. Der Träumer sei in einem Versteck gezeigt worden, weil der Traum eine sich entwickelnde verborgene Komplikation betroffen habe, die eine zweite Operation erforderlich mache, wenn die Frau nicht vorsichtig sei. Und die Frau sei als „zittrig und hysterisch" dargestellt worden, um sowohl die Warnung zu veranschaulichen als auch ihre geheime Hoffnung auf Genesung ohne nochmalige Schmerzen wie bei ihrer ersten Operation – Schmerzen, die sich bei einiger Vorsicht vermeiden ließen.

Diese Warnung wurde sorgfältig beachtet, was mit anderen gesundheitlichen Warnungen, die derselbe Träumer erhielt, nicht geschah. Die Frau dieses Träumers war strikte dagegen, daß er die Osteopathie anwandte. Cayce sagte, das erkläre den Traum des

Mannes, worin er jemanden in einem abgelegenen Hotel aufgesucht hatte. Der Traum gebe ihm zu verstehen, er solle die Behandlung vornehmen lassen, auch wenn er es vor anderen geheimhalten müsse!

Ganz anders war der Traum einer Frau, die bald schwanger werden sollte:

Ich wollte von einer wackeligen Plattform, die sehr unwirklich in ihrer Struktur war, ins Wasser zum Schwimmen. Als ich hineinhüpfte oder vielmehr einen Kopfsprung versuchte, machte ich einen Bauchplatscher, d. h. ich landete voll auf dem Bauch. Es schmerzte.

Das Hineingehen ins Wasser, einer Variation der Mutter See oder der Mutter des sich entwickelnden animalischen Lebens, stellte laut Cayce hier ein Symbol für ihre Vorbereitung zum Eintritt in die Mutterschaft dar. Doch ihr Körper war nicht in Form. Er benötigte Physiotherapie und Übungen, damit verschiedene Organe wieder in Ordnung kamen und gekräftigt wurden; deshalb die „wackelige Plattform". Sie solle sich darum kümmern, daß sie die erforderliche Behandlung für „diese größte der Aufgaben des weiblichen Geschlechts" erhalte.

Wie so oft bei den Träumern, die Cayce schulte, behandelte auch ihr zweiter Traum derselben Nacht dieses Problem:

War wieder im College und sollte im Schlafsaal wohnen. Ich wollte zwei Zimmer, um mit zwei anderen Mädchen zusammenzuwohnen, und ich wollte mein eigenes Bad. Ich wollte gutes Essen. Beschloß, nicht zu bleiben, weil das Essen schlecht war.

Hier zeigte ihr der Traum die Notwendigkeit, sich auf die bevorstehende Schwangerschaft vorzubereiten – sowohl physisch, wie in den Symbolen Essen und Bad zu sehen war, als auch geistig, was ihr Wunsch nach genügend Platz und Abgeschiedenheit in dem Traum ausdrückte.

Ihr Mann lieferte ganz anderes Traummaterial über den Körper:
Ich sah eine große Reklame in elektrischen Lichtern, die am

Broadway außen leuchteten. Es hieß: „Das Wesen von Materie und Geist ist ein und dasselbe."

Cayce sagte: „Diese Wahrheit und das Verständnis derselben sollten in die Geister und Herzen der Menschen posaunt werden", wie die Lichter über der „Hauptverkehrsstraße" des Lebens angezeigt hatten.

Laut Cayce sind Materie und Geist zwei von den drei ursprünglichen Ordnungen der Schöpfung (als die er „Materie, Geist und Kraft" ansah), und wenn sie sich auch unterscheiden, so stammen doch alle vom selben Schöpfer und reagieren auf ihn. Für Cayce bestand keinerlei Grund zum Dualismus, der die Materie geringschätzte.

Der Träumer setzte seinen Bericht dieses Traums fort, eines charakteristischen Beispiels des philosophischen oder reflektiven Traumtyps, der in den Cayceschen Traumaufzeichnungen Dutzende Male zu finden ist:

Dann fügte ich hinzu, der Unterschied zwischen Materie und Tier liege darin, daß Materie eine materialisiert-veränderte Form dieser einen Substanz ist, während das Tier diese eine Substanz in solchem Organismus ist, daß sie sich materiell als Geist manifestiert.

Die Auffassung des Träumers glich jener Cayces sehr. Denn für Cayce bewegte sich die untermenschliche Schöpfung langsam auf Bewußtheit zu, das Mineral-, das Pflanzen- und das Tierreich würden in dieser Reihenfolge nacheinander die Erde beherrschen und das menschliche Bewußtsein zur Krönung des Fortschritts benötigen. Der Träumer beendete seinen Bericht:

Der Unterschied zwischen Tier und Mensch liegt darin, daß die Entwicklung des Tierorganismus auf jenen Abschnitt des Entwicklungsprozesses der einen Substanz beschränkt bleibt, die in eine materialisierte Form verändert wird. Wogegen der Organismus Mensch-Geist in der materialisierten Form eine Entwicklung umfaßt, die in allen anderen Abschnitten des Entwicklungsprozesses dieser einen Substanz erlangt wurde.

Cayce bezeichnete den Traum als richtig. Das tierische Bewußtsein sei auf das beschränkt, was sich während der Lebensspanne entwickle, wogegen das menschliche Bewußtsein wegen der Rolle der Seele auch Elemente aus sehr unterschiedlichen Reichen der Schöpfung enthalte. Der Mensch sei dazu geschaffen, in sich alle die Muster und Erscheinungsformen zu vereinen, die vom Ewigen Gott bislang (eines Tages könne es mehr geben) ersonnen wurden, denn der Mensch ist „die höchste geschaffene schöpferische Energie auf der materiellen Ebene".

Dann sprach Cayce vom Tod, wo die Trennung der Schöpfungsordnungen klar werde. Im Tode „bleibt jenes aus dem materiellen Reich materiell. Jenes des geistigen Reichs bleibt geistig. Der *Mensch* entwickelt die Seele in dieser Erfahrung (oder diesem Leben) gemäß *ihrer* Existenzebene. Wie beim Tier kommt beim menschlichen Körper (im Tod) Staub wieder zu Staub. Wie beim Körper des Tieres bewegt sich aller Staub zu Staub in seinen akkumulierten Kräften und geht weiter in *seiner* . . . Entwicklungsphase, sehen Sie? Während die Geisteskraft weitergeht zu *ihrer* eigenen Sphäre, sehen Sie? Doch alles aus einer Quelle, denn Brüder sind wir alle". Nach Cayces Auffassung hat die materielle Schöpfung ihre eigenen Gesetze und ihr eigenes Schicksal, ebenso wie die Seele. Seelen verlieren in ihren Erdenleben leicht die Orientierung und versuchen allzuoft, das Seelenleben in der Art des Tierlebens zu leben – keine unwürdige Art, aber für sie im festgelegten Schöpfungsplan falsch. Die Reinkarnation bietet eine Möglichkeit, viel über Tiere, Körper, die irdische Schöpfung zu lernen und dabei doch dem langen Schicksalsweg der Seele zu folgen.

In einer schönen Traumallegorie sah Cayce diesen Prozeß dargestellt. Er sah sich selbst in verschiedenen Tierexistenzen leben und sterben, die mit Inkarnationen als Menschenwesen abwechselten. Er war eine Schnecke, ein Fisch, eine Kuh, ein Vogel. Er war auch ein Fischer, ein Hirt, ein Militärposten, ein Indianer und ein Soldat im Bürgerkrieg. Sein Reading über diesen Traum sagte ihm ausdrücklich, der Traum sei nicht wörtlich, sondern symbolisch zu verstehen, obwohl Details seiner wirklichen vergangenen Leben als Mensch in die Phantasie hineingewoben sein mochten. Was er sehe, sei das, was ein Mensch aus der Tierschöpfung lernen könne, von der Angst vor Ausrottung bis zur Mutterliebe, vom Haß anderer Spezies bis zum Dienst für andere – alles symbolisiert in den Tieren des Traums. Er sehe auch die Größe der menschlichen Existenz und Gemeinschaft und gleichzeitig deren Verformung durch falsche Anwendung des Angelernten aus dem Tierreich.

Cayces Readings stellten eindeutig klar, daß der Mensch nie in nichtmenschliche Körper wiedergeboren werde. Doch dieser Traum hatte Cayce auf höchst eindrucksvolle Weise in Tierexistenzen hineingestellt, um ihm zu zeigen, was Menschen im Erdenleben über die Manifestationen der Einen Kraft in ihren verschiedenen Schöpfungsordnungen lernen. Alles bis auf die Seelen ist dazu bestimmt, endlos zu zerfallen und sich wieder zu einem Ganzen zusammenzufügen; die Seelen sind zum Fortbestehen bestimmt wie ihr Schöpfer, dessen ewiges Bild sie tragen.

Das Träumen von den körperlichen Problemen kann die verschiedensten Formen annehmen.

Träume von der Körperfunktion

Cayces Träumer legten Traummaterial vor, das alle wichtigen Körpersysteme berührte.

Es gab Träume vom Kreislauf. Ein Mann träumte, er habe Ausschlag bekommen, als er sich beim Rasieren schnitt, worauf Cayce ihm erklärte, er sehe den Beweis für Gifte in seinem Blut, das Eisen benötige. Als der Mann später von Drüsenschwierigkeiten im Hals träumte, sagte Cayce, hier sehe er eine endokrine Fehlfunktion infolge Anämie. Als er träumte, die Mandeln würden ihm herausgenommen, wurde er von einer andersgearteten Kongestion gewarnt. Ein anderer Träumer berichtete einen Traum, in welchem das Essen von Erfrischungen auf einem Familienfest zu hitzigen Worten und zu einem Faustkampf führte; er sah laut

Cayce, daß einige Formen von Alkohol in Maßen für ihn gut waren, wie die Partyszene zeigte, aber nicht der Alkohol, der im Blut durch zuviel Süßigkeiten entstand – die unmittelbar vor dem Faustkampf die Partyszene beherrscht hatten.

Es gab gastrointestinale Träume. Cayce selbst träumte von einem kleinen Rad in seinem Kopf, das sich nicht mehr drehte, weil es Öl brauchte. In dem Reading hieß es, er sehe, daß seine Kopfschmerzen von einem Bedürfnis des Darms nach „Schmierung" zur Behebung der Verstopfung herrührten. Ein Träumer berichtete, im Traum habe ihm eine Ärztin eine wunde Zehe behandelt, während er in einem Warenhaus saß, wo viele Eis aßen und Sprudel tranken. Die hilfsbereite Frau verkörperte, wie so oft in Träumen von Männern, ein Element der Führung – in diesem Fall fort von einem wunden Punkt des Träumers, nämlich seinem übermäßigen Genuß von Süßigkeiten.

Es gab respiratorische Träume. Die Wirkung einer Erkältung wurde einem Träumer mit über Bord gespülten Matrosen veranschaulicht, eine Infektion der Bronchien durch Würgen. Es gab Träume von Hypochondrie, Sexualstörungen, Stoffwechselstörungen, nervösen Störungen.

Träume von der Fürsorge für den Körper

Als ein Träumer berichtete, seine Beine hätten in einem Traum von einer langen Zugfahrt sehr geschmerzt, trieb ihn Cayce an, sich mehr Bewegung zu verschaffen. Als der Träumer meldete, er habe seinen Bruder in einem Traum gelähmt gesehen, sagte Cayce, der Traum habe teilweise mit der Gefahr für die Gesundheit des Bruders zu tun, im wesentlichen aber mit einer Tendenz beim Träumer, sich wegen Mangel an Ruhe und Spiel zu verbrauchen.

Es gab Träume von Kostveränderungen. Ein Mann träumte, Tomaten seien gut für seine Frau – und Cayce pflichtete ihm bei. Ein anderer bekam im Traum eine Mokkatasse gebracht, als er sich eine große Tasse Kaffee bestellt hatte; sein Unterbewußtes zeigte ihm laut Cayce, daß er zuviel Koffein für sein Nervensystem konsumierte. Ein Traum von Lebertran veranlaßte einen Träumer, welchen zu nehmen; ein anderer Traum legte ihm nahe, seine Frau während der Menstruation sexuell nicht zu belästigen. Eine Serie Golfträume trieb einen Träumer auf den Golfplatz, während einen anderen Mann ein Traum, in welchem ein Bus über seinen Regenmantel fuhr, dazu brachte, im Freien geeignetere Kleidung zu tragen. Als Folge von Träumen traf eine Mutter bessere Vorsichtsmaßnahmen, um ihr Kind vor dem Hinfallen zu schützen, und sie brachte es mehr in die Sonne.

Cayce hatte einen lebhaften Traum, in welchem er in der Kirche war und der Gottesdienst gerade beginnen sollte, als plötzlich der Boden durchbrach. Sein Reading eröffnete ihm, er müsse auf den „Dienst" für andere vermittels seiner Readings verzichten, bis sein Körper in besserer Allgemeinverfassung für diese Belastung sei. Cayce nahm Urlaub, denn er und seine Familie erinnerten sich nur allzugut an die schrecklichen Male, als sich seine Trance in Koma verwandelt hatte, aus dem ihn keine Suggestionen zu wecken vermochten.

Träume von medizinischer Fürsorge

Nicht wenige Träume beurteilten bestimmte Ärzte, manchmal positiv, manchmal aber auch enttäuscht, was dann zu einem Arztwechsel führte. Andere bewerteten die Wirkung bestimmter Arzneimittel beim Träumer. Einmal träumte Cayce ein vollständiges achtteiliges Apothekerrezept zur Behandlung seiner Erkältung – und das Mittel half. Es gab Traumwarnungen darüber, wie man bei Diphtherie- und Polioepidemien die Gefahr meiden sollte. Es gab Träume, die Schwitzbäder und Fasten empfahlen.

Und natürlich gab es Träume darüber, wie das Gebet zur Heilung beitrüge. Eine Frau träumte von zwei Ärzten, hatte jedoch nur den Namen des einen im Gedächtnis bewahrt. Cayce erinnerte sie, daß der andere der „Große Arzt" gewesen sei, dessen Hilfe neben der medizinischen Fürsorge für ihre sterbende Mutter dringend erforderlich sei. Als ein Mann im Traum zu ergründen versuchte, warum seine Gebete um die Heilung eines anderen nicht wirkten, träumte er im Rahmen eines Traums: „Zwei und zwei ist vier.“ Cayce führte aus, bei solchen Heilungen müßten „mit dem einen physischen oder geistigen Gesetz zwei Bewußtseins offenbart werden“; Zweifel und Angst im Geist eines der beiden konnte die Funktion von Gesetzen blockieren, die ansonsten präzise wie Mathematik waren.

Wie sind Träume vom Körper am besten zu nutzen?

Cayce ermutigte seine Träumer nie, sich selbst zu verarzten. Für ihn dienten die meisten Träume vom Körper dem Zweck, die Träumer empfindlich zu machen für Störungen, die sie bereits hatten, aber vernachlässigten. Oder die Träume wollten sie zur Konsultation ihres Arztes bewegen.

Er drängte sie auch nicht, Träume von Tod und schwerer Krankheit wörtlich zu verstehen – denn oft geschah es, daß das Unterbewußte in solch schockierenden Bildern nur Tendenzen darstellte, die sich auf lange Sicht zu gesundheitlichen Problemen auswachsen konnten. In den wenigen Fällen, wo der Tod wirklich bevorstand, wies Cayce darauf hin, daß sich das Traummaterial oft weniger mit körperlichen Beschwerden als mit psychologischen und emotionellen Problemen befasse, um den Träumer und andere vorzubereiten, damit sie den kommenden Übergang bewältigten.

Er stellte fest, daß irgendein Traumelement von der tatsächlichen Körperfunktion häufig auftrat, wenn Träume vom Körper handelten. Speisen, Medizin, Schmerz oder ein Körperteil wurden in den Brennpunkt gerückt, oder ein Arzt oder eine Schwester waren anwesend. Körperträume sprechen keine dunkle Symbolsprache. Und sie kommen auch nicht isoliert: ist die Warnung wichtig, wiederholen sie sich und treten nicht selten bei Verwandten ebenfalls auf.

Der Körper kann jedoch, wie Cayce sagte, in Träumen auch symbolische Bedeutung haben. Die Füße können die Stellung oder das „Fundament" eines Menschen sein; Schmerz kann für Leiden stehen. Bei einem Träumer bedeuteten Knicke im Haar Umwege im Denken.

Einige von Cayces Träumern träumten wiederholt von Tieren; sie stellten laut Cayce sowohl Körperfunktionen dar als auch – was wichtiger war – psychische Haltungen, für die solche Tiere symbolisch waren. Um ihnen zum Verständnis der Symbole zu verhelfen, ließ er einige seiner Träumer die Bildersprache der Mythologie und sogar die Offenbarung in der Bibel studieren. Er entwickelte für sie eine regelrechte Theorie der Funktion endokriner Drüsen als Reaktion auf psychologische Faktoren. Dies war ein seltsamer Aspekt seiner Deutung von Träumen und Symbolen, aber für den schlafenden Cayce genauso Wirklichkeit wie ein schmerzender Hals, eine Fehlgeburt oder die Wohltaten des Schwimmens bei einem Finanzier mit sitzender Lebensweise.

Lebensorientierung durch Träume

Nach Aussage der Cayce-Readings soll niemand sein Leben vorplanen.

Es gibt zu viele Unbekannte, die das Bewußtsein nicht zu fassen vermag. Es gibt Impulse, Talente und Probleme aus vergangenen Leben. Es gibt Strömungen sozialer, politischer und religiöser Veränderungen, die unter der Oberfläche fließen und unvorhersehbare Reaktionen eines Menschen erfordern. Es gibt Seelen, die darauf warten, als Kinder oder Enkel eines Menschen geboren zu werden, wenn er gewisse Entscheidungen trifft. In jedem Fremden glimmt ein göttlicher Funke, der gefunden und zur Flamme angefacht werden muß. Um Menschen guten Willens, die hart arbeiten, scharen sich Körperlose; einige davon warten darauf zu lernen und andere zu helfen. Sogar „außerordentliche Gäste" (Engel) hat man, ohne es zu wissen.

In Anbetracht all dieser Unbekannten darf man von keinem Menschen erwarten, daß er die beste Bahnkurve für sein Leben zu planen vermag – für seinen Beruf, seine Ehe, seine Gemeinschaft, seine Angelegenheiten, sein Volk.

Es genügt jedoch, wenn ein Mensch mit dem Besten beginnt, das er kennt.

Die Seelen würden nicht nach absoluten Maßstäben gemessen, sagte Cayce. Sie würden nach ihrer Treue zu ihren eigenen Idealen und ihrem Selbstverständnis beurteilt. Und weniger nach ihren Fehlern als nach ihrer Bereitschaft, sich aufzuraffen und es noch einmal zu versuchen.

Wie Cayce oft wiederholte, ist es für einen Menschen besser, er fängt mit seinem Leben etwas an, auch wenn es falsch sein sollte, als daß er gar nichts tut, sich einfach treiben läßt. Denn wird ein

Leben auf der Basis des Besten, das man kennt – so unvollständig der Blick auch sein mag –, voll Aktivität geführt, kommen sowohl im als auch außerhalb des Menschen immer hilfreiche Kräfte ins Spiel, die seinen Weg zu einem Abenteuer des Wachstums ausweiten können.

Man braucht die eigene Existenz nicht vorzuplanen. Man muß nur das „nutzen, was verfügbar ist", und „das nächste wird geliefert werden". Denn zwei hilfreiche Kräfte sind stets am Werk, um die Entfaltung und den Ablauf eines Menschenlebens zu lenken.

Eine dieser Kräfte ist des Menschen eigener Funke schöpferischer Energie, eine Kraft, die bei seiner Erschaffung in ihn gelegt wurde und die Möglichkeit zu ebenso großer Liebe und Schöpferkraft wie jene des Schöpfers selbst in sich birgt. Die andere Kraft ist ein Geist „draußen im All", ein Geist der Hilfsbereitschaft, der unendlichen Schöpferkraft, Güte und Weisheit, für Cayce in Christus verkörpert, weil er als Seele dafür ein so vollkommenes Beispiel war. Diese zweite Kraft wird im Menschen „das ihr Gemäße" suchen und alles Gute in ihm vergrößern.

Nach Cayces Meinung sind Träume von größter Wichtigkeit für die Begegnung der höchsten Schöpferkraft des Menschen mit jener zweiten Kraft, die ihm immer zu helfen sucht.

Ein Aktienmakler, der sich mit der Frage auseinandersetzte, was Gott mit Menschenseelen wollte, träumte eine kühne, unvergeßliche Vision, worin Gott selbst in seine Wohnung kam. Der Traum rückte anfangs die tägliche Arbeit des Träumers in den Blickpunkt:

Ich war an einem Ort, der ein Bahnhof zu sein schien, und kaufte eine Menge Süßigkeiten. Ich bezahlte einen Dollar für die Schachtel und rechnete damit, sie für zwei Dollar das Stück verkaufen zu können.

Cayce erläuterte, der Träumer sehe seinen eigenen Beruf des Kaufens und Verkaufens von Aktien, die ihm im Rahmen der Weltbedürfnisse oft als genau solcher Luxus wie Süßigkeiten erschienen, in Wirklichkeit aber eine Notwendigkeit waren. Cayce hatte dem Träumer schon früher gesagt, Gott sei ebenso ein Gott „der Straße" wie des Tempels oder Krankenhauses. Der Traum beleuchtete nun den Wunsch des Träumers, anderen zu dienen:

Als ich die Süßigkeiten zum Auto hinaustrug, sah ich eine Frau mit Kindern, die ebenfalls mit Paketen beladen war. Ich hatte das Gefühl, daß ich ihr mit den ihren gern helfen würde. „Wenn ich nur diese Arbeit fertigmachen könnte – diese zum Wagen hinausschaffen, würde ich Ihnen helfen", sagte ich. „Oh, schon gut", erwiderte sie. „Wir haben einen Wagen draußen, und es ist nicht sehr schwer oder sehr weit." Ich bemerkte, daß sie gut angezogen war, einen Wagen hatte und offenbar mit Radiobatterien beladen war – besonders das Kind trug welche.

Er sah seinen Wunsch, größere Hilfe zu leisten, als seine gegenwärtige Situation ihm erlaubte. Doch die Behauptung der Frau, sie könne sich selbst helfen, erinnerte ihn daran, daß er anderen stets am besten diente, wenn er ihnen half, das Beste in sich selbst zu finden. Das konnte er unter anderem auch dadurch tun, daß er ein sehr guter Aktienmakler war. Im Lauf der Zeit werde er dann in der Lage sein, zu lehren und zu schreiben, „Botschaften" auszusenden, wie sie der Hinweis auf den Rundfunk symbolisierte. Er mußte in seinem täglichen Leben den Weg der Pflicht gehen und würde feststellen, daß dieser das Versprechen einer Gemeinschaft mit dem Göttlichen enthielt, die jeder Seele als Schicksal geboten wird. Das war der Kern des nächsten Traumteils:

Ich machte mich wieder an meine Arbeit. Sie erschien mir knechtisch und nicht angenehm. Man mußte arbeiten, und obwohl ich offensichtlich abstieg, was meine Position und die Art meiner Arbeit betraf, so erinnerte ich mich doch an „das Versprechen" (aus einem früheren Traum), ich würde „erhoben zu Ihm", und ich fand Glück in diesem Versprechen. Ich begann bei der Arbeit zu singen, während ich die Schachteln hinaustrug.

Als wolle er diesen Gedanken unterstreichen, ging der Traum

nun zu einem praktischen Aktientip über. Der Träumer sah einen Geschäftspartner an der Börse etwas Lächerliches tun:

Ich saß in einem Raum oben mit Wm. L. Er spielte ein Musikinstrument. Dann fragte er mich, ob ich Hupmobile-Aktien gekauft hätte.

Der Träumer solle beachten, sagte Cayce, daß die Ungereimtheit der Szene bereits eine Warnung vor dieser bestimmten Aktie sei.

„Nein", antwortete ich. „Ich will keine." – „Dann machen Sie bei der Unternehmung, die wir vorhaben, nicht mit."

Ich sah eine Unmasse Hupmobile-Aktien verkauft werden, ungeheure Mengen kamen aus dem Fernschreiber, Tausende Aktien gleichzeitig. Hup verkauft sich etwa bei 21–22.

Wieder sei das Element der Ungereimtheit eine Warnung vor dieser Aktie, sagte Cayce, obwohl sie bald sehr aktiv würde, wie der Traum ankündigte. Die Warnung wurde noch betont durch die Unfähigkeit des Träumers, seine Bestellung zu machen:

Ich eilte los, um hundert dieser Aktien zu kaufen, konnte jedoch die Bestellung nicht aufgeben. Ich griff nach dem Börsentelefon, um die Bestellung selbst durchzugeben, um hundert Aktien des Hupmobile-Paketes auf dem Markt zu kaufen, als mir L's Auftragsbuchhalter das Telefon aus der Hand nahm, als wollte er sagen: „Das ist nicht Ihre Sache." Er sagte: „Ich werde den Auftrag für Sie durchgeben", und er tat es. Dann ging ich zurück, setzte mich zu L. und stellte fest, daß er Gitarre oder Banjo zu spielen begann.

Cayce führte aus, der Träumer werde deutlichst davor gewarnt, bei dieser Aktie im Augenblick etwas zu unternehmen. Statt dessen solle er sie beobachten und sein bewußtes Urteilsvermögen einsetzen. Wenn die Aussichten später von einem bewußten Standpunkt gut aussähen, könne er sich ans Unterbewußte um Bestätigung wenden, und „das, was notwendig ist, . . . wird dann zu jener Zeit präsentiert werden".

Sollte der Träumer solche Aktien nur in Träumen oder auch im Wachzustand prüfen? Cayce sagte, der nächste Traumteil zeige, daß er Führung beider Arten haben könne, wenn er daran arbeite:

Dann war ich zu Hause – offenbar in unserem alten Wohnzimmer in unserem Heim in der Oberstadt.

Die Szenerie des alten Heims und die Assoziationen dazu sollten laut Cayce sowohl die mit dem dortigen häuslichen Leben verbundenen Werte als auch die Möglichkeit bewußter Führung von dem mittlerweile verstorbenen Vater des Träumers aufzeigen. Der Träumer spürte bereits, daß er durch Konzentration seines Lebens auf seine höchsten Werte und durch sorgfältige Einstimmung größere Führung durch Telepathie erlangen konnte, als sie ihm je zuteil geworden war. Dies veranschaulichte der nächste Traumteil mit seinem Hinweis auf Einstimmung über Entfernungen hinweg:

Das Radio spielte, und meine Mutter und mein Bruder und ich genossen es, die beiden tanzten zu seinen Melodien – ich saß da und hörte zu. Dann schien es, daß wir keine ferne Station bekommen konnten. Ich versuchte es einzustimmen und konnte es nicht. Ich wickelte einige Drähte um eine Spule und befestigte dieses Instrument an dem Gerät, um es so zu vervollkommnen und einzustimmen, aber es funktionierte nicht. Doch es hätte funktionieren müssen, können, sollen. Ich gab auf, und wir hörten wieder örtlichen Stationen zu.

Der Träumer dürfe auf keinen Fall aufgeben, behauptete Cayce. Hilfe stand ihm zur Verfügung.

Dann kam unser Mädchen herein und sagte: „Sie sollten nahe an der Haustür sein, denn Gott kann kommen. Er wird auf diesem Weg eintreten.“ Mein Bruder und meine Mutter beachteten sie nicht, aber ich merkte sofort auf und erhob mich.

Das Mädchen sei bei der Ankündigung des Besuchs gezeigt worden, sagte Cayce, denn „der Größte unter euch soll euer Diener sein“, und „ein Kindlein soll sie führen“.

Dann kündigte das Mädchen den hohen Besucher an, daß „Gott“ bei uns Besuch mache. Ich lief in den Gang hinaus zur Tür.

Auf halbem Weg zur Tür traf ich Gott und stürzte mich auf Ihn, schlang Ihm die Arme um den Hals und drückte Ihn an mich. Er umarmte mich.

Die Ähnlichkeit mit der Geschichte des verlorenen Sohnes beruhte auf der tiefen Achtung des Träumers vor seinem Vater, der ihm in anderen Träumen als erster Schimmer „des himmlischen Vaters" erschienen war.

Danach bemerkte ich Gottes Aussehen. Er war ein großer, gut gebauter Mann, glatt geschnittenes Haar, glatt rasiert, bekleidet mit einem braunen Anzug und einem grauen, steifen Filzhut. Er hatte einen intelligenten Blick, ein Auge, das gütig, aber durchdringend war. Er hatte einen Gesichtsausdruck, der fest war, und klare Gesichtszüge. Er war gesund, robust, tüchtig und gründlich, doch gütig, gerecht und aufrichtig. Nichts Schlampiges, Nachlässiges, Rührseliges, Sentimentales an Ihm – ein Mann, von dem wir sagen könnten, daß wir gern Geschäfte mit ihm machen würden. Er war Gott in der Gestalt von heute – ein Geschäftsmann oder Industrieller, kein Beamter, nicht schwarz gekleidet, kein Schwächling – ein starker, gesunder, intelligenter Mann, den ich als den Mann von heute erkannte. Und den ich willkommen hieß und voll Freude sah, und in diesem schönen, geraden Mann erkannte ich nicht den gewöhnlichen – sondern Gott.

Cayce bestätigte, daß der Träumer „eine Vision" gehabt habe, „wie es sie schon seit alters her gab, wie sie sogar Vater Abraham in den Tagen der Vernichtung der Städte in den Ebenen gehabt hatte". Der Traum habe Gott als einen Mann gezeigt, nicht als Diener, sondern als „ein Gleicher in jeder Art und Weise – Aussehen, Konversation, Kleidung", um ins Bewußtsein des Träumers die Erkenntnis einzubrennen, Gott wünsche „den Menschen, wenn er sich in der Fülle des Selbsts darbietet, gleichzumachen *mit* dieser Fülle. Wie gesagt wurde: ‚Lasset uns Menschen machen, ein Bild, das uns gleich sei'", indem „dem Menschen jener Teil der Schöpfung" in seine Seele gegeben wurde, dessen Impuls es sei, „daß der Mensch wie Gott werde und eins mit Ihm".

Es war ein kühnes Traumbild von der Absicht der Schöpfung, in der es des Menschen Los ist, ein gleichwertiger Mitschöpfer mit dem Göttlichen und doch nicht „das Ganze“ zu werden. Dieses Bild sei gar nicht so fremd, sagte Cayce, denn es sei schon gezeigt worden, „als der Menschensohn leibhaftig auf der Erde erschien und sich eins mit dem Menschen machte – doch Sein Wille, Seine Kraft, Seine Stärke (die Er nicht aus sich selbst schöpfte) kamen von der Allmächtigen Kraft“.

An dem Versprechen sei gar nichts Automatisches, behauptete Cayce. Jeder Mensch müsse sich dafür entscheiden, alles beiseitezuräumen, was ihn blende, was ihn ablenke – „das, was den Menschen in der Gegenwart daran hindert, die Kraft, Macht, Offenbarung des Gottes zu erkennen, der sich selbst dem Menschen in den täglichen Gängen des Lebens präsentiert“. Das Problem war in der nächsten Traumfolge zu sehen, die in der Zeit der Prohibition spielte:

Dann gingen wir an meinem Schnapsschrank vorbei – er stand halb offen. Gott schaute hinein; ich zeigte ihm den halb offenen Schrank. Aber ich dachte, ich vergesse, daß er nicht der gewöhnliche Mann ist, als der er erscheint, sondern Gott und alles weiß. Deshalb kann ich Ihm genausogut alles zeigen, statt irgend etwas vorzugeben.

Es war eine Reaktion, aus der Bußfertigkeit sprach.

Also machte ich den Schrank weit auf, damit Er sehe. Ich zeigte Ihm meinen Schnaps, besonders den Gin, den ich für Cocktails verwendete. „Bei Krankheit“, sagte ich zu Gott. „Du bist gut gerüstet“, erwiderte Gott sarkastisch.

Doch nicht nur Gesetzesbruch, Betrug, Schwelgerei, Narkosemittelsucht schließe den Menschen vom Göttlichen ab, erklärte Cayce. Der Traum selbst wandte sich nun dem tieferen Problem des „Mangels an Nachdenken, Mangels an ruhiger Introspektion“ zu, der dazu führe, daß der Mensch „die große Liebe, die gezeigt wird“ und „die große Kraft und Macht, die offenbart wird“ und „die große Güte, die gesehen werden kann“ vermittle, die „sogar jene Schwächen oder das, was als Sünde angesehen wird" verwandeln.

Wir gingen ins Wohnzimmer, wo das Radio immer noch spielte und mein Bruder und Mama sich damit amüsierten. Ich wollte, daß sie Gott kennenlernten, aber sie konnten Ihn offenbar nicht erkennen.

„Natürlich erkennen sie Ihn nicht", dachte ich. Wie sollen sie Ihn erkennen, wenn sie nicht den Glauben haben, daß Er vor langer Zeit in Christi leibhaftig erschien und daß Er wieder leibhaftig erscheinen könnte, dürfte, kann, in einem ebensolchen Menschen, wie er vor mir steht. Wenn sie nicht verstehen, daß Gott in Christi leibhaftig erschien, wie sollen sie einen leibhaftigen Gott heute erkennen?

Wie sollten sie begreifen, daß die wahre Offenbarung wahrer Perfektion in uns die Offenbarung Gottes darstellt – ob nun als einem Menschen dieser oder jener Kapazität? Deshalb sehen sie Ihn nicht oder schenken Ihm zumindest keine Aufmerksamkeit.

Dieser Traumteil führte zu einer lebhaften Reaktion Cayces; er sagte, alle Menschen müßten „wissen, wenn sie eingestimmt sind auf das Unendliche, wie groß dann jene Kraft sein muß, die in Bewegung gesetzt wird, um die Offenbarung des Göttlichen zu bewirken, das in ihnen ist" – mit folgendem Ziel: „Daß Menschen, andere, deine Brüder wissen, daß Gott *ist* und jene belohnt, die Ihn eifrig suchen". Solche Hilfe wird nicht durch Verdienst gewonnen oder durch Aufgabe der Eigenpersönlichkeit gefunden. „Nicht als Geschenk, das gekauft wird, nicht als etwas, das im Menschen selbst stattfindet. Sondern als die natürliche Folge der Liebe des Vaters zu Seinen Geschöpfen, zu Seinem Selbst in der Seele, Seinem Teil im Menschen, der eins sein möchte mit Ihm."

Gottes Hilfe für den Menschen, sagte Cayce, sei keine vage, abstrakte Unterstützung, sondern genauso konkret und unmittelbar wie die tägliche Arbeit oder das tägliche Gebet, was die nächste Traumszene zeigte. Denn von Ihm wurde gesagt: „Kauft man nicht zwei Sperlinge um *einen* Pfennig? Dennoch fällt deren keiner auf die Erde ohne euren Vater."

Ich setzte mich auf das Sofa, um mit Ihm zu sprechen. „Du könntest härter arbeiten", sagte Er. Ich wollte schon antworten, überlegte mir aber, daß Gott alles wußte – zwecklos. Ich stimmte bescheiden zu. „Du könntest kaum weniger tun", fuhr Er fort.

„Was hast du bei Hup Motors erreicht?" fragte Er. Ich konnte es nicht sagen – nicht sehr viel, wie es schien. „Das ist L's Kauf, L's Empfehlung, nicht wahr?" fragte Gott. Ich wußte, daß Gott schon Bescheid wußte, bevor Er fragte. „Ja", antwortete ich. „So ziemlich alles, was du in letzter Zeit getan hast, war, Kapital aufzubringen, nicht wahr?" sagte Gott und deutete mit dem Daumen auf meine Mutter (von der ich eben Geld geliehen hatte). „So ziemlich", gab ich zu.

Gott schaute zum Radio. Ich stand auf, studierte das Radio, als Gott verschwand.

Der Träumer bekam Cayce zufolge „in dieser einfachen Art und Weise" gezeigt, wo er anfangen müsse. Da das Radio die Übermittlung „der Dinge, der Zustände, des Guten, des Schlechten, das in einem stattfindet" von einem Menschenwesen zum andern möglich mache, „um wieviel mehr muß – durch die unendlichen Kräfte – der Ruf, das Flehen jedes einzelnen zum Vater hoch oben emporkommen!"

Es sei an der Zeit für den Träumer, bemerkte Cayce, im Licht dieser Vision „Bestandsaufnahme vom Selbst" zu machen, sich selbst als „Diener des Einen" zu prüfen – aber als Diener, der allzuoft „nicht sieht, wegen der geblendeten Augen des Selbst". Doch er solle nicht verzweifeln, sondern sich einstimmen, wie das Radio angedeutet habe, „denn das Versprechen ergeht an den Getreuen, der die Gebote Desjenigen erfüllt, welcher der Spender aller guten und vollkommenen Gaben ist". Er konnte weit mehr als Aktienhinweise geben. Er konnte ein ganzes Leben zum Blühen bringen, „denn in Ihm leben wir und bewegen wir uns und haben wir unser Wesen".

Es überrascht kaum, daß dieser bedeutsame Traum den Träumer in Versuchung führte, auf andere herabzusehen, denen solche Träume nicht beschert waren. Deshalb hatte er eine weitere Vision, die seine Einstellung korrigierte. Sie war einfach und direkt:

Ich drehte mich im Bett um und sah vor mir eine Marmorstatue. Sie schien unmittelbar neben mir zu stehen oder neben dem Bett, unmittelbar im Zimmer. Es war eine Statue ohne Kopf, wie es sie in Marmor von dem griechischen Gott Zeus gibt. Wie immer, bekam ich Angst (sie war so lebendig), aber ich wurde ruhiger, als ich mir überlegte, daß die Statue nur ein Abbild oder eine Reflexion jener Lichter sei, die ich nun an der Decke sah. „Nur ein Abbild jener Lichter", versicherte ich mir. Aber die Statue blieb, ebenso wie die Lichter.

Cayce bestätigte den Eindruck des Träumers, daß eine Verbindung zwischen Statue und Lichtern bestand, denn er habe eine Darstellung geistiger Kraft und materieller Ergebnisse gesehen, jener Lichter, welche die Leistungen und Schöpfungen des Menschen hervorbringen. Jeder Mensch, so erinnerte Cayce den Träumer, baue letztlich seine Statue vom Göttlichen mit dem Besten, das er kenne, ob er dem Göttlichen nun einen Namen gebe oder nicht. Daß der Träumer die Quelle der Einen Kraft nicht kenne, zeige sich in der Kopflosigkeit der Statue. Doch jeder tue sein möglichstes, um das in Form zu bringen, was er für das „Allmächtige" im Universum halte, und kein Mensch könne diese Bemühung bei seinem Nächsten richtig bemessen, noch dürfe er sie verurteilen.

Jeder Mensch müsse statt dessen mit seinem eigenen Bösen ringen, mit den Versuchungen, die ihn und andere verletzen könnten. Diese seien nicht so schwer zu finden, sagte Cayce dem Träumer, „denn wie gesagt wurde, drei Dinge hindern den Menschen auf irdischer Ebene, die geistigen Elemente in vollkommen phänomenisierter Form in der physischen Welt zu sehen: hoffärtige Augen, Schwachheit des Fleisches, Ruhmessucht". Sie alle würden im Menschen Angst und Zweifel erzeugen und dazu führen, daß er den Blick für die relative Bedeutung der Dinge verliere. Der Träumer bekam dies in einer verblüffenden Vision gezeigt:

Ich war irgendwo zu irgendeiner Zeit. Ich betrachtete das Wunder der inneren Kraft aller Phänomene des Herrn.

Ich sann darüber nach, wie diese Kraft Formen von einem selbst wegleitete – hypnotisierte ihr Geschick, wie Bergson formuliert, damit es in individueller Fleischform und materiellen Phänomenen erschien.

Sah auch meine Lebenserfahrungen in dieser Form, und ich war sehr glücklich in meiner doppelten Vision der äußeren Form und des inneren Prozesses.

Dann warf ein Mädchen, anscheinend eine Darstellung der Weisheit und des Bewußtseins dieser inneren Kraft und offenbar völlig im Bilde über mein beschränktes Wissen, einen Stein in den Raum. Er flog wie ein Komet durch den Himmel und traf irgendein Tier dort im Raum.

„Er wird etwas bekommen, das er nicht erwartet", sagte das Mädchen in bezug auf mich. Und siehe, so war es, denn der Stein, der das Tier im Raum traf, brachte es zur Erde. Es waren zwei, und sie waren in Käfigen. Auf der Erde krochen sie auf dem Bauch wie eine scheußliche Schlange, doch Kopf und Hals aufgerichtet wie mächtige Drachen. Sie krochen umher, zogen ihre Käfige mit.

An anderer Stelle, bei einer Erläuterung der Symbolsprache der Offenbarung, beschrieb Cayce Drachen als die Summe menschlicher Leidenschaften und animalischer Energien.

Sie kamen dem Mädchen nahe, kamen anderen Dingen nahe; und obwohl sie gefährlich aussahen und ich sehr um alles und jeden Angst hatte, dem die Tiere nahe kamen, schienen sie keinen Schaden anzurichten – tatsächlich halfen sie sogar. Wie, kann ich nicht sagen, denn ich empfand sie als Gefahr – d. h. ich betrachtete sie voll Angst, beobachtete aber, daß sie keinen Schaden anrichteten.

Die Angst war in mir, die scheußliche Deutung dessen, was ich in mir erkannte. Aber Gutes schien in ihnen zu sein, denn plötzlich verwandelten sie sich von scheußlichen Tieren in hübsche kleine Kinder, die unbefangen lachten und fröhlich tanzten.

Anschließend wurde dem Träumer, wie er sagte, dasselbe auf andere Weise veranschaulicht:

Ich war in einem Haus mit diesem Mädchen, das die Kraft, den inneren Antrieb, den Herrn der Schöpfung darzustellen schien – oder diese Kraft, wie sie in mir vertreten war, mein unbewußtes Selbst, das in geringerer Dimension ebenfalls in allen Dingen präsent ist.

Ich war in dem materiellen Haus und wußte, auch meine undefinierbare, hübsche Gefährtin war da. Doch ich mußte viel über sie lernen, und sie beschloß, mir Unterricht zu erteilen. Wohlgemerkt, ich wußte, daß sie da war, sah in der Vision den Unterricht, mit dem sie mich zu überraschen gedachte – d. h. ich kannte angeblich ihre Pläne nicht.

Ich stieg die Treppe des Hauses hinauf, und als ich dies tat, sagte das Mädchen zu jemandem: „Wir werden ihn überraschen und unterrichten." Das alles sozusagen hinter meinem Rücken. Als ich das Zimmer betrat, sah ich statt des hübschen Mädchens, das ich vorzufinden erwartete, ein scheußliches schwarzes Gesicht, so häßlich und wild, daß ich vor Angst in Ohnmacht fiel! Als ich zu mir kam, sah ich das Gesicht wieder in das hübsche Mädchen verwandelt. Sie stand über mir, reizend, lächelnd und aufmunternd. Obwohl glücklich – als ich ihren Geist erkannte –, hatte ich dennoch Angst.

Der Träumer vermutete, der Traum habe ihm gezeigt, wie sehr Angst die menschlichen Erlebnisse und Energien verbiege. Cayce bestätigte ihm, er habe recht, und Angst und Selbstsucht würden in dem vorherrschen, was die Menschen als Hölle bezeichneten, denn „sie sind es, was in erster Linie ein Wesen von Gott trennt". Das Mädchen stellte, wie oft in seinen Träumen, die Kraft der Wahrheit in seinem Leben dar, die ihn unterrichtete.

Menschliche Leidenschaften können ungeheuer oder heiter sein, scheußlich oder reizend, je nachdem, was man mit ihnen tut. An sich sind sie nur Kraft oder Energie. Cayce zeigte dieses Thema in vielen der ihm vorgelegten Träume auf.

Träume von Leidenschaften

Unter den Hunderten von Träumen, die Cayce zur Deutung erhielt, befanden sich zahlreiche Sexträume. Sie benutzten die verschiedensten Sinnbilder. Ein Träumer, der mit dem Gedanken an eine heimliche Liebesaffäre spielte, sah sich hinter einem glänzenden weißen Schwein herjagen. In einem anderen Traum sah er sich durch Falltüren fallen und verfangen in einem Gewirr von Drähten um seine Beine – Fallen und Verwicklungen laut Cayce. Ein anderer Träumer spielte im Traum mehr als einmal ein Spiel, in welchem Stifte in Fugen gegeben wurden. Wieder ein anderer träumte, er stecke in einem Sumpf und seine Sekretärin versuche ihn herauszuziehen; als sie es nicht schaffte, sagte sie: „Dann zieh mich hinunter." Der Traum war für Cayce unschwer zu deuten. Cayce behandelte sexuelle Energien keineswegs abwertend, sondern drängte seine Träumer ständig, ein abgerundetes Leben zu führen. Eine Frau, die sich ihrem Mann verweigerte, ermahnte er, das Problem selbst durchzudenken, statt in seinen Readings Rechtfertigung zu suchen.

Auch Zorn hat seinen angemessenen Platz in den menschlichen Angelegenheiten, wie Cayce aus Träumen von Feindseligkeiten herauslas. Man kann tun, was Paulus im Neuen Testament gesagt hat: „Zürnet und sündiget nicht." Doch Zorn verbunden mit Grausamkeit, Angst und Abwehr vergiftet den Zornigen in ganz bestimmter Weise, nicht nur geistig, sondern sogar physisch. Ein Träumer, der in einem Traum als General gnadenlos die Feinde schlug, sah laut Cayce seine Rachsucht, die auch oft dazu führte, daß er im Traum vom Ku-Klux-Klan verfolgt wurde.

Die Gefahr einer selbstsüchtigen Ausrichtung wurde nach Cayces Aussage im Traum eines Mannes hervorgehoben, der allzu stolz auf seine Vorfahren und seine Sippe war; er klammerte sich verzweifelt an seine Frau, als er in einem „erhabenen“ Zug fuhr, der gefährlich in seinen Gleisen schwankte.

Die Antwort auf den Ruf der Leidenschaften besteht Cayce zufolge teilweise in Spiel und Heiterkeit. Man muß sich Zeit nehmen und viele der Dinge tun, die in Träumen gezeigt werden: ins Theater gehen, sich mit Freunden unterhalten, lesen, Golf spielen, Reisen machen, Comic strips anschauen – eben was sich der eigenen Erfahrung nach am besten auswirkt.

Träume vom Erfolgsstreben

Einer von Cayces Träumern hatte ein denkwürdiges Traumerlebnis von Christus. Doch in dem Traum war Palm Beach stärker als Christus, denn der Träumer verlor Seine Spur, als er bei reichen Geschäftspartnern in einem Hotel des Badeorts Eindruck zu schinden versuchte. Die Traumwarnung brauchte Cayce nicht erst herauszuarbeiten. Derselbe Träumer sah sich in einem anderen Traum an zwei Brücken kommen, eine höhere und eine niedrigere; er wählte die niedrigere, obwohl er kriechen mußte, um sie zu überqueren, aber sie war ihm vertrauter. Cayce sagte, der Traum habe ihn vor die Wahl zwischen zwei Lebensarten gestellt.

Doch die Wahl, vor die Cayces Träumer gestellt wurden, war keine Wahl zwischen Asketentum und geschmackvoller Umgebung. Cayce fand nichts Unrechtes an Wohlstand und guter Stellung, vorausgesetzt, sie bildeten nicht das höchste Ziel des Menschen. Als ein Träumer im Traum zurechtgewiesen wurde, weil er die Eingangsseite des vornehmen New Yorker Sandsteinhauses von irgend jemandem beschädigt hatte, sagte ihm Cayce, seine Ideen würden tatsächlich einige seiner vornehmen Geschäftspartner verwirren. Bleibender Schaden entstünde jedoch nicht, weder für ihn noch für sie, wenn er sich an die Wahrheit hielte, denn „Gott ist Gott, sogar der des Sandsteinhauses“.

Die Lockungen des Wohlstands bekam auch Edgar Cayce selbst in Träumen gezeigt. Mehr als einmal sah er sich mit einem hübschen Mädchen durchgehen und seine Familie im Stich lassen. Seine Readings sagten ihm, neben sexuellen Trieben sehe er hier die Versuchung, Reichtum höher zu stellen als vordringlichere Verpflichtungen. Er blieb auch nicht vor Träumen von geheimem Streben nach Ruhm durch Vorträge vor Frauenklubs, Entdeckung von Schätzen oder sogar Kontaktaufnahme mit den Toten verschont. Einen Platz in der Geschichte, so gaben ihm seine Readings zu verstehen, würde er sich nicht durch derartige Leistungen sichern, sondern durch die Qualität seines Dienstes für andere.

Ein Träumer von schmächtigem Körperbau und gefühlsbetontem Temperament wollte vor seinen Gefährten berühmt sein, wie seine Träume wiederholt zeigten. Seine pompöse Art bekam er in einem Traum vor Augen geführt, in welchem er sich als übertrieben diensteifrigen Kapitän sah. Eine andere, bessere Art wurde in einem Traum von einem Jungen namens Tom veranschaulicht, der in einer ganzen Stadt mit einer Radioantenne schöpferische Dinge vollbrachte. Den Menschen einen Weg zur Einstimmung auf ihr gewöhnliches Leben zu zeigen, war besserer Dienst, als Kapitän auf einem Ozeandampfer zu sein.

Die Lockungen übersinnlicher Fähigkeiten erschienen oft in den Träumen jener Menschen, die sich an Cayce wandten; dies war eine Folge von Cayces Vorbild und ihren eigenen Erlebnissen unter seiner Schulung. Doch gleichzeitig mit den Lockungen kamen Warnungen. Ein Mann bekam die Aufgabe, Cayce aus der Trance zu wecken, doch er ging weg und ließ ihn in ernster Gefahr zurück, um Party-Gästen nicht den befremdlichen Anblick eines hypnotisierten Menschen zuzumuten. Cayce sagte, er werde zwischen Liebe zu Äußerlichkeiten und der Entfaltung echter Fähigkeiten wählen müssen.

Genauso verlockend für Cayces Träumer war Weisheit, denn sie hatten ja den weiten Wissensbereich vor Augen, aus dem Cayce schöpfte. Ein Mann sah im Traum das Wissen als Hund, der sich umwandte und ihn biß. Andere träumten von der Wahrheit als schöner Frau, die eine Treppe herabkam oder sogar an einer Bar stand – aber auch als häßlich erscheinen und gebieterische Forderungen stellen konnte. Cayce selbst träumte von der Weisheit als Schlange, nachdem ihn der Verlust seines Krankenhauses von einigen Allüren kuriert hatte. In dem Traum sprach die Schlange zu ihm und sagte, sie werde ihm nichts mehr zuleide tun, da er sie nun mit einem großen Stock vertrieben habe – dem „Lebensstab", der jenen gegeben werde, die Gott treu sind, wie es in dem Reading über den Traum hieß.

Es war schwierig für Cayce, Menschen mit neu entdeckten Traumkräften zu bewegen, ein ausgewogenes Leben zu führen. Ein Mann träumte, er erhalte in seinem Golfspiel Hilfe von einem Körperlosen, der ihm jedoch sagte, ihm sei nicht zu helfen, wenn er so eile. Am nächsten Tag, nach kontemplativem Nachsinnen über den Traum, machte er das beste Golfspiel seines Lebens. Derselben Frage stehe man im geschäftlichen sowie im häuslichen Leben gegenüber, sagte Cayce, und ebenso in der Entwicklung übersinnlicher Fähigkeiten.

Träume vom Dienst für andere

Ein Mann, der große Worte liebte, wurde – wie so oft – im Traum aufgefordert, Weisheit mit Dienen zu paaren. Er sah ein kleines Kind, das er zu einer Kahnfahrt mitnehmen wollte. Doch der Weg wurde ihm immer wieder durch ein Geschehnis verbaut. Cayce erklärte ihm, er sehe hier die Unmöglichkeit des Dienens ohne Hingabe an die Quelle; ohne solche Hingabe würden die Dinge irgendwie nicht klappen, so bewundernswert die Absichten sein mochten.

Ein Geschäftsmann träumte, sein Bruder langweile sich, während er ihm von seinem Hobby erzählte. Laut Cayce wurde er daran erinnert, daß man sich für andere interessieren müsse, wenn man bei ihnen Interesse wecken wolle. Tatsächlich werde alles das, was der Träumer sage und für andere tue, von diesen unbewußt gegen die Qualität seines Eingehens auf sie in den kleinen Dingen des Lebens abgewogen.

Ein Träumer, der Phantasien von seiner einsamen Größe in der Verfolgung geistiger Dinge liebte, hatte einen Traum, worin er Revuetänzerinnen die Beine im Gleichklang schwingen sah. Wenn er nicht lerne, mit anderen mindestens so gut zu arbeiten, wie diese es konnten, sagte Cayce, werde er in seiner Entwicklung nicht weit kommen. Derselbe Gedanke führte bei Cayce zu einem Traum von einer Studiengruppe, den er hatte, als er für sie ein Reading gab. Er sah das Gesicht Christi und bemerkte, wie es sich veränderte, während jedes Gruppenmitglied in dem Reading eine Botschaft erhielt. Cayce bekam gesagt, indem er auf Christi Mienen zurückschaue, könne er den einzelnen Gruppenmitgliedern helfen, etwas über ihre Bereitschaft oder mangelnde Bereitschaft zur Zusammenarbeit mit anderen in den von ihnen unternommenen Studien zu erfahren.

Die alten Spannungen zwischen Christen und Juden standen oft im Vordergrund des Traummaterials, das Cayce von seinen jüdischen Träumern vorgelegt wurde. Einer von ihnen sah eine Lösung der Spannungen, die Cayce lobte. Er befand sich in einem rührigen Bekleidungsgeschäft, dem die Kleider ausgingen, und sagte dem Besitzer, er wisse, wo man die benötigten Kleider „en gros" bekomme, nämlich in einem weniger namhaften Laden auf der East Side, der ausgezeichnete Ware führe. Die Geschäfte waren Cayce zufolge die christlichen bzw. jüdischen Institutionen, und sie mußten Partner werden wegen dessen, was sie einander zu geben vermochten.

Die Veränderungen jedoch, die eintreten müssen, um den Menschen seiner höchsten Entwicklungsstufe näherzubringen, werden nicht vorwiegend von Kirchen- oder Staatsoberhäuptern herbeigeführt. Als ein reicher Mann träumte, er verliere seine Stellung und seinen gesellschaftlichen Rang wegen eines Buches, das er schrieb, riet ihm Cayce, an dem Buch und den Ideen, die es verkörperte, weiterzuarbeiten. Als er sich arm sah, habe er gesehen, daß jeder, der wirklich dienen wolle, „alles für alle Menschen" sein müsse. Außerdem habe er noch etwas gesehen und intuitiv verstanden, nämlich daß jene, die „als Mittelklasse der Individuen in der physischen Welt bezeichnet werden, das Schwerste der ganzen Nation tragen, als ein Volk"; deshalb müsse aus dem gewöhnlichen Volk „jener Balsam kommen, jener Gärstoff, der die gesamte Masse umgestalten wird". Der Schlüssel zu einer anhaltenden sozialen Veränderung helfe dem gewöhnlichen Volk, sich selbst zu helfen.

Wirklicher Dienst für andere beginne zu Hause, eröffnete Cayce seinen Träumern. Als ein Mann träumte, seine schwangere Frau gebäre Drillinge, erklärte ihm Cayce, er bekomme gezeigt, daß eins und eins drei ergebe – nicht nur in dem Sinne, daß Eltern einen Nachkommen zeugten, sondern in dem Sinne, daß Mann und Frau einander in vieler Hinsicht ergänzten und mehr Gutes hervorbrächten als ihre individuellen Talente zusammengenommen.

Doch das Familiäre war nicht absolut zu setzen. Als ein Mann im Traum sah, daß seiner Mutter ins Gesicht geschlagen wurde, bekam er gesagt, er opfere ihr Wohlbefinden dem Schein familiärer Harmonie.

Nach Cayces Auffassung ist der Dienst für andere der Zentralpunkt des menschlichen Schicksals. Doch er unterliegt genau solchen Verzerrungen des Motivs wie Leidenschaft und Erfolg. Für Cayce müssen Dienen und Einstimmung Hand in Hand gehen. Dienen ohne Einstimmung führt zur Manipulation anderer – Gutes tun, das nie Ergebnisse zeitigt. Und Einstimmung ohne Dienen führt zu Aufgeblasenheit und letztlich zu einer Lähmung, denn „zu wissen und nichts zu tun ist Sünde".

Träume von einem freien Leben

Edgar Cayces Readings versprechen eine Lebensweise, die einen freien, fröhlichen Geist inmitten der Gesetze und Abhängigkeiten ermöglicht, denen die menschliche Existenz unterliegt.

Cayce selbst berichtete, er habe sein Gefühl fröhlicher Freiheit für viele Jahre verloren und es dann – nach Leiden und stets erneuter Hingabe – plötzlich wiedererlangt.

Während ich am Nachmittag meditierte, überkam mich dasselbe überschwengliche Gefühl wie vor vielen Jahren, das mir jedoch fünfundzwanzig Jahre verloren gewesen war.

Sein Reading über dieses Erlebnis sagte ihm, er habe „erlebt, daß das innere Selbst zu jenen potentiellen Kräften erwachte, die aktiver werden können . . . in jenen der Meditationen". Von dieser Zeit an räumte Cayce der stillen Meditation in seinem Leben breiteren Raum ein und empfahl sie auch den von ihm geschulten Träumern öfter.

Das Reading fügte spontan hinzu: „Wie gesagt wurde, so soll es geschehen in den letzten Tagen: ‚Eure Söhne und eure Töchter sollen weissagen, und eure Jünglinge sollen Gesichte sehen, und eure Ältesten sollen Träume haben.' Dies wird kommen mit den Umwälzungen, vor denen die Welt gerade (1932) in mancher Region steht!"

Einer seiner Träumer berichtete nach mehr als einjähriger Traumarbeit ein ähnliches Erlebnis:

Während ich Die religiöse Erfahrung in ihrer Mannigfaltigkeit *von James las. Ich lege dies vor, weil ich nicht sagen kann, ob es ein eigenes religiöses Erlebnis ist oder ob es reine Nervensache war, d. h. physisch oder pathologisch.*

Cayce unterbrach ihn: „Ein *Erlebnis* – keine Nerven." Dann berichtete der Mann:

Während des Lesens überkam mich plötzlich ein Zittern. Ich fühlte jedes Pulsieren meines Herzens, der Nerven, des Blutes. Mir wurde eine Vibrationskraft bewußt, die alles in meinem Körper bewegte – sogar der Stuhl, auf dem ich saß, schien in Bewegung zu sein. Ich schlief nicht.

Wieder unterbrach Cayce, und der Bericht wurde nicht beendet. Cayce sagte dem Mann, er habe die physischen Auswirkungen der „Hingabe des Selbst, der Impulse des Selbst, des inneren Selbst des Selbst" an die Manifestation der Einen Kraft in seinem Leben erlebt. Er habe ein authentisches geistiges Erlebnis gehabt.

Cayce fuhr fort, es sei ein Erlebnis gewesen, daß sich „in den verschiedenen Zeitaltern der Entwicklung des Menschen“ aufspüren lasse; dann gab er folgende Erläuterungen:

„Swedenborg, als er studierte.

Sokrates, als er meditierte.

Paulus, der Apostel, als er über die Geschehnisse der Stunde meditierte und sein inneres Ziel die Begegnung mit der geistigen Kraft im Menschen war, die seine Bekehrung bewirkte; das Wesen also überschattet von der Kraft, die gesehen wurde, sehen Sie?

Und wie es bei Buddha war, in jener Situation, als das Meditieren im Wald dem Wesen das Einssein *aller Kraft* bewußt machte, die sich durch physische Gestalt in einer materiellen Welt offenbarte.“

Cayce sagte dem Träumer, in diesem Augenblick der Erweckung habe er jene Art persönlicher Taufe gesehen und erlebt, die in der Bibel gemeint sei: „Derselbe Geist gibt Zeugnis unserm Geist, daß wir Gottes Kinder sind.“ Diese Freude, dieses bebende Gefühl einer im menschlichen Leben wirkenden geistigen Wirklichkeit, sei keine Täuschung gewesen. Aber es müsse konkrete Früchte tragen. Cayce eröffnete dem Mann, von nun an werde er nicht nur größere Einblicke in das menschliche Los erhalten, sondern er müsse auch mehr Menschen beraten, die in ihrem Alltagsleben spontan seine Hilfe suchten. Cayces Voraussage erwies sich als richtig.

Eine derartige Erhebung gebe dem Menschen ein neues Gefühl der Freiheit, sagte er. „Aber Liebe ist Gesetz und Gesetz ist Liebe.“ Die Freiheit käme, um den Träumer in Fesseln zu legen – für jene, die ihn brauchten. Keine schmerzenden Fesseln, keine traurigen Fesseln, sondern Fesseln der Dankbarkeit.

Viele Monate später bezog sich Cayce wieder auf dieses Erlebnis, das bei der Lektüre von James' Buch aufgetreten war: als derselbe Träumer berichtete, er habe geträumt, sein kleines Kind hätte keine Angst. Dieser Traum zeige genau die richtige Konsequenz eines solchen Erlebnisses, sagte Cayce. „Es sei denn, daß ihr . . . werdet wie die Kinder, so werdet ihr nicht ins Himmelreich kommen." Eine derartige Einstimmung vermöge einen Menschen wirklich zu reinigen und zu erneuern, sogar wenn er krasse Fehler begangen habe, bis sein Geist so frisch wie der eines Kindes geworden sei.

Der Träumer hatte einen Fehler in der Beurteilung von Aktien gemacht, der sehr kostspielig wurde und ihn und seine Geschäftspartner Tausende Dollar kostete. Es war der letzte Fehler solchen Ausmaßes, der ihm passierte, denn er lernte daraus, seiner inneren Führung besser zu gehorchen. Doch er schalt sich deswegen, wie ein kleines Traumfragment zeigte, das nur aus zwei Wörtern bestand: „Meine Schuld." Bei der Erläuterung dieses Fragments betonte Cayce ganz besonders, daß man nie Angst vor Fehlern haben dürfe, die man voll Geradheit beging, vorausgesetzt, man hatte gesunde Ziele. Man könne und solle frei von Selbstverurteilung seinen Weg gehen, denn solche Selbstvernichtung sei dem Menschen nicht bestimmt.

Ein gequälter Geschäftsmann berichtete am Beginn seiner Arbeit mit Cayce folgenden Traum:

Ein Mann näherte sich vielen, darunter mir, in einem Raum, der eine Hotelhalle zu sein schien. Als er sich uns näherte, sah er zuerst wie ein Detektiv aus, doch als er herankam, hatte ich das Gefühl, es sei Jesus Christus.

Der kleine Traum, erklärte Cayce, habe die ganze Kraft von Gottes Methoden beim Menschen auf Erden eingefangen. Er würde zu jedermann als Mensch zum Menschen kommen, würde aus der Menge in der Hotelhalle kommen. Er sei so gewöhnlich wie das Gesicht des Nebenstehenden, aber fähig, jeden Menschen, jede Gruppe, sogar die Mengen und Massen zu verwandeln, wenn er nur immer in *einem* Leben ernstgenommen würde. Seine Methoden könnten auf den ersten Blick restriktiv erscheinen, wären es aber nicht. Er käme, um die Menschen frei zu machen. Auch der Träumer könne in dieser Weise und mit diesem Ziel unter seinen Gefährten wandeln, wenn er nur wolle.

Cayce vertrat die Ansicht, daß einem suchenden Menschen die Träume sogar Strukturen der Schöpfung enthüllen können, wenn er sie verstehen muß. Cayce deutete Träume, die seinen Worten nach vom Schicksal handelten, von der Einen Kraft, vom Bösen, von der äußeren Leere, von der Mutter See und dem Himmlischen Vater, von Gesetzen, von Anmut, von der Seele und ihrer Reise im Schiff der Psyche. Alle diese Dinge sind wichtig, denn sie führen zu einem Verständnis und einer Überzeugung, welche in die größten Tiefen von Seele und Herz einzudringen vermögen.

Doch will man sein Leben durch Träume orientieren, muß man bei Naheliegenderem als solch weiten Ausblicken beginnen.

Einen Beginn dieser Art träumte Cayce selbst – in einem kuriosen, aber markanten Traum, den er hatte, als sein Krankenhaus und seine Universität geschlossen wurden und er öfter im Traum Ermutigungen bekam.

Von einem alten Pferd, das im wirklichen Leben vor zwanzig Jahren gestorben war.

Es kletterte einen Hügel hinauf. Wir ließen es frei, damit es sich emporhieven konnte, und gingen hinter ihm in den Spuren, die das Pferd machte. Ich sagte, es sei gut, daß das Pferd erst beschlagen worden sei, da seine Hufe dadurch Spuren machten, in die wir treten oder in denen wir hinaufklettern konnten.

Das Reading über diesen Traum deutete das Pferd – wie Cayces Readings es oft taten – als Überbringer einer geistigen Botschaft. Der wache Cayce hatte vermutlich das Gefühl, von seiner Botschaft sei nichts mehr übrig, und sein Leben habe kaum noch Sinn. Doch das Reading bedeutete ihm, er dürfe immer nur einen Schritt auf einmal machen. Halte er dann Ausschau, werde er feststellen, daß dort, wo er hintrete, Spuren seien, in denen er gehen könne. Es werde Stellen geben, die nicht nur durch neue Hufeisen gebildet worden seien, sondern vom Himmlischen Boten selbst – der vor jedem Menschen einhergehe, um ihn zu führen, „sicheren Schrittes, aber ständig aufwärts".

Aus so einfachen Bildern wie den Erinnerungen an ein altes Pferd hatte sein Traum für ihn ein Versprechen formuliert.

Das Versprechen erfüllte sich, denn seine besten Readings und seine hilfreichste Schulung anderer Menschen sollten erst noch kommen.

Es war ein Traum, in welchem das Ewige im Gewöhnlichen verborgen lag. Und dieses Versprechen entdeckten Edgar Cayces Readings in allen Träumen für alle Träumer jenes Jahrhunderts, das die Träume wiederentdeckte.

Die ARE heute

Aus dem reichen Material in Cayces Ordnern erwuchsen die Association for Research and Enlightenment, Inc. (ARE = Vereinigung für Forschung und Aufklärung) und die ihr angegliederten Organisationen ARE Press sowie Edgar Cayce Foundation.

Die Foundation widmet sich der komplizierten Aufgabe, die zahllosen in den Readings behandelten Themen zu ordnen und in einem Register zu erfassen. Wegen ihres Alters zerfallen die Blätter bereits, deshalb werden sie nun zur sicheren Verwahrung auf Mikrofilme aufgenommen und vervielfältigt, damit sie jederzeit verfügbar sind. Der Themenbereich umfaßt nahezu das gesamte Gebiet menschlichen Denkens; er reicht vom Wert der Erdnüsse bis zum Bau der Cheopspyramide, von Empfehlungen zur Beseitigung von Madenwürmern bis zu Zukunftsprophezeiungen.

Die ARE ist eine für alle zugängliche gemeinnützige Organisation und unter dem Gesetz des Staates Virginia zur Erforschung des Übersinnlichen berechtigt. Sie widmet sich dem Studium der Readings und macht zahlreiche Experimente mit übersinnlichen Phänomenen. Sie leistet auch Beiträge auf medizinischen, psychologischen und theologischen Gebieten. Die aktiven Mitglieder der ARE rekrutieren sich aus Angehörigen aller Religionen und vieler Nationalitäten und Länder. Seltsamerweise vermögen offenbar alle ihren Glauben mit der Philosophie in Einklang zu bringen, die sich in Cayces Readings abzeichnet. Sie stammen aus sämtlichen Schichten, sind Ärzte, Rechtsanwälte, Minister, Künstler Geschäftsleute, Lehrer, Studenten, Arbeiter, Hausfrauen.

Die von einem Kuratorium geleitete ARE hält im Hauptsitz Virginia Beach Konferenzen ab und veranstaltet Regionalkonferenzen in New York, Dallas, Denver, Los Angeles sowie anderen großen Städten.

Untergebracht sind die ARE und die ihr angeschlossenen Organisationen in einem weiträumigen, dreistöckigen Fachwerkbau im Küstenstil. Er steht auf der höchsten Erhebung in Virginia Beach, Gebäude und Grund nehmen einen ganzen Straßenblock ein und haben Ausblick auf den nur einen Block entfernten Atlantischen Ozean. Ein neues Gebäude ist im Entstehen; es enthält einen Vorlesungssaal, Klassenzimmer und Büros und wird auch ARE Press aufnehmen.

Hunderte Besucher kommen jedes Jahr. Infolge der ständig wachsenden Mitgliederzahl und des zunehmenden Interesses bearbeitet ein immer größerer Mitarbeiterstab ganze Bände von Anfragen, Sondergesuchen, Ankündigungen von Vorträgen sowie Literatur. Besucher werden durch das Gebäude und über das Grundstück mit der breiten, gefliesten Veranda geführt, von der aus man das Meer sieht. Besonders interessant ist die Bibliothek, die registrierte Kopien von neunzig Prozent der Readings enthält.

Für den Skeptiker gibt es eine angemessene Antwort in den Worten Abraham Lincolns: „Niemand hat ein hinreichend gutes Gedächtnis, um ein erfolgreicher Lügner zu sein!“ – dreiundvierzig Jahre lang.